九色鹿

THE DEFENSE WAY
Coastal Defense in South Zhili
during the Ming Dynasty

防海之道

明代南直隶海防研究

陈博翼　著

社会科学文献出版社
SOCIAL SCIENCES ACADEMIC PRESS (CHINA)

目录

绪　论

一　问题与意义

本书研究明代南直隶的海防，从倭乱对明廷及明代国家海防的挑战出发，叙述明廷面对袭击时具体的防御应对和调整，进而分析这种防御情形和调整状况的成因——明代的军、兵布局以及南直隶防御相关职官的职掌，考察南直隶境内的各处防御部署，尤其是海防所涉的府、县、卫、营，以明晰各方面相关责任人的防御任务和范围，最后叙述隆庆以后营兵和军饷的一些状况。全书以南直隶海防为中心展开，涉及卫所军、客兵和乡兵的作战，各层级职官的职掌和关系，地理格局和布防，以及募兵结果和营兵军饷在隆庆以后的变化。

南直隶是明代国家的腹心要地，既是留都南京、中都凤阳之所在，又包括了苏、松等江南财赋重地，其政治和经济意义皆毋庸赘言。无论从拱卫南部首都和皇家陵墓还是从保障江南通过大运河向北部京畿输送米粮的切实需求而言，南直隶地区防御皆为明朝的核心要务。长江穿越这一腹心区域出海，江海交界形成了海防的冲要之区。明代国家如何在这一“南部直辖地区”应对日益兴起的来自海上的挑战，调整完善防御体系，是本书力图部分回答的问题。

作为一个特殊的行政区域，南直隶的各级组织直接或间接受到来自更高层级职官的左右。首先，南京内、外守备和南京兵部尚书都能调动相关的水陆驻防军队，包括直接与江防相关的南京京操班军。其次，文武两操江对该区的影响极大。在嘉靖四十二年未以三江会口、圌山和瓜洲、镇江为界划分操江御史和江南、江北两巡抚的职权范围以前，操江部队对海防负有直接责任，因此，分析明代南直隶海防必须连带分析江防。成化十三年，设置了专职的操江武臣，“专操江之职”。武职操江总体上在嘉靖操江御史职权完善后不显，但仍视乎个人而定，嘉靖时武职操江诚意伯刘瑜甚至敢与南京守备魏国公徐彭举争论“坐次”，而明末诚意伯刘孔昭更是权力特殊。另外，带南京右副（佥）都御史职衔的操江御史职权日重，甚至可与南北两巡抚分庭抗礼，成为研究南直隶防卫尤其需要重视的一环。

在南直隶，除了中军都督府在外各卫所之外，各府州的同知，各县的主簿、典史、巡捕官及其可以调动的机兵、民壮，地方州县巡检司及其下辖的弓兵构成了各处江、海防御的小单位。与属于军队系统的各处卫所一道，这些“星罗棋布”的小点可以各自为守，但也缺乏较强的联系和配合。当遭遇较强的外部冲击和挑战时，两个系统的统一调动和同一系统内不同区域间军或兵的统一调动指挥就成为当务之急。这便是明代基本的军、兵布局及其面临的问题。明代遭遇的来自海上的挑战远逾前代，从这个意义上讲，“海防”是从明代开始的；另一方面，正因挑战大幅度提升，对各级组织的运作和防御要求也大大提升，明政府也在原有的制度框架下组织了各层次的防御部署，从这个方面看，真正意义上的“海防”诞生于此。

在跨越不同系统和整合不同区域军事力量的过程中，监察方面的总督[①]、巡抚及按察副使（兵备副使、海道副使）等官员职权日专，既可以说有力贯彻了原有州县与卫所的散点与特定片区的统辖调度，又可以说克服了原有都指挥使一级无法协同调度更大范围及更多层次其他组织的缺点。就军队系统内部而言，行伍官称谓日益普遍的背后，是弥补卫所制缺陷的营兵制日益成熟的过程，这一点在海防上有清晰的反映，圌山、荻港、游兵营在倭乱之后相继设置，募兵制更是在战争中进一步发展。在应对寇乱的过程中，明代的兵制加快了转变的进程。从招募土兵、狼兵等各种客兵，到募练乡兵，募兵制渐渐代替选兵制，成为必然。[②]

综上，无论从特殊的行政区域与特殊江海交界的地理看，还是从军政结构和军、兵布局的组织要求看，南直隶的海防如何部署都很值得研究。本书的意义有三。一是推进了对南直隶海防力量的认识。本书对卫所军以布防为主要职责的判定、客兵和乡兵战斗力的评估、具体战役围剿的方向辨析（第一章），军和兵基本布局及武装统属的勾勒、监察职官（包括南直隶特殊职官）之间关系的叙述（第二章），具体的防御部署（第三章），倭乱以后营兵和军饷的某些变化（第四章）的研究，在前人基础上都有所推进，增进了对动乱实际应对的研究、对王朝各级组织的实际配合与防御的分析以及对嘉靖前后军队系统变化过程的认识（尤其是以往研究相对薄弱的南直隶）。二是对明代中期出现的由军、兵两个方面构成的“军政格局”有了进一步的理

① 嘉靖三十三年因备倭而专设浙直总督，辖南直隶、浙江、山东、福建、广东、广西；三十四年五月，去山东、广东、广西；四十年增辖江西；四十一年去江西，寻罢；四十五年复置，辖浙江、南直隶、江西；隆庆元年罢。总督曾驻嘉兴府。参见《世宗实录》卷四二二、卷五一五、卷五五六，《穆宗实录》卷九，均出自《明实录》（附校勘记），中研院历史语言研究所，1962 年校印本（下引各朝《明实录》版本同）。

② 与海防的主体（军队）一样，海防的客体（寇盗）也发生了重大变化。部分寇盗被剿灭，更多的（尤其是那些所谓的“中华之民”）本着“还梅岭则民也，奈何毕歼之”的原则被放归或进入王朝国家的编户系统。见陈博翼《限隔山海：16~17 世纪南海东北隅海陆秩序》，江西高校出版社，2019。

解。本书以嘉靖时期倭寇的侵袭及南直隶各卫所、州县的具体应对为思考的起点，追寻造成这种溃败的原因，进而探讨军、兵布局的历史性存在和适应性调整。在特殊的海防形势下，民兵武装力量崛起。与更早出现的“北虏”问题一道，“南倭”问题进一步促成明代兵制的演变，从而渐渐形成了营兵制更为成熟的格局，一定程度上改变了原有的军政格局，也为历史的走向埋下伏笔。三是有助于理解明代后期国家军事力量乃至明代后期政治局面的演变。本书研究明代海防所涉职官之设置、各层级配合与实际指挥的制度运作过程，研究明代海防格局、部署以及制度的调整和改变。通过对这种实际海防组织形态的叙述和分析，可以增进对明代国家及其组织运作的认识和理解。

二　学术史回顾

（一）海防与倭乱研究

有关明代海防的研究，通常的军事（战争）通史[①]，海军史[②]，航运、港口及造船、器械技术[③]，海疆部署和海防

---

① 台湾“三军大学”编《中国历代战争史》第14册，黎明文化事业股份有限公司，1963，军事译文出版社，1983；军事科学院主编，范中义等著《中国军事通史》第15卷《明代军事史》（上、下），军事科学出版社，1998。

② 包遵彭：《中国海军史》上册，中华丛书编审委员会，1970；张铁牛、高晓星：《中国古代海军史》，解放军出版社，2006。

③ 吴家兴主编《扬州古港史》，人民交通出版社，1988；《江苏航运史（古代部分）》，人民交通出版社，1989；《南京港史》，人民交通出版社，1989；《上海港史（古、近代部分）》，人民交通出版社，1990；罗传栋主编《长江航运史（古代部分）》，人民交通出版社，1991；叶宗翰：《明代的造船事业——造船发展背景的历史考察》，中国文化大学硕士学位论文，2002；辛元欧：《上海沙船》，上海书店出版社，2004。关于器械和技术，参看李约瑟等《中国科学技术史》第4卷《物理学及相关技术》第2分册《机械工程》、第3分册《土木工程与航海技术》，第5卷《化学及相关技术》第6分册《军事技术：抛射武器和攻守城技术》、第7分册《军事技术：火药的史诗》，科学出版社、上海古籍出版社，1999~2008。

思想[①]的研究已勾勒了概貌并描述了大致的史事。在这类总体描述和分析的作品中，川越泰博先生首先研究了海防体系组织（沿海卫、守御千户所、营、水寨、烽堠）、日常维系和主体（兵源、后勤补给、军船配置维修）、职能三大要点。[②] 这些都属于军事制度史的基本内容。

就特定区域而言，辽东及山东[③]、浙江[④]、福建[⑤]及广东[⑥]都已有相关的成果。其中，黄中青先生对浙闽海域沿海卫所、水寨以及整体岛屿的研究，何孟兴先生以浯屿水寨为核心展开的对离海岸陆地“有一点远，又不会太远”的巢窟（货物买卖交易场所、

---

① 罗天佑、方骏：《郑若曾的海防思想》，载李金强、刘义章、麦劲生合编《近代中国海防——军事与经济》，香港中国近代史学会，1999，第 17～40 页；杨金森、范中义：《中国海防史》，海洋出版社，2005；鸦片战争博物馆主办《明清海防研究论丛》第 1、2、3 辑，广东人民出版社，2007～2009；易泽阳：《明朝中期的海防思想研究》，解放军出版社，2008。

② 川越泰博「明代海防体制の運営構造——創成期を中心に」『史学雑誌』81 巻 6 期、1972 年；川越泰博「明代海防体制の形成について」『大学院研究年報』(創刊号)、1972 年。

③ 张金奎：《明代山东海防研究》，中国社会科学出版社，2014；赵树国：《明代北部海防体制研究》，山东人民出版社，2014。

④ Roland L. Higgins, *Piracy and Coastal Defense in Ming Period, Governmental Response to Coastal Disturbance, 1523－1549*, Ann Arbor, Mich.: University Microfilms International, 1981；尹章义：《汤和与明初东南海防》，载吴智和主编《明史研究论丛》第 2 辑，大立出版社，1985，第 145～222 页；钟铁军：《明代浙江海防战区地理研究》，北京大学博士学位论文，2006。

⑤ 驻闽海军军事编纂室编《福建海防史》，厦门大学出版社，1990；章年海：《明代浙江军事布防考》，《浙江师大学报》1996 年第 1 期；黄中青：《明代福建海防的水寨与游兵》，载汤熙勇主编《中国海洋发展史论文集》第 7 辑，中研院中山人文社会科学研究所，1999，第 391～438 页；黄中青：《明代海防的水寨与游兵》（“明史研究丛刊” 1），明史研究小组，2001；卢建一：《从明清东南海防体系发展看防务重心南移》，《东南学术》2002 年第 1 期；卢建一：《闽台海防研究》，方志出版社，2003；王日根：《明清海疆政策与中国社会发展》，福建人民出版社，2006；何孟兴：《浯屿水寨：一个明代闽海水师重镇的观察》，兰台出版社，2006。

⑥ 汤开建：《明代潮州海防考述》，载李金强、刘义章、麦劲生合编《近代中国海防——军事与经济》，第 159～184 页；陈春声：《明代前期潮州海防及其历史影响》（上、下），《中山大学学报（社会科学版）》2007 年第 2、3 期。

劫掠内陆的进攻前哨站、海上饮水粮食储存点、藏匿家小财货人质的场所）的研究，均对明军的防御组织、海防辖区、兵船种类和来源、水寨的迁徙有所论述，是近海防御研究的样本。

与浙、闽、粤三省所受的关注不同，南直隶的海防状况在通常的论述中或者与浙江连讲，只有简略的附带论述，或者基本不涉及。偶有论及之处，也仅仅涉及临近浙江的苏、松等几个沿海府。在这方面，林为楷先生的研究具有开创性的贡献。[①]他先从明代的江防体制入手，利用《江防考》和《南京都察院志》等文献，叙述了江防体制的建立、相关官员的职掌、江防信地、江防体制的运作及其最终“解体”等各个重要方面。其后，他又在《明代的江海联防》一书中进一步整合论述了南直隶海防制度的形成、江海联防官员职掌、据点以及运作情况。他的研究将明代南直隶海防的研究提升到了一个很高的层次。本书将在此基础上稍做推进。首先，本书明确处理军政结构的问题。林书对于所涉职官多有介绍，但仍缺乏对其之间关系及与军兵两大系统从属纠缠的辨析，本书专门展开对各层职官之间关系的讨论，探讨其与海防的关系，这是讨论制度具体运作的基础。其次，林书对于巡抚、操江、分巡道这个监察系统被授予军队调动能力的方面未过多着墨，考虑到其特派性质及对军队和行政两大系统的统辖或监督能力，本书独立讨论监察系统。再次，对具体组织运作的研究，尤其是倭寇挑战后的应对问题，还有提升的空间，这也是本书的重点。本书讨论布防和追剿的分工，以及战争中兵制进一步变化的过程。最后，倭乱带来的挑战及其后的许多变化，乃个人关怀所系，自然需要言林书所未言。就文献上讲，林书虽使用了大量四库全书、续修

① 林为楷：《明代的江防体制》（“明史研究丛刊”7），明史研究小组，2003；林为楷：《明代的江海联防》（“明史研究丛刊”14），明史研究小组，2006。

四库全书、四库全书存目丛书、四库禁毁书丛刊中集部的材料，但同大多数作品一样，对方志的利用较少，故各地一些具体的情况还有细化和动态化的可能。

海防的研究必然要涉及对挑战海防的力量的研究。对明代海防最直接、最剧烈的挑战系倭寇无疑。有关倭寇的研究林林总总，自民国开始，就有不少学者基于时局等各种原因投身于此。其中，在史实和材料方面基本已有充分的研究，[①] 最近二十年来更是有一些回顾和总结，[②] 总体讲并未有太大的推进。陈文石、戴裔煊、林仁川等几位有代表性的学者稍稍将原有的倭寇侵略放回更具体的历史时空，成私人贸易之说。[③] 商贸说虽有“市通则寇转而为商，

---

① 吴重翰：《明代倭寇犯华史略》，商务印书馆，1939；李晋华编《三百年前倭祸考》，国民外交委员会，1933；吴玉年：《明代倭寇史籍志目》，《禹贡》（半月刊）第2卷第4、6期，1934年；陈懋恒：《明代倭寇考略》，哈佛燕京学社，1939；王婆楞：《历代征倭文献考》，正中书局，1940；李光璧：《明代御倭战争》，上海人民出版社，1956；田中健夫『中世海外交涉史の研究』東京：東京大学出版会、1959；So Kwan-wai, *Japanese Piracy in Ming China during the 16th Century*, East Lansing: Michigan State University, 1975；王仪：《明代平倭史实》，台湾中华书局，1984；田中健夫：《倭寇——海上历史》，杨翰球译，武汉大学出版社，1987；郑樑生：《明史日本传正补》，文史哲出版社，1985；郑樑生编校《明代倭寇史料》（一、二），文史哲出版社，1987；郑樑生：《中国地方志中的倭寇史料》，徐建新译，《海交史研究》1988年第2期。

② 吴大昕：《明嘉靖倭寇研究的回顾》，《明代研究通讯》第2期，1999年；郑樑生：《明代倭寇研究之回顾与前瞻——兼言倭寇史料》，《淡江史学》第11期，2000年，收入郑樑生《中日关系史研究论集》（十），文史哲出版社，2000，第171~215页；张显清：《关于明代倭寇性质问题的思考》，载朱诚如、王天有主编《明清论丛》第2辑，紫禁城出版社，2001；沈登苗：《明代倭寇研究中文论著题录500种及编著感言》，http://www.acriticism.com/article.asp? Newsid=6197（2005/3/22）；吴大昕：《海商、海盗、倭——明代嘉靖大倭寇的形象》，科学出版社，2020。

③ 陈文石：《明嘉靖年间浙福沿海寇乱与私贩贸易的关系》，《中央研究院历史语言研究所集刊》36本上册，后收入氏著《明清政治社会史论》，台湾学生书局，1991，第117~175页；戴裔煊：《明代嘉隆间的倭寇海盗与中国资本主义的萌芽》，中国社会科学出版社，1982；李洵：《公元16世纪的中国海盗》，载明清史国际学术讨论会秘书处论文组编《明清史国际学术讨论会论文集》，天津人民出版社，1982；林仁川：《明末清初私人海上贸易》，华东师范大学出版社，1987；张增信：《倭寇的界说——真倭、假倭与残倭》，《明季东南中国的海上活动》（上），中国学术著作奖助委员会，1988。

市禁则商转而为寇”[①] 的有力支持，但仍不够确切，盖因商人也只是一种标识，且大范围动乱的人群更多只能是普通迫于饥贫的民众，故而有必要加强对滨海人群日常活动状态的研究。[②] 与海防直接相关的倭乱研究反而为数不多，川越泰博、王日根和张德信等前辈略有涉及。[③] 川越先生的研究直接与南直隶海防相关，但主要是对嘉靖三十四年倭寇流劫南京、绍兴、杭州等地及曹邦辅平寇的描述，其余则未涉及。[④] 要对海防有充分的研究，首先必须从其基本布局（组织）开始。

（二）军事组织和历史地理研究

明代立国以后，其确立的军政结构持续影响了有明一代的行政和防御，甚至到清代，卫所也还存在了一段时间。[⑤] 这种立制对军事和行政组织的影响不可谓不深。因此，军、兵系统的分野系本书研究的基础，直接构成了本书讨论的组织和运作问题。从这

---

① 许孚远《敬和堂集·疏通海禁疏》：“臣闻诸先民有言：市通则寇转而为商，市禁则商转而为寇；禁商犹易，禁寇实难。”载陈子龙等选辑《明经世文编》卷四〇〇，中华书局，1962，第 4334 页 a。

② 陈春声教授认为从倭乱开始的一百年，为潮州社会进入国家体系的时段，这一点非常值得注意。见陈春声《从“倭乱”到“迁海”——明末清初潮州地方动乱与乡村社会变迁》，载朱诚如、王天有主编《明清论丛》第 2 辑，第 73~106 页；陈博翼《16~17 世纪中国东南陆海动乱和贸易所见的“寇”》，『海港都市研究』4、神户大学文学部海港都市研究センター、2009、3~24 頁。

③ 川越泰博「倭寇及び被虜人と明海防軍」『史林』77 卷 3 号、1994 年，中译文见《倭寇、被虏人与明代的海防军》，李三谋译，《中国边疆史地研究》1998 年第 3 期；王日根：《明代东南海防中敌我力量对比的变化及其影响》，《中国社会经济史研究》2003 年第 2 期；张德信：《嘉靖年间海防重建与倭寇溃败》，中国社会科学院历史研究所明史研究室编《明史研究论丛》第 6 辑，黄山书社，2004；张德信：《明代倭寇与海防建设》，载朱诚如、王天有主编《明清论丛》第 5 辑，紫禁城出版社，2005。

④ 川越泰博「明代南京と倭寇（一）」『明代史研究会創立三十五年記念論集』東京：汲古書院、2003、129~155 頁。

⑤ 近期相关研究，参见毛亦可《清代卫所归并州县研究》，社会科学文献出版社，2018。

个意义上讲，1937年《中国社会经济史集刊》同载的吴晗《明代的军兵》和梁方仲《明代的民兵》对军兵关系、兵制与社会经济关系的研究有开拓性贡献。前者强调了作为“世籍”之军的特殊性及其与“兵”的不同、卫所制度的状况、卫军的窳败和募兵的兴起，后者分析了民壮制度和民兵的渊源，二者又都强调了民壮变成“兵”之后与普通民兵的不同。[①] 本书所要进一步辨析的是，与民壮不同的这种“募兵”，如何在战争的过程中进一步发展成吴晗先生所说的“第三种军队”，如何进一步决定了明朝最后的走向。因此，本书在分析战时的各种募兵之后，转入对征募和统领此种军队的监察职官以及造成此种运作方式的军政结构的分析，即对军队系统的“兵”（营兵）和行政系统的“兵”（民兵）的辨析。明代之军政结构，自顾诚先生在20世纪80年代后期提示应对军政两大系统分别予以注意之后，[②] 于志嘉先生又有进一步推进。[③] 稍后，她又探讨了卫所军役从洪武到万历年间的演变，指出行政系统的州县官员日渐介入卫所事务，从而使军政分界日益模糊。[④]

就海防来讲，军事组织为研究的基础。首先是明代的卫所制度，以谭其骧先生《释明代都司卫所制度》[⑤] 为肇始，王崇武[⑥]、

---

① 吴晗《明代的军兵》、梁方仲《明代的民兵》，同载《中国社会经济史集刊》第5卷第2期，1937年。

② 顾诚：《明前期耕地数新探》，《中国社会科学》1986年第4期；顾诚：《明帝国的疆土管理体制》，《历史研究》1989年第3期。

③ 于志嘉：《明代军户世袭制度》，台湾学生书局，1987。

④ 于志嘉：《明代江西兵制的演变》，《中央研究院历史语言研究所集刊》66本第4分，1995年；于志嘉：《明代江西卫所军役的演变》，《中央研究院历史语言研究所集刊》68本第1分，1997年；于志嘉：《卫所、军户与军役——以明清江西地区为中心的研究》，北京大学出版社，2010。

⑤ 谭其骧：《释明代都司卫所制度》，《禹贡》（半月刊）第3卷第10期，1935年，收入氏著《长水集》（上），人民出版社，1987。

⑥ 王崇武：《明初之用兵与塞堡》，《中央研究院历史语言研究所集刊》8本第3分，1939年；王崇武：《明代的疆域与明代的国防》，《现代学报》第1卷第2、3期，1947年。

解毓才[①]等先生及《禹贡》半月刊上其他几篇相关文章对卫所起源、编制、类别、军饷来源、意义、衰落都进行了探讨。这项工作后来延展到对军制、地方基层状况和中央决策的讨论。[②] 孙献涛先生对沿海卫所的建置特点、驻防规律及其后的变化做了初步描述。[③] 其次就军制而言，督、抚、道的研究必不可缺，吴廷燮、张哲郎、靳润成、谢忠志、李庆新等先生在督抚、兵备副使和海道副使的研究上均有建树。[④] 再次是兵制的变化。其中，主客兵的研究以黎光明和李光涛先生为始。[⑤] 20 世纪 80 年代以来，关于兵制与客兵、乡兵的问题有进一步突破。李渡先生指出到嘉靖时期，募兵成为明军主要战斗力量，[⑥] 王莉先生指出营兵代替募兵更反映明后期军制的真实情况，并再次强调了营兵与卫所军、营兵与募兵

---

① 解毓才：《明代卫所制度兴衰考》，《说文月刊》第 2 卷第 9~12 期，1940~1941 年，收入包遵彭编《明史论丛》第 4 册，台湾学生书局，1968。

② 孔东：《明代卫所制度之研究》，《文史学报》1965 年第 2 期；陈文石：《明代卫所的军》，《中央研究院历史语言研究所集刊》48 本第 2 分，1977 年，收入氏著《明清政治社会史论》；南炳文：《明初军制初探》，《南开史学》1983 年第 1 期。

③ 孙献涛：《明代沿海卫所研究》，北京师范大学硕士学位论文，1997。

④ 吴廷燮：《明督抚年表》，中华书局，1982；孙金铭编著《中国兵制史》，"国防研究院"，1960；张哲郎：《明代巡抚研究》，文史哲出版社，1995；靳润成：《明朝总督巡抚辖区研究》，天津古籍出版社，1996；谢忠志：《明代兵备道制度——以文驭武的国策与文人知兵的实练》（"明史研究丛刊" 5），明史研究小组，2002；李庆新：《明代海外贸易制度》，社会科学文献出版社，2007；李庆新：《明代海道副使论稿》，中国经济史学会、清华大学历史系、中山大学历史系：《纪念梁方仲教授诞辰 100 周年——中国社会经济史研究国际学术研讨会论文集》，广州，2008；李庆新：《明代海道副使及其职能演变》，收入氏著《濒海之地：南海贸易与中外关系史研究》，中华书局，2010，第 178~201 页。

⑤ 黎光明：《嘉靖御倭江浙主客军考》（《燕京学报》专号 4），哈佛燕京学社，1933；李光涛：《记明季兵营之积弊》，《大陆杂志》第 6 卷第 12 期，1953 年；李光涛：《记明季的乡兵》，《大陆杂志》第 29 卷第 10、11 期，1964 年。

⑥ 李渡：《明代募兵制简论》，《文史哲》1986 年第 2 期。

的关系，[1] 陈宝良先生专门论述了卫所军、民兵与乡兵的分野。[2] 另外，吕进贵先生关于明代巡检制度的研究也值得注意，[3] 巡检司所辖之弓兵为行政系统重要的民兵力量。近来关于兵制变化的研究以李新峰和彭勇两位先生为代表。前者的博士学位论文选取兵权和军队两大核心问题作为兵制研究的主要内容，其第三部分（第 62~68 页）论述了“大将军—副将军—参将”行伍官体系的渐次形成及将军和总兵两种名号在洪武时期的结合使用、总兵系列名号最终成为正式行伍官称谓的过程。他关于明初亲军卫所变迁的研究直接涉及南京军事力量的变化。[4] 后者对班军制度的研究直接涉及南京班军。[5] 他指出迁都后南京驻军有一半入京，京防力量因此发生重大变化，并引用王恕“江北应天等卫官军，自永乐年间起，一向俱在江南操备”“天顺三年，又该南京和阳卫百户周忠建言，江北应天等九卫官军，俱赴南京操备”[6] 的说法，指出江北军队也越江参与南京操备。不过，值得注意的是，孙懋曾指出“新江兵卒少，得此北军，是以一遇出江，便防坠溺”，[7] 所以新江口的军队很大程度不习水战，若遇战事，则军队数量的意义大大下降。若以镇江卫七百人负责春操，建阳卫和新安卫五百五十人

① 王莉：《明代营兵制初探》，《北京师范大学学报》1991 年第 2 期。

② 陈宝良：《明代的民兵与乡兵》，《中国史研究》1994 年第 1 期。

③ 吕进贵：《明代的巡检制度》（“明史研究丛刊”6），明史研究小组，2002。

④ 李新峰：《明前期兵制研究》，北京大学博士学位论文，1999；李新峰：《明初亲军卫变迁与军中派系》，载朱诚如、王天有主编《明清论丛》第 10 辑，紫禁城出版社，2010，第 157~171 页。后来作者进一步修正与整合旧作，参见李新峰《明前期军事制度研究》，北京大学出版社，2016。

⑤ 彭勇：《明代班军制度研究——以京操班军为中心》，中央民族大学出版社，2006，第 105~113 页。

⑥ 王恕：《驳议听选官王瓒建言江北五卫免赴京操奏状》，载陈子龙等选辑《明经世文编》卷三九《王端毅公文集·状》，第 306 页 b、307 页 a；另见《王端毅奏议》卷四，《景印文渊阁四库全书》427，台湾商务印书馆，1986，第 522 页 b。

⑦ 孙懋：《孙毅庵奏议》卷上《严操备以固江防疏》，《景印文渊阁四库全书》429，第 314 页 a。

负责秋操看，善水战卫所（京操）军队承担江防任务的人数也仅仅达到新江口水营的1/10，故相比之下，占绝大多数的营兵在南直隶整体防御中的地位和状况非常值得探讨。[①] 最后，肖立军先生出版了其关于“省镇营兵制”的研究，探讨了明代镇戍营兵在编制、兵将关系和指挥体制上的状况。[②] 本书将把兵制的这种变化放在倭乱和海防这种攻防对立的层面上考虑，以进一步窥探其变化过程。

军事组织之外，与军事和防卫相关的历史地理研究也有很大的进展。周振鹤先生提出了“军管型政区”的概念，并指出应将实土卫所视为一种“特殊的地方行政组织和行政区划”。[③] 在周先生的指导下，郭红先生研究了明代都司卫所的建置及相应的实土、准实土卫所。[④] 李新峰先生进一步辨析了沿海卫所作为州县补充辅助系统所呈现的非实土卫所的特点。[⑤] 孙靖国先生则从地图和制图的角度，对明代江海防的防御要地予以分析。[⑥] 研究区域防御的钟铁军先生在其博士学位论文中，“对浙江沿海卫所战区和镇戍战区空间”进行了考订，作者将“战区”概念引入卫所和海防研究中，予人以直观的认识。此外，他还指出浙江“六总”的设置具有比“四参”更大的意义，标志着明代军、兵种的分化。[⑦] 钟氏的研究点虽在浙江海防，却予人以很大启发。宣德到正统时开始发生变

---

① 李新峰：《明前期兵制研究》，第62~68页；李新峰：《明初亲军卫变迁与军中派系》，载朱诚如、王天有主编《明清论丛》第10辑，第157~171页；彭勇：《明代班军制度研究——以京操班军为中心》，第105~113页；肖立军：《明代省镇营兵制与地方秩序》，天津古籍出版社，2010。

② 肖立军：《明代省镇营兵制与地方秩序》。

③ 周振鹤：《体国经野之道——新角度下的中国行政区划沿革史》，香港中华书局，1990；《体国经野之道：中国行政区划沿革》，上海书店出版社，2009。

④ 郭红：《明代都司卫所建置研究》，复旦大学博士学位论文，2001；郭红、靳润成：《中国行政区划通史（明代卷）》，复旦大学出版社，2007。

⑤ 李新峰：《明代卫所政区研究》，北京大学出版社，2016。

⑥ 孙靖国：《舆图指要：中国科学院图书馆藏中国古地图叙录》，中国地图出版社，2012。

⑦ 钟铁军：《明代浙江海防战区地理研究》。

化的镇戍制，对明代的整个防卫都产生了巨大影响。本书涉及的南直隶江、海防区的划定，操、巡江御史和江南、北巡抚职权的明晰，跟镇戍体制的发展密不可分。

总体讲，现有的研究已提供了一个非常好的基础，在这个基础上进行明代南直隶海防的研究，当有进一步的推进。可以提升之处有三。一是对动乱实际应对的研究、增进对王朝各级组织的实际配合与防御的分析。相对于浙江、福建和广东，有关南直隶的论述很少，尤其是海防状况更是如此，仅有林为楷先生的专论。对于各层级职官及其与各系统关系的研究是基础，需予以充分明晰，其后方能体会实际运作之精妙。二是现有研究过分依赖《明实录》和几部海防专书的记录。《明实录》作为原始材料，其系统性和可靠性自不待言，但是过分的“系统”导致在用于海防研究时有局限——其记录通常只有较大动乱的地点及处理指示、部署和结果，尤其容易造成各级组织构成完善防御层级体系的错觉。而方志对侵入地点和路线的记录一般比较详细，涉及官军防御与围剿贼寇的记录一般也以较为具体的实际地理展开，而非较为抽象的政策性指导和原则，更显示出防御较为狼狈的局面，与实际结果较为吻合。所以，单看《明实录》记录得出的印象很可能与看各种方志的印象差别很大。就海防专论而言，许多研究过分依赖《筹海图编》、《海防纂要》和《武备志》的一些论述，甚至只是把这些文献中的“御海洋”“固海岸”等表述复述一遍而作为海防的要点，对其他史部、子部、集部类文献利用、整体的思考和分析相对缺乏。由于文献的扩充和交互印证，本书的整体观点相当不同。三是对嘉靖前后军队系统变化过程的辨析，包括转化与经过挑战之后各方面值得注意的变化，都未见有充分研究。本书将在这方面有所推进。

简言之，本书在吴晗先生之军兵、梁方仲先生之民兵、林为楷先生之江防体制和江海联防这几个直接相关的成果的基础上，进一步揭示明代的军政格局及制度运作特点。除了文献分析之外，本书还运用一定的数据分析。“中军都督府在外直隶卫所”（附录表1）、“南京京卫水军千户所”（附录表2）、“巡江御史辖区”（附录表3）三表中的各处执掌和军力配置直观地展示出制度设计及其存在的错综复杂的职官叠架。“沿江府、卫、营防御点、范围和力量配置”（附录表4）、“南直隶巡检司、卫所、营堡、瞭台烽堠”（附录表5）、“南直隶府县民壮、弓兵、操江、江防、海防银数”（附录表6）三表则以数据统计的方式呈现了南直隶海防的布防要点、结构性弱点、前后期的动态演变。这些数据均为笔者从大量文献中爬梳所得，也能建立对南直隶海防在组织和运作上的结构性认知。

三　章节安排与材料

如前所述，本书的思路，肇始于在海防受到剧烈挑战时，一个国家应如何应对挑战来保卫政治经济核心地区。第一章探讨了通过募兵、调客兵、练乡兵等办法来解决卫所军防守以外对倭作战和追剿的问题。第一节讲卫所军与民兵在布防和追剿上的大体分工，主要涉及募兵制的问题，逻辑上引出第二节专门讨论的客兵与乡兵（土兵）。客兵有许多弊端，故而需募练乡兵。第三节讲述募兵在战后如何安置。许多募兵进入营兵系统，引导了兵制发展的方向。第四节分析几大御敌事例，以透视其防御组织及相应问题。

在军政分离的状况下，明廷如何统合军、兵联合作战？由谁率领各种武装力量作战？在京畿这一特殊的区域又如何完成？都有哪些相关职官的设置？他们相互之间的关系如何？对这几个问题的探讨由第二章对军、兵布局的描述来完成。首先是军队系统，从原有“都指挥使—指挥使—千户—百户”的卫所系统，到后来

“总兵—副总兵—参将—游击将军—守备—把总”营兵系统的补充，这是明代军制的重大变化。由于南直隶这一特殊行政区域的存在，军队系统中几乎由南直隶直接控制的这部分武装力量必须单独加以讨论，三方面的大员对此直接负责，即南京内、外守备（内守备：内官；外守备：公、侯、伯高级武职官）和南京兵部尚书参赞机务。其次是府州县系统，各地巡检司及其下属弓兵、各府江防同知或江防官，各州县同知、通判巡捕官及其下统属的民壮、机兵都是海防必须关注的对象。最后，必须将监察系统独立讨论。监察人员既可以管军队的军，也可以管州县的兵。操江都御史（南京都察院副都御史或佥都御史）、武职操江勋臣（操江武臣）以及上、下江巡江都御史（与十三道监察御史品级同）对于江防和明代嘉靖中后期之前的海防有直接管辖权。明代中期以后，由按察使派出的分巡道［另有特别赋予兵权的整饬兵备道（兵备副使）、海道副使］对海防事宜也有直接管辖权，一般而言他们直接对其上的巡抚或操江都御史负责。代表部院最高级别的总督和巡抚，对南直隶海防负有最大责任。总督、巡抚、操江、兵备、海道都可以统辖两大系统的武装力量。督抚、巡按、操江、兵备之间的关系较为多样，通过研究实际防御运作过程，也可以切实认识各职官之间的关系及多层次的组织安排和制约。

海防的布局又如何展开？第三章列举叙述了府、县、卫、营各处相关的海防部署和任务范围。其大的防御格局分为江防和海防。嘉靖三十五年都御史郑晓以巡抚兼海防，四十二年以后划定操江以及南北巡抚（江南巡抚[①]、凤阳巡

① 又称苏松巡抚、应天巡抚。宣德五年由南畿浙西巡抚析置，辖苏州、松江、常州三府。景泰六年，增辖镇江及嘉兴、湖州。天顺五年，去浙江布政司之嘉兴、湖州二府，增辖应天、太平、宁国、池州、徽州、安庆、镇江七府及广德直隶州。成化元年，安庆府别属凤阳巡抚，四年还属。二十年，增辖嘉兴、湖州。弘治六年，增辖杭州。正德二年罢，五年复置。十四年，徽州府别属浙江巡抚，嘉靖元年还属。十四年，郧阳府治所辖承天府来属（巡抚辖“飞地”

抚[1]）职权界限之后，海防便有了专职的负责官员。第二节讨论具体的防御部署。由于许多部署细节一直处于调整之中，本章所展示的仅仅是嘉靖倭乱以后的一个较为稳定的“切面”状态。基于惯常海上入侵的三条路线（风向、海潮），各江防信地及沿海要地也有相应布置。大致分为江南、江北两大防区，江南以江南副总兵、金山参将（崇明参将）为镇，江北以狼山副总兵、徐州参将为镇。核心的海防为十一卫十五所：镇江卫、苏州卫、镇海卫、太仓卫、宝山千户所、吴淞江千户所、刘河堡千户所、崇明沙千户所、金山卫、青村千户所、南汇千户所、松江千户所、嘉兴千户所、扬州卫、仪真卫、高邮卫、兴化千户所、泰州千户所、通州千户所、淮安卫、大河卫、邳州卫、盐城千户所、海州中前千户所、东海中千户所、西海千户所。淮安府之防卫通常更近于山东海防区域布置。

战争结束以后发生了哪些值得注意的变化？本书第四章讨论隆庆以后的变化，即经过倭乱挑战调整，隆万和启祯年间一些值得注意的变化，包括军兵界限的模糊、军饷的编派变化以及防御能力的评估。

简言之，本书绪论对研究对象和研究意义做简明交代，并对相关的海防、倭乱、军事组织和历史地理的研究做学术史回顾。第一章讲倭寇挑战明代的防御体系之后，明廷的原有组织在遭遇挑战时如何“变”。第二章概述明代的军、兵布局，分析其军政结

特例），隆庆元年至三年间承天府别属郧阳。崇祯十年，安庆、庐州、池州、太平别属新析置的安庆巡抚。嘉靖三十三年前当驻应天府句容县，后凡汛时移驻苏州，平时仍驻句容。万历三十一年暂移驻苏州府。靳润成：《明朝总督巡抚辖区研究》，第 77~78 页。

① 又称淮扬巡抚。正统十四年山东淮扬巡抚析置，辖凤阳、淮安、扬州、庐州四府及滁州、徐州、和州三州。天顺元年罢。七年复置。成化元年加辖安庆。四年，安庆别属应天巡抚。正德二年罢，五年复置。崇祯十年庐州府别属新析置的安庆巡抚。常驻淮安府，间或驻扬州府，后复驻淮安。崇祯八年移驻凤阳府。靳润成：《明朝总督巡抚辖区研究》，第 72 页。

构的基本情况，通过对各职官之间关系的分析，透视其组织之运作。第三章分析江、海防御布局及其配置，侧重于军事力量的具体布置和安排，就相关地方的具体防御状况展开具体讨论。第四章侧重于战争结束后的调整和变革。全书着重于明代国家在特殊形势下，如何保卫其极为重要的南京和南直隶地区，以及其政治军事应对与调整情况。

就史料而言，关于海防的文献为数众多。首先是专门性的海防文献，如郑若曾《筹海图编》和《海防论江防论湖防论》、邓钟《筹海重编》、王在晋《海防纂要》、吴时来（王篆增补）《江防考》等，其中不少皆出自主事者的记述，价值极高。《海防纂要》成书较《筹海图编》晚，故其涉及南直隶部分，如卷二《南直事宜》、卷七和卷八以下诸条[①]、卷九《纪捷》之各大胜战（无“宁台温之捷”、“平倭录”以及“倭入寇年表”、“寇踪分合始末”条目），皆录自《筹海图编》；另如“江北诸郡”条录自唐顺之《荆川集》，“抚归降”等条则出自郑晓，在其文集和《世宗实录》中皆可见。此外有一些与茅元仪《武备志》相同的内容，当有共同的来源。王氏本人虽有军旅经验，但经略范围在辽东和华北，对南直隶则未亲历。不过由于其书卷五广集时人御倭方略，故亦不乏可圈可点之处，如备水陆、练气力、习铳炮、别号色、宽剿除、恤阵亡、广招赏、先整备、倡勇敢、议征集、辨真伪、慎征讨、严哨探、设城铺、谨更寐、密搜罗、期共济、严伏路、审寇术、办船器、禁通番等条，系引自同期其他人的论述，值得注意。其次，《南京都察院志》勾勒了制度变化的情况，尤其是南直隶地区

① 定庙谟、叙寇原、除内逆、择将才、实军伍、恤军属、精教练、足兵饷、清屯种、汰冗食、集众议、收图籍、公赏罚、禁妄杀、御海洋、固海岸、谨瞭探、慎招抚、散贼党、用间谍、择守令、筑城堡、通贡道、开互市、定武略、鼓军气、处首级、恤伤残、调客兵、广团结、降宣谕、重邻援、诘奸细、行保甲［无“御将（附）、选士卒、练乡兵、慎募调、勤会哨、重立信、拯民穷、均赋税、严城守、慎斥候、实军械、审营阵”条目］。

独特的问题。辅以《明实录》《明会典》《续文献通考》《大明一统文武诸司衙门官制》及史继偕《兵制志》，大致可以掌握职制梗概。

实录和政书之外，明代方志中兵防、建置、疆域、风俗、祥异、人物、艺文等部分含有大量海防和寇乱的内容，且多未为现有研究所利用。现已影印出版的明代方志数量众多，查阅也较为便利。其中，关于南直隶的方志尤以《天一阁藏明代方志选刊》（及《续编》）、《稀见中国地方志汇刊》、《北京图书馆古籍珍本丛刊》、《中国史学丛书》、《日本藏中国罕见地方志丛刊》（及《续编》），以及四库全书、续修四库全书、四库全书存目丛书、四库禁毁书丛刊及中国国家图书馆所藏缩微胶卷收录为多。另外，“中国方志丛书”和“中国地方志集成”两大系列收录了大量清代方志，基于方志沿袭及继承收录的性质，也需要查看利用。

如果说典制和方志材料所反映的多是制度变革过程及相关安排的话，那么文集中发现的材料则提供了许多事情的原委、争端和相关人事冲突细节，这对我们了解更生动的实际情形很有价值。数量庞大的明人文集是本书史料另一个主要来源。由于海防的特性，首先相关的子部类书极多，如茅元仪《武备志》，以及章潢、张萱、郑若曾的论述等，都有上佳的叙述和图示。其次是相关负责官员的奏疏蕴含着丰富的信息，这些很多在四库系列集部文献中可以找到。较为值得重视的有王恕等人的奏疏和议论。另外还有一些相关的文献，如《古今图书集成》，以及历任南京都察院官员及南直隶府县官员的著述和文集等（如柴经《柴中丞集》、陈有年《陈恭介公文集》），都有相应未发掘的材料。对明人文集的进一步发掘也是本书的一个努力。

简言之，本书深化了对军兵分立体制的理解，进一步揭示了监察系统与军政系统的纠葛缠绕以及明代海防的格局、组织特点和运作动态。史料运用和论证方法上，本书扩展了史料来源，利用大量未被揭示的南直隶各府州县方志和各级职掌官员、士大夫的文集、政书，分析动乱和防御的实际样态，很大程度上摆脱了以往过于依赖《明实录》和几部海防专书来进行讨论的问题。扩大强化对史部、子部、集部类文献的利用，加强对史料的分析，这是本研究的核心价值。具体论证而言，通过探析行为主体利弊考量，分析制度组织的局限、制度运作的展开，首次提出和辨明了卫所军倾向原地布防而民兵开始肩负追击的分工局面的形成，跨境作战开启主客兵协调作战模式，防御体系调整中权力同时向监察和营兵系统方向而不只向其中一方强化，募练乡兵在属地方行政系统的职官以及有监察权和军事权的体系下进一步发展，南直隶海防部署的核心如何落在十一卫十五所，营兵由各府县派解提供的军饷额数，隆庆以后战前募兵银饷并未完全裁撤等问题。

第一章
卫所军、客兵与乡兵

正德七年，一伙“贼寇”流窜到长江中下游，南直隶的官员们惊讶地发现操江军队竟然毫无作用。① 史载霸州人刘六及其弟刘七，和齐彦明“寇齐鲁间，转掠河南襄阳，所过屠城破邑，杀抚臣，遂率众浮江东下，泊狼山，欲自通泰登岸还山东”。其时“总漕尚书张缙督兵扼淮口”，他们“不敢渡”，“乃自通州溯流至九江，又下南京，往返者三。操江兵愕眙无敢近，而兵（部）侍郎陆完调沿边诸镇健卒讨之，尾贼行驻福山，隔江而陈。仅移檄往来，通州城危甚”。② 最后，刘氏兄弟“与其党韩三等谋，复自海门而上，溯流过采石，泊芜湖之月子湖。贼凡三过南京，往来如入无人之境”。刘六、刘七等居然能旁若无人地在长江上往返三次经过南京，而“操江不敢逼”，③ 操江的军士“无敢近”，“镇江官军御之，败绩”，④ “尚书张缙檄高邮判官梅本以兵

① 《武宗实录》卷九一，正德七年八月癸亥，第 1947 页。

② 万历《通州志》卷八《遗事》，《天一阁藏明代方志选刊》10，影印明万历六年刻本，上海古籍书店，1961，第 27 页 a~29 页 a；万历《扬州府志》卷一三《兵防志上》，《北京图书馆古籍珍本丛刊》25，书目文献出版社，1998，第 208 页 b~209 页 a。

③ 《明纪碎言》，清钞本，第 70 页 a。

④ 谷应泰：《明史纪事本末》卷四五《平河北盗》，中华书局，1977，第 678 页。

五百戍泰兴，贼猝至，本战死，官吏皆奔窜。主簿黄连独率民兵斩其酋，穷追至大桥，亦死之”。[①] 战死的是率领民兵作战的通判和主簿，而真正的卫所军队指挥官却“退避”，兵部侍郎、都御史陆完虽然追击并“斩退避指挥程鹏、刘七、庞文宣等”，但“仅移檄往来”，置通州于险境。最后，幸好“忽夜半海飓风大作，贼舟覆，溺死无算。完遣裨将袭其余党，尽歼之，以捷闻。遂奏凯献俘，勒碑铭狼山上。州人恧焉”。[②] 在一个王朝的鼎盛时期，堂堂京畿地区，只有“舟三十余、众六七百人”[③] 的一伙贼寇，便能引发一片混乱，朝廷最后还是因为飓风才取得“胜利”，讽刺之余，多少令人匪夷所思。

更夸张而典型的一个例子出现在嘉靖倭乱时期。三十四年七月，有一伙“高埠逃倭”从杭州向西劫掠，“沿途伤亡，至严州淳安县，仅六十余人”。趁着浙兵松懈，这六十余人的残寇“由濠岭盘山突入歙县黄柏源口”，于是进入南直隶地界。结果，

> 徽州府守隘官民兵壮五百余人见贼悉奔溃，贼遂流劫绩溪，至旌德，典使蔡尧佐率兵千余御之，不克。贼遂叩县南门，纵火屠掠。过泾县，知县丘时庸引兵追击，于埤塘败绩，贼乃趋南陵。县丞莫逞以三百人守分界山，见贼悉奔窜，贼遂入县城，纵火焚居民房屋。于是，建阳卫指挥缪印、当涂县丞郭映郊、芜湖县丞陈一道、太平府知事郭樟各承檄以兵来援，与贼遇于县东门。印等引弓射之，贼悉手接其矢，诸军相顾愕眙，遂俱溃。一道所率皆芜湖骁健，乃麾众独进，

① 光绪《泰兴县志》卷一五《经制志四·营伍》，清光绪十二年刻本，第4页a~b。

② 万历《扬州府志》卷一三《兵防志上》，《北京图书馆古籍珍本丛刊》25，第209页a。

③ 《武宗实录》卷九一，正德七年八月癸亥，第1947页。

为贼所杀。一道义男子义横身□贼刃，亦死。[1]

接着贼寇“流劫至芜湖，纵火烧南岸，突渡北岸入市”，此时“各商民义勇登屋，以瓦石灰罐击之，贼多伤者，遂奔去。各商兵下屋，生缚二倭，斩首十级。贼趋太平府”。与“商民义勇”的英勇相比，军队的作战能力再次显弱。

是时，操江都御史褒善驻太平，遣千户曾岌等督乡兵义勇、杀虎手等兵御之于马厂，大败。贼遂进逼府城，城中人断河桥防守，贼引而东犯。江宁镇指挥朱襄、蒋升率众迎拒，不能御。襄战死，升被创堕马，官兵死者三百余人。贼遂直趋南京，其酋衣红乘马张黄盖，整众犯大安德门。我兵自城上以火铳击之，贼沿外城小安德门、夹冈等门往来窥觇。会城中获其所遣谍者，贼乃引众由铺岗趋秣陵关而去。[2]

倭自南京至秣陵关，应天推官罗节卿、指挥徐承宗率兵千人守关，望风奔溃。贼遂过关至溧水县。杨林桥典史林文景率兵迎遇，不能御。署县县丞赵珠臣弃城走。贼遂由小北门入城，宴饮民家，信宿乃去。[3]

后来他们又“流劫溧水、溧阳，趋宜兴、无锡，一昼夜奔一百八十里，至浒墅关”，又经过苏松巡抚曹邦辅檄佥事董邦政等围剿，方被歼灭。“此贼自绍兴高埠奔窜，不过六七十人，流劫杭、严、徽、宁、太平，至犯留都，经行数千里，杀戮及战伤无虑四五千人，凡杀一御史、一县丞、二指挥、二把总，入二县，历八

① 《世宗实录》卷四二四，嘉靖三十四年七月乙巳，第 7348 页。
② 《世宗实录》卷四二四，嘉靖三十四年七月丙辰，第 7352~7354 页。
③ 《世宗实录》卷四二五，嘉靖三十四年八月癸亥，第 7357 页。

十余日始灭。”① 明代的整体防御情况，若凭这个例子，则几乎可以完全否定——其防守和作战的力量，从卫所军队到民壮、乡兵、义勇，无论从调动、协调还是作战看都显然无法抵抗倭寇的挑战。为何会发生这种事，明代防御的问题在哪里，防御是如何进行的？或者说，防御体系是如何构建的？这就是这两个例子给我们提出的问题，也是本书思考的起点。

《明实录》的这几段记录都是以往研究所常用的“大路货”，但仍有许多有意义的细节未被充分重视。首先值得注意的是，追击贼寇的是作为“芜湖骁健”的民兵，虽未取得胜利，但相比一触“俱溃”的卫所军队则显然英勇。其次，率领这些健勇的县丞陈一道所带的私人武装也是民兵，而在第一波作战过程中，除了建阳卫指挥外，其余的典史、知县、县丞、府知事全部为行政系统官员，所统率者皆为“民兵”。再次，操江御史所调动者为军队系统的千户和行政系统的民兵。明代这两个系统的相关问题以及军、兵分野将在第二章详述，本章要陈述的，是在遭受如此大的震动京畿的事件后，明廷如何调整军事力量以应对危机，即卫所军、客兵与乡兵的问题。

如上所述，剧烈动乱及其反映出的脆弱防御，对时人必然有很大震撼。应天巡抚侯位“溯往昔”，“自弘治以上，未闻江海寇警若是烈也”。② 嘉靖时期的防御真正成为一个问题。为了应付这种局面，巡抚和操江都御史的职权范围渐渐厘清，募兵也进一步展开，整体性的防御体系都得到了强化。由于整体上募兵制度的兴起以及其后兵制的走向，“兵”与“军”已变得难分难解，至少在军队构成及来源上不易分辨。然而，这并不意味着世军、募兵和民兵的界限由此模糊而无法辨识。以统辖权力为依据，府、州、

① 《世宗实录》卷四二五，嘉靖三十四年八月壬辰，第 7363~7364 页。

② 郑若曾：《江南经略》卷三下《请重建兵备道疏（代）》，《景印文渊阁四库全书》728，第 212 页 a。

县无法统辖到巡抚、总兵所募之“兵”，故这种判定可以成为划分本书所指军队和民兵的标准，即军队系统和行政系统各自管辖的武装力量。另一方面，由于兵制整体趋势的变化沿着募兵这一线发展，在军队系统内世军和募兵的属性亦要区分。

募兵的任务一般落到兵备道一级，而兵备道主要统辖者亦为“兵”，虽然在“整饬”的兵权授予下其也能统辖卫所军。兵备道任环最初接到督抚的任务时便没有任何“兵”，而是靠着自己招募和训练，取得了骄人战绩。

> 岁癸丑，倭寇由越入吴，首尾太仓，攻劫焚杀，势张甚。属久安备弛，屯卫将士望风奔北。而民且不习金革，督抚檄公御焉。公募民为兵，拊循教练，与同甘苦，用以击贼，必身先之。或一日数十战，或连月不解甲，若黄浦，若华桥，若宝山，若大洋，若太仓，若阴沙，若白沙，若南沙，若福山，若前马，若胜墩，诸大捷皆深捣贼垒，远涉鲸波。①

兵备道的职能扩张也反映了民兵的兴起。扬州府如皋县的苏愚，“兵备兴泉”之时，“愤土兵废弛，严团练之法，以客兵处临漳、德济之冲，令其防守。会倭犯崇武，土兵遏其锋，客兵邀其后，不遗一矢，擒斩二百余”。② 苏愚团练的土兵和一并指挥的客兵，都是民兵，由于统驭及战术安排得法，作战功绩显著。

本章讨论的卫所军和各类“兵”，系以来源为依据，兼以其职

---

① 《王穀祥录功祠碑》，崇祯《吴县志》卷一九《祠庙上》，《天一阁藏明代方志选刊续编》16，影印明崇祯十五年刻本，上海书店，1990，第 57 页 b。

② 李植（佥都御史）：《苏愚墓志铭略》，嘉庆《如皋县志》卷二〇《艺文一》，成文出版社，1970，影印清嘉庆十三年刊本，第 1864 页；民国《如皋县志》卷三《建置志下・古迹》，第 7 页 b。

能和统辖归属，依据所强调重心的不同划分讨论。“卫所军与民兵”强调其来源与统辖归属，其职能重心差异为“布防与追勦”。“客兵与乡兵”“募兵”强调其来源，尽管其职能和统辖归属也会有相应不同。卫所军与民兵、客兵与乡兵都可以是募兵，尽管他们也可以来自世袭和佥派。

一　卫所军与民兵：布防和追勦

本节讨论作战过程中卫所军与民兵、营兵的职责分野，即布防和追勦的不同重心。这种情况一方面固然反映了卫所军在一般作战中难以胜任，一方面又是在客观条件（兵力、法例）制约下利弊权衡的结果。相反，以行政系统和营兵系统动员的民兵和营兵追勦，常常能以优势兵力胜出，在这类募兵中，从其他地方调来的即为客兵，其追勦的效率和作战的能力较强。

卫所军在倭乱之际表现不尽如人意，成为通常认为的其本身“衰败”的证据，所谓“天下久平，卫所军日耗，而变剧于卫兵”，“卫军仅名额，而机快徒虚文，力不能有所捍御”。[①] 不过很大程度上卫所军的职责是负责守卫一定范围内的地界。永乐十四年五月，“直隶金山卫奏：有倭船三十余艘，倭寇约三千余在海往来”。其时王朝军事实力处于鼎盛时期，也只是“敕辽东总兵官都督柳江及各都司缘海卫所令护备，及相机勦捕”。[②] 两年后的五月，金山卫又奏“有倭船百艘，贼七千余人攻城劫掠”，皇帝明确回复：“敕海道捕倭都指挥谷祥、张翥，令以兵策应。又令各卫所固守城池，贼至勿轻出战，有机可乘，亦不可失，务出万全。”[③] 可见卫

① 万历《扬州府志》卷一三《兵防志上》，《北京图书馆古籍珍本丛刊》25，第10页a。

② 《太宗实录》卷一七六，永乐十四年五月丁巳，第1928页。

③ 《太宗实录》卷二〇〇，永乐十六年五月癸丑，第2082~2083页。

所的职责并不以追剿为重，“海道捕倭都指挥”的职责后来便是由巡抚、操江、副总兵和海道副使履行，也就是追剿的任务先是临时任命将领负责，后来慢慢由都御史、营兵长官以及分巡道三类不同职官负责。对于像倭寇这种流动的袭扰，基于卫所本身有限的兵力，大规模出动追剿更不可能。早在正德七年，就出现过卫所军奏称其“军、余并巡船数少”“贼势猖獗”而“不敢出城轻敌”，只得“坚守城池”的事：

> 本月初七日，又据苏州府报，本日辰时分据本府照磨赵思明报称，本月初五日申时据勇夫水手单洪、顾松斋准直隶扬州卫、通州守御千户所印信手本开称……本所军、余并巡船数少，贼势猖獗非常，不敢出城轻敌，惟是坚守城池，把截要路等因。……已经会同提督巡江兼操江南京都察院右佥都御史陈世良、巡按直隶监察御史原轩、巡江监察御史杨凤议行。①

这样，主要的责任便回到操江、巡按、巡江那里去了。嘉靖三十二年王直犯嘉定时，“镇抚陈宪疑为盐盗，率轻兵追之，后知为直，不敢袭”。② 事实上，从各种例子可以看到，但凡有事，坚守者总不会受到大的处罚，即便被冠以“畏葸”等罪名，而一旦出击战败，轻则遭处分，重则殒命。有两个例子可以很好地证明这一点。第一例为出战：“癸丑三月二日，倭三十六人于青村所焦墩登岸，百户（王）河以贼数寡，率队长陈九等御之。贼既越海，入必死地，舞刀奋击，我兵未及斗，而百户创死矣，队长亦死之，

① 王缜：《梧山王先生集》卷五《为飞报紧急贼情事》，转引自林为楷《明代的江防体制》，第 164 页。

② 邓钟：《筹海重编·直隶倭变记》，《四库全书存目丛书》史部 227，齐鲁书社，1997，第 104 页 a。

复杀数人，余众皆溃。”[①] 百户认为贼少，故而出击，结果身死，这种高风险也是将领通常选择守城的原因。另一个例子为通州三里河战斗，守将选择不出战：

> 贼兵仅百余人，盐徒及胁从者千余人。时参将解明道拥重兵居城中，扬州府同知朱裒、仪真守备张寿松军城外。凤阳巡抚郑晓议发兵往援，檄原任都指挥月轮将之。轮辞以非朝命不至。晓乃更檄两淮运判马仓、原任仪真守备陈津往会千户洪岱等合战。城内外兵无一策应者，岱等孤军败。岱与千户文昌龄、王烈皆死。至是，晓上疏言状，因请治明道等畏怯、轮推避之罪。得旨：洪岱、文昌龄、王烈俱赠指挥同知，子孙升袭。褫明道与寿松等职，各戴罪立功。轮令巡按御史逮至京问。[②]

凤阳巡抚郑晓最多也只能奏劾卫所长官，而且真正受处分的是“原任都指挥月轮”，“城内外无一策应”的诸将仍可以“戴罪立功”。偶有卫所军追剿的例子，也是基于带头将领个人的判断，而且仍然是小股部队追击。嘉靖三十二年五月初二日，“青村有贼四十二人”，即之前袭击浙江的贼寇同伙，“缘失风上青村海岸，不知前贼船已焚于吾盐。沿海觅船不得，由金家湾潜逾梁庄，至白马庙，匿黄姓民家”。面对这四十二名贼寇，乍浦卫的指挥满朝仅仅“率乍浦军数十人追及，遂围之”。本来情况进展很有利，但是“不虞白马庙中更有贼突出，朝腹背受敌，奋勇砍杀，以兵寡难支，死焉”。从记录看，卫指挥满朝带的这几十个人里，还有

① 张鼐：《宝日堂初集》卷二四《十忠传》，《四库禁毁书丛刊》集部 76，影印中国科学院图书馆藏明崇祯二年刻本，北京出版社，1997，第 652 页 b~653 页 a。

② 《世宗实录》卷四一〇，嘉靖三十三年五月戊申，第 7147~7148 页。

“千户王继隆，百户朱堂、康绶”等，“俱被杀，官军死者二十人”。[①] 这是非常典型的卫所军仅以极少兵力（几十人）追剿到辖区以外的战例，卫所军的主力必然仍在乍浦，而没有追击进入南直隶属于青村中前所的管辖范围（青村中前所或金山卫的军士没有被调动追捕围剿）内，这显示卫所军最主要的任务不在于追剿，而仅仅在于布防。虽然理论上他们对各自辖区内的贼寇也都有追击剿捕的责任，但常常以各种理由坐视不理。造成这种结局的原因，除了没有良好的指挥协同体系外，跟制度规定要“固守城池”有很大关系。弘治十三年修订（万历十三年重修）的《问刑条例》规定：“凡沿边、沿海及腹里府、州、县与卫所同住一城，及卫所自住一城者，若遇大虏及盗贼生发攻围，不行固守，而辄弃去，及守备不设，被贼攻陷城池，劫杀焚烧者【不能固守，或弃城逃走，或开门延贼，致贼进入，杀虏男妇三千人以上、烧毁官民房屋者】，卫所掌印（官）与专一捕盗官俱比照守边将帅失陷城寨者律斩。”[②] 综上，可见卫所军队主要职责在布防固守。而且，兵力少很显然是整个防御局面较为被动的原因。比如嘉靖三十四年四月，“十三日，贼船至者尤众，官兵不能支，皆散走”。[③] 徐孚远论及“江防”时认为“聚则不少，分则不多，扼险不过数处，而分地乃有百千，宜其无所恃缓急也。承平既久，武备日弛，近者流寇发难，往来攻掠，无所禁御”。[④] 这种真知灼见显然在明代的整个防御问题中都适用。

---

① 采九德：《倭变事略》，上海书店，1982，第 74 页。

② 舒化等：《新修问刑条例》（下卷）卷五《兵律下・主将不固守》，《大明律附例（附）》第八册，北京大学图书馆藏，第 5 页 b。【】中为万历《大明会典》卷一三六《兵部十九・赏罚》所无。

③ 郑若曾：《江南经略》卷三上《常熟县倭患事迹》，《景印文渊阁四库全书》728，第 157 页 a。

④ 徐孚远：《江防》，载顾炎武《天下郡国利病书》第八册《江宁庐安安庆备录》，《续修四库全书》596，上海古籍出版社，2007，第 58 页 b。

如此，由谁负责追剿呢？仍以嘉靖三十二年王直犯嘉定的例子看，“同知任环、守备解明道败贼于吴淞江口（贼至刘家河，扬帆而西。明道与六合知县董邦政率兵迎击之）”，[①] 可见主要是行政系统的府同知和知县带领民兵，与营兵系统的备倭指挥率领小股军队追击。[②] 由于行政系统与营兵系统分属兵、军两大系统，需要有统辖调度，所以，巡抚、操江御史、巡江御史，以及分巡道兵备副使（佥事）在理论上对此无可回避。在监察官员的统一调度下，民兵配合卫所军协同作战由来已久，夏邦谟巡抚江南时，

> 江盗窃发，通以民兵千数策应，邦谟知其不习水战，置之中军，皆得全归，故通人至今感之，立碑颂德焉。[③]

操江统辖的例子见萧显围太仓州，“都御史蔡克廉击败之”。[④] 在实际运作中，许多战事指挥由兵备道完成。由于兵备道为文职官员，虽领敕可以统辖军队，但本身日常不直接带领卫所军和营军，所统率者多为民兵，而其指挥调动的更基层的单位则为各州县佐贰官。嘉靖三十二年，从“正月贼入福山港，登劫”开始，常熟的知县王铁就“帅官兵击走之”。后来倭寇流劫其他县，王铁仍然在继续追击，这是很典型的民兵追击的战例：

> 十八日，知县王铁先遣耆民徐泰等潜师劫营。十九日，

---

① 邓钟：《筹海重编·直隶倭变记》，《四库全书存目丛书》史部 227，第 104 页 a。

② “备倭指挥王世科、本府同知任环合兵捕之。命吴淞百户张治以五十人为前锋，治颇有斩。已而中枪死，众遂溃。”万历《嘉定县志》卷一五《兵防考上》，《中国史学丛书》三编 43，影印明万历三十三年刊本，台湾学生书局，1987，第 955 页。

③ 万历《通州志》卷六《传一》，《天一阁藏明代方志选刊》10，第 30 页 a~b。

④ 郑若曾：《筹海图编》卷八上《嘉靖以来倭夷入寇总编年表》，李致中点校，中华书局，2007，第 498 页；详见万历《通州志》卷八《遗事》，《天一阁藏明代方志选刊》10，第 29 页 b~31 页 b。

> 亲率主簿李宗昭、家丁、兵勇与贼战于尚墅，贼大败走。宗昭家丁李安战殁于阵，主簿马希骞复邀贼，于中途击败之。适长洲县县丞林锜承府檄率兵来援，分道追逐。

三十三年，“刘鉴自梅李进攻县之大东门”，[①] 仍然是知县王铁与由府同知升任兵备佥事的任环负责防御。与布防时的兵力不足相比，追剿则容易形成优势兵力（营兵制下的情形更明显）。三十四年四月，“兵备副使任公环大败三丈浦之贼”，追击“逐北至奚浦”。六月初六日，任环督同知王如瓒“率沙兵、民兵进攻之，杀其白眉主帅一人”，再败三丈浦贼，其追剿之力，让倭寇“称兵备任公为拚命官”。贼遁出海后，“太仓州知州熊桴、把总刘堂追击，败之”。“二十三日，从柴港口遁出海，至登舟沙北，知州熊桴与把总指挥杨尚英、州判张大伦围而攻之。贼死无算，俘斩一百三十有奇。余贼南遁，至吴淞江口，复为把总刘堂邀击，大败之，生擒其酋急速如郎，斩贼首二百六十余级。”[②] 这就是整体上在兵备道率领下知县、知州、州判和把总执行追剿任务取得的成果。另外，诸如团长、耆舵等民兵头领在兵备道的指挥下，也常有追击之表现（“一艅为耆舵周瓒等所追至独山”[③]）。不过，兵备道受制于抚按，在抚按的保守政策下，其追击效果也会变得有限。《吴县志》曾颇为愤恨地描述大敌当前抚按不思进取的情况：“巡抚都御史周珫、巡按御史孙慎登阊门城楼，酾酒观望，夜半遣吏缒城

---

① “值兵备佥事任公环在县，与知县王铁出兵御之，贼大败而去。天晚，恐贼有伏，我兵不敢追，但屯城麓备不虞。夜漏下二十刻，贼果至，见官兵，大惊而走。”见郑若曾《江南经略》卷三上《常熟县倭患事迹》，《景印文渊阁四库全书》728，第156页b。

② 郑若曾：《江南经略》卷三上《常熟县倭患事迹》，《景印文渊阁四库全书》728，第156页b。

③ 崇祯《吴县志》卷一一《祥异·本朝》，《天一阁藏明代方志选刊续编》16，第33页a。

而下，取酱油于利济、石佛两寺中。”而且他们还牵掣任环，“任环屡请出师，军门弗许。环竟率师追之，及于横塘，贼发炮不可当，环能随机应变，督战愈力。军门严令速回，听其自去。环唯付之太息而已”。[1]

营兵系统的追剿主要是由所募之兵负责，一般而言，所募之兵的素质，及其作战时的具体指挥和战术决定着成败。任环用兵时即以布阵、情报和战术大胜：

> 处兵于田，沙兵于水，邳兵、苗兵各于要害，而钩刀手者，最号勇锐，阵于正路。贼厚阵来冲，莫能动，退而悔曰：正路必劲兵，田中旗帜皆疑兵也。明日，其趋田中乎。公谍知之，夜半蓐食，密令钩刀手易田中兵，而旗帜不易。诘旦，贼前锋百人与路兵接，少合即趋田中。钩刀手佯却，开壁诱之入，尽歼之。复整列以待。诸贼掩至，公又密令沙兵飞棹出贼后，呼曰：贼已败，我民胁从者，其释刃自明。贼气遽夺。会天雨，公麾兵急进。有枭贼三百余，裸体舞刀而前，钩刀手与合，又尽歼之。而沙兵亦就水中斩首百余级，余众悉溃。雨甚不能穷追，乃班师入城。男女老稚，焚香以迎师者塞路。[2]

嘉靖时，由于倭乱的挑战，明廷不得不大量募兵，这些兵主要进入营兵系统，也有一些进入卫所军系统；[3] 从其他地方调客兵是另一个更快捷的途径。如嘉靖三十五年，“南京兵部尚书张鏊、巡抚凤阳都御史陈儒各奏倭寇突入淮阳，焚运船、民舍，渐逼南

---

① 崇祯《吴县志》卷一一《祥异·本朝》，《天一阁藏明代方志选刊续编》16，第 32 页 b~33 页 a。

② 《王穀祥录功祠碑》，崇祯《吴县志》卷一九《祠庙上》，《天一阁藏明代方志选刊续编》16，第 58 页 a~59 页 a。

③ 王莉：《明代营兵制初探》，《北京师范大学学报》1991 年第 2 期。

都，乞速调客兵应援。兵部议复，从之”。[①]“速”是客兵的一大优点。大名鼎鼎的狼兵就是一种客兵，一开始颇具锋芒，“先是调来狼兵不满百人，倭遇之辄披靡，尝以二十人敌倭二百人，杀五十人。其二人最骁勇，追贼至刘家行中伏死。狼兵自是稍怯”。[②]在嘉靖三十四年遭伏溃败前，狼兵以追击凶猛著称。嘉靖三十三年，“六月初一日，贼四百余屯陆家桥，突至太仓南门焚掠。初二日，攻西门。时府同知李敏德在城遣兵击之。狼兵与之俱战于水次仓，追败之”。[③]不过，狼兵的这种追击与其他民兵略有不同，张经指出是因为“狼兵轻慓嗜利，闻倭富有财货，亟欲取之”，而且“此兵勇进而易溃，万一失利，即骇远近观听”，所以要求暂缓进兵，但因此被赵文华参劾获罪。[④]但是，狼兵的追击的确缺乏谋略，“文华因谓狼兵果可用，厚犒之，激使进剿。至漕泾遇倭数百人，与战，不胜。头目钟富、黄维等十四人俱死，兵众失亡甚众。于是贼知狼兵不足畏，复肆掠如故矣”。[⑤]三个月后，“游击白泫以田州兵千余往探陆哨，遇贼伏卒，杀其头目钟富，损兵大半，则狼兵之不宜骤用明矣”。[⑥]这彻底证明了张经论断的正确。客兵种类众多，《明史》总结列举的河南嵩县毛葫芦（习短兵，长于走山），嵩县、卢氏、灵宝、永宁矿兵（角脑、打手），山东长竿手，徐州箭手，井陉蚂螂手（善运石），福建漳泉镖牌兵（水战为最）、僧兵（少林、伏牛、五台），[⑦]都是各有一技之长的民兵。若调往其他处参与战斗，便是客兵，所谓“自他召募呼客兵”。[⑧]其中，

① 《世宗实录》卷四三五，嘉靖三十五年五月壬戌，第7490页。

② 光绪《宝山县志》卷六《兵防志》，清光绪八年刻本，第20页b。

③ 嘉庆《直隶太仓州志》卷二四《兵防》，清嘉庆七年刻本，第17页b。

④ 《世宗实录》卷四二二，嘉靖三十四年五月己酉，第7321~7322页。

⑤ 《世宗实录》卷四二一，嘉靖三十四年四月辛未，第7294~7295页。

⑥ 《世宗实录》卷四二四，嘉靖三十四年七月丁巳，第7354~7355页。

⑦ 《明史》卷九一《志第六七·兵三》，中华书局，1974，第2252页。

⑧ 海瑞：《备忘集》卷一《奏疏·革募兵疏》，《景印文渊阁四库全书》1286，第15页a。

“已议令征集湖广土舍、永顺夷兵并山东、河南、广东打手、毛胡卢等兵共六枝，俱赴浙、直军门听用”。[①] 调至南直隶作战者，以此六种兵最为著名。嘉靖三十三年五月，御史温景葵、兵部主事张四知往山东调民兵“及青州等处水陆枪手共六千人”[②] 到南直隶参与作战，七月到达嘉定县时正好“与贼遇于新泾桥”，参将李逢时“率其麾下先进，败之。贼退据罗店镇。官军追及之，擒斩八十余人”。这支山东枪手兵“复追击倭寇至采淘港，乘胜深入”，相当有战斗力，可惜后来在追击过程中遇伏溃败，跟参将许国与李逢时争功有关。[③] 对具体战例过程分析可见，营兵系统将领所募及率领下的客兵显示的战斗力，是不可低估的。下面就让我们来看一下这些客兵。

二　客兵与乡兵

本节讨论客兵与乡兵这两种相对而言的主客兵。客兵一般较难约束，作战时不易协调，征调费用较高，而且易与地方民众发生冲突。基于这些弊端，客兵渐渐为相对于“客”的乡土武装所取代，这就是乡兵，也称土兵。基于保乡卫土的责任感，乡兵的忠诚度无疑高于客兵；在良好的组织训练下，这类募兵战斗力能有很大提升；更重要的是，战后很多人会留在营兵系统中，从而起到提高军队战斗力的作用。

---

① 王在晋：《海防纂要》卷八《议征集》，《四库禁毁书丛刊》史部 17，影印华东师范大学图书馆藏明万历四十一年自刻本，第 607 页 b。

② 黄凤翔：《嘉靖大政类编》卷下《南倭》，《四库全书存目丛书》史部 55，影印湖北图书馆藏明万历三十七年自刻本，第 474 页 b。

③ “伏起，我兵大溃，溺水死者千人。指挥刘勇等死之。初，新泾之捷，李逢时功最，许国恨逢时与之同事，而不先约己，乃别从间道袭贼，欲以分逢时功。会暮大雨，刘勇等兵先陷没，诸军继之，皆仓卒不整，遂大败。”见《世宗实录》卷四一三，嘉靖三十三年八月庚寅，第 7189 页。

（一）客兵

应天巡抚周珫说御倭有“十难”，其中就有“主客兵力难持”一项，而对应的有“三策”，其一为“更请趣调狼兵、土兵、漳兵”。[①] 狼兵和漳兵其实就是广西、湖南和福建来的相对于南直隶来讲“调于各省”的“客兵”。所调来的客兵一般战斗力尚可，如前举狼兵和山东枪兵的例子。唐顺之在面对三沙倭寇时，曾匆匆“回太仓调遣狼兵，而贼乘风雨夜登江北岸矣”，由是唐氏“每以此自愧”。[②] 嘉靖三十四年击败三丈浦倭寇时，“兵备任公环阴部署主客官兵以进”，由于“保靖兵素骁勇，为贼所忌，公命应袭彭守忠为中哨，易衣帜，贼不知也”。后来此战在骁勇的保靖兵及“太仓沙耆民”的共同努力下大胜，“逐北至奚浦，斩首二百三十五级，生擒五十余人，其舟二十七艘，而我兵不损一人。自用兵以来，陆战全捷，未有若此者也”。[③] 不过，客兵的这种作战能力是与指挥将领密切相关的。客兵一般难约束，不仅在临战号令指挥上容易出问题，而且一旦失利则完全无法控制，如前所述狼兵“易溃”的例子，这是客兵的第一个问题。川兵的例子较为显著：

> 川兵游击曹克新击倭于嘉定之高桥，斩首二十八级，鏖战自辰及未，酉阳兵先溃，诸军遂败。越二日，克新复督蜀中土、汉兵，分三哨追剿：左哨天全土兵及�连弩手奋统冲贼，迎斩七十余级；右哨酉阳、邑梅等兵复溃，我军遂乱，为贼所乘，杀大渡河千户李灿、成都卫百户郑彦昇。川兵伤

① 《世宗实录》卷四一九，嘉靖三十四年二月癸酉，第7262~7263页。

② 万历《重修常州府志》卷一五《人物》，《明代孤本方志专辑》，影印明万历四十六年刻本，线装书局，2003，第147页b。

③ 郑若曾：《江南经略》卷三上《常熟县倭患事迹》，《景印文渊阁四库全书》728，第157页a~b。

亡及溺死十四，诸军夺气。是时，调至客兵，大名督抚率无长略，不能以恩威驾驭，诸兵遂恣睢暴肆，不复奉约束。川兵初典山东兵关，参将尚允绍几被杀。至于出战，阶自为进退，酋赐兵既败，即大噪，夺舟径归，至苏州，赵文华犒慰谕留之，不敢诰也。①

表现在争功与无法协同作战上，此点尤其明显：

往者叶谢之战，僧兵已斩九级矣。邳兵嫉之使前，而莫为之应，遂身死而军溃。马家浜之战，民兵方与贼斗，而邳兵鸣金，贼遂乘之，死者大半。二心如此，乃欲取胜，未之有也。②

相比之下，敌方则是“趋利四出”“闻战而集”，如此则胜负已可知。解决之法，只有“以我军亦为数队”，“使各备一隅，而自为战，必不至嫉功而先退矣”。客兵的“犷悍”“难驯”，一般必须是有能力的将领才能控制局面。嘉靖三十一年任环任苏州府同知时，“客兵犷悍而难驯，乡兵脆弱而难用。环外和将卒，内统疲兵，调停鼓舞之方，无所不至”。③ 正因为能力优秀，后来任环为兵备道时，指挥处兵、沙兵、邳兵、苗兵以及钩刀手协同作战，取得了很大的胜利。

客兵的第二个问题是费“民膏脂”而常常无建树。兵部尚书聂豹谓：“调募客兵，近自徐、邳、山东，远至广西、湖广，

① 《世宗实录》卷四二九，嘉靖三十四年闰十一月癸酉，第 7412~7413 页。

② 嘉庆《松江府志》卷三五《武备志》，《续修四库全书》688，影印华东师范大学图书馆藏清嘉庆二十三年松江府学刻本，第 22 页 a。

③ 《徐师曾请建录功祠疏》，崇祯《吴县志》卷一九《祠庙》，《天一阁藏明代方志选刊续编》16，第 32 页 b~33 页 a。

所费各不下巨万。"[1] 屠仲律谓："近日征调各处兵民，远近四集。徐、邳、山东、永、保、川、广及军门编调各府义勇，无虑数万。然师老财殚，竟不见虏功之奏者。"[2] 而且关键时刻"危如倒悬不能救，豢养此辈将何施"。来自山东的枪手兵不胜即溃，而广兵更是要么极少与倭寇作战，要么"半入倭党"，而且还动不动邀赏。沈翰卿的长诗《养乡兵行》生动地记述了这种情形：

> 胡为去岁招广兵……十月方临东海畔，只与倭奴一交战，偶然乘隙一小胜，厚加犒赏烦州县。其如日本兵最强，诸岛截巢在海洋。结连獐獠并内寇，为患中国殊难当。招兵本为灭倭贼，诛剿数年犹未得。山东枪手已逃溃，广兵望尔能宣力……危如倒悬不能救，豢养此辈将何施。精兵土兵皆土著，更有乡兵能截杀。髑髅手斩血淋漓，县令受之报台察……广兵半入倭党中，存者勿能成战功。淹留渐觉年光换，坐食常令帑藏空。有粟一斛缯一匹，散与乡兵感尤切。可保乡兵无陷失，免使天地日流血。[3]

除作战以外，客兵的最后一个问题就是很容易与土著产生冲突，"浙兵性骄悍，与土著者不相能，时时扰闾左细民，急之则亡匿去，难控御"。[4] 这种问题发展到极致，就是兵变为盗，"所

---

① 《世宗实录》卷四一七，嘉靖三十三年十二月丁亥，第7244页。

② 《世宗实录》卷四二二，嘉靖三十四年五月壬寅，第7314页；屠仲律：《御倭五事疏》，载陈子龙等选辑《明经世文编》卷二八二《屠侍御奏疏·疏》，第2980页b。

③ 光绪《江阴县志》卷二七《艺文三》，成文出版社，1983，影印清光绪四年刊本，第53页b~54页b。

④ 万历《扬州府志》卷一三《兵防志上》，《北京图书馆古籍珍本丛刊》25，第8页a；嘉庆《重修扬州府志》卷二三《兵志二·历代设兵》，嘉庆十五年刊本，第23页a。

过道路，率又逞其狼豕食残之性。白日剽掠，昏夜则污渎妇女”，所以“宁遇倭贼，毋遇客兵”。[①] 邓元锡论兵制，认为“每腹里盗发，辄请调土、汉、狼、达兵，以已难调，且至盗辄鼠伏，去复横放。而所调者兵性狼戾多暴，又羁旅怨旷，所过骚动敚劫，有司不敢诘，将领莫能制。故谚有‘盗来放火，军来杀我’之由，而糜费不赀”。[②] 为此，都御史章焕甚至提出要通过“籍其家室”以及对鳏旷游民“与之配偶”来约束所募之兵。郑若曾因此总结说，募兵要“于本处报选”，以便于“归寄”（工食银）、“归耕”和“保结”，“若四方泛募，则是乌合之众、无赖之徒，招之甚易，散之甚难。今日之兵夫，他日之盗贼也”。[③] 所以，像沈翰卿等人就会强调“养乡兵”。“自顷客兵骄□，鲜克宜势，故中外建言乡兵似矣。然狗多□恩，终属文具，夫所谓乡者亲客，去而言出。□是荷锄秉耜，穑奴牧竖然哉。”[④] “但调募客兵不如调土著之兵，可调习而有常”，[⑤] “调兵不知，少发则不足，多发则用不继。久驻则师老费财，暂驻则兵散而贼复入。急之则怨，宽之则骄而为乱”。[⑥] 作为长远之计，乡兵代替客兵是大势所趋。

（二）乡兵

土著民兵“以为一乡为防守”，即是乡兵，有时也称“土兵”（与土司之“土兵”不同），系与“客兵”相对而论。《明史》总

---

① 郑若曾：《筹海图编》卷一一下《募客兵》，第727页。

② 万历《扬州府志》卷一三《兵防志上》，《北京图书馆古籍珍本丛刊》25，第10页b。

③ 郑若曾：《筹海图编》卷一一下《募客兵》，第728页。

④ 嘉靖《新修靖江县志》卷一《疆域》，《稀见中国地方志汇刊》13，影印明嘉靖四十四年修、隆庆三年刊本，中国书店，1992，第5页b。

⑤ 郑若曾：《郑开阳杂著》卷二，《景印文渊阁四库全书》584，第487页a。

⑥ 王在晋：《海防纂要》卷五《御倭方略》，《四库禁毁书丛刊》史部17，第546页a。

结说乡兵就是“随其风土所长应募，调佐军旅缓急。其隶军籍者曰浙兵，义乌为最，处次之，台、宁又次之，善狼筅，间以叉槊。戚继光制鸳鸯阵以破倭，及守蓟门，最有名”。[①] 不过，等到离开本土，乡兵也就变成其他地方所谓的“客兵”。

乡兵因为一般有保乡卫土的责任感，所以不会轻易在作战中逃跑。经过一定训练和组织的乡兵战斗力也较强。其练习乡兵之法，一般为设团长，水兵则编甲。如在太湖周围地界，“各统之以耆民、团长，选乡兵而训之。府县官间一亲阅，务期实用。但水兵未设，宜报湖船，编甲长，而以五桅盘籬船领之。有事责其在湖，与巡司一体巡哨，庶郡城可以无西顾之忧矣”。[②] 正德时，常州府筑城后，“有剧贼驾舟自姑孰渡江，顺流东下。所过州县市镇，居民无不被杀掠，甚至戕害”，而魏村河庄的乡兵在操江官兵“无敢出一旅当其锋者”的情况下仍“奋勇敌退”贼寇，五天后，“丑类数百人持仗鼓噪而上，将欲攻城”，主事者率常州府的乡兵（“郡兵”）救援，“分部少壮尽登城，矢石如雨，贼不得近，别选骁勇千余人出战，临敌杀伤其精锐百数十人，俘获一十七人，余贼败走，泊青草沙不动”。[③] 在倭寇侵扰时，乡兵也表现神勇。扬州府如皋县，“倭犯如皋。主簿阎士奇率乡兵迎至东陈镇，败之。已又犯县治，值颍州甲兵至，击败之”。[④] 嘉靖三十四年十月，“倭数千人自日照流劫至淮安。时邑人沈坤方家居，枨赀募乡兵千

① 《明史》卷九一《志第六七·兵三》，第 2251~2252 页。

② 崇祯《吴县志》卷一八《兵防》，《天一阁藏明代方志选刊续编》16，第 3 页 a。而不经训练的随便招募之兵则通常要出问题。“倭寇猖獗，屯角直客僧月空善用棍，倚以为重。时令募僧为兵，其出师，黄旗前导罗天大圣四字，众皆称念佛号，真如儿戏。望敌惊溃。”见《王执礼寇灾纪略》，崇祯《吴县志》卷一一《祥异·本朝》，《天一阁藏明代方志选刊续编》16，第 32 页 b。

③ 沈晖：《重修常州城碑》，正德《常州府志续集》卷六《词翰一》，《中国史学丛书》三编 41，影印明正德八年刻本，第 258 页。

④ 万历《扬州府志》卷二二《历代志》，《北京图书馆古籍珍本丛刊》25，第 20 页 a。

余屯城外。倭纵火焚烧，官兵却。坤率众力战，身犯矢石，射中其酋，倭始退”。[①] 这些都是乡兵击败倭寇的例子。

江阴县令钱錞“闻倭寇浙，亟甃城完北隅之缺，厚集乡兵以待”，倭寇到达时，“錞出御于石幢，身被一矢，以捕兵杨成得免。团长吴兑死焉”，此为受救于乡兵头领。其后，

> 合群寇千五百余围县东门，屠戮甚惨。乡民避寇来者，望城橹而泣。錞不忍弃，启门尽纳之。数请战于兵备王崇古，不许。錞愤甚，取印印衣推案，厉声曰：睢阳是何人？吾愿以死报民耳。于是集千人突围而出。内狼兵素无纪律，先遁，余亦溃散。錞马陷泥淖，伏寇起刺之，身被十余枪，顾谓杨成、陈裕曰：吾死国分也。遂俱遇害。[②]

钱錞最后战死，很大原因便是狼兵无纪律而先跑，最后钱錞仅仅和“义勇”五十余人浴血奋战，[③] 这些“义勇”也就是乡兵。“兵仅四百，合狼兵、镇江兵仅千，帅之出城。公尝以法惩狼兵纵肆者，衔公，遇寇先遁，余众望风皆遁。公独与亲兵五十余人奋斗草间，伏起刺公，公身被数刃，遂遇害。从公死者二十余人。”[④] 狼兵由于受过惩戒怀恨在心，所以乘机逃跑，而最后坚持与钱氏一同作战的亲兵二十余人随主将战死，相当坚定。不过，同书关于吴兑

---

① 光绪《淮安府志》卷四〇《杂记》，清光绪十年刊本，第 11 页 a。

② 万历《重修常州府志》卷一〇《职官三·名宦》，第 83 页 b~84 页 a。

③ “三十三年，倭至，迎战，却之。明年，倭掠青旸，錞兵不满百，追至塘头。倭小却，复大至，遇之石幢，发三矢，连殪三贼，身亦被一矢。团长吴兑扞之得免，兑以伤重死。倭亦却。錞为文祭兑，军心益奋。翌日，倭径从华墅趋城，合常熟之寇三千余人，攻县东门。时錞已整兵还城，启门纳乡民之避寇者，赈以粟。且请兵于兵备王崇古，不应，乃取印，印衣推案起曰：睢阳何如人哉？吾誓不能与此贼俱生！遂提兵数百突围出，以狼兵为先锋，至九里河，狼兵遁，錞独与义勇杨成、陈裕等五十余人接战，无不一以当百。”光绪《江阴县志》卷一五《名宦》，第 13 页 a~b。

④ 光绪《江阴县志》卷七《秩祀》，第 29 页 a。

的记载却显示乡兵亦会“惊散”：

> 吴兑，字前林，青旸团长。……锌命御倭于石幢，策马统乡兵百人往。马畏木梁，不肯渡，兑挟马而过。至郑庄港，突遇倭，乡兵惊散，兑独与斗。倭皆怯，将泅水去。水深不可过，登岸复战。会锌被矢伤，倭杂至。兑当其冲，失足堕水，被数刃，佯死。倭乃去，舁还一日卒。锌为文祭之。①

所以，张衮讥讽“团结乡兵，仅有名号。团长、保长，闻风先遁，莫知其踪”。他强调：“家自为兵，人自为战，率之以长，明之以官法，无处不然，贼岂能越防而至，坦然如归其室庐，如自取其食货，傲然肆志而无疑也？曲溪狭径，皆其纵横熟路矣。近日麻皮桥居民李鳌，以一富人之力，倡率农丁拒贼，贼三至而不能攻其家，推之于县、于郡，亦可知也。”② 即是说，平时“练”乡兵并非上策，因为常常“仅有名号”，头领也会“闻风先遁”，所以必须做到“家自为兵”，也就是全民皆兵方为妥善。

另有一种民兵称“土兵”。常熟县“自嘉靖三十三年倭乱，巡按尚维持于各乡里总名下编兵一名，又在城坊厢人户内，家有三人者，抽一人为兵，征银贮库，募兵给发，是谓土兵”。③ 另外，泰兴县“嘉靖初，又佥丁田上者出金募民协防，曰土兵。倭事棘，置营周桥，而民兵遂撤”。④ 可见土兵也不一定是抽丁佥派而来，各县情况不同。与乡兵一样，土兵有守土之责任感，战斗力也较强。

---

① 光绪《江阴县志》卷一六《人物一》，第45页a。

② 张衮：《与抚按请兵书》，载陈子龙等选辑《明经世文编》卷一九五《张水南集·书》，第2020页b~2021页a；光绪《江阴县志》卷二五《艺文一》，第64页b。

③ 嘉靖《常熟县志》卷一二《武备》，明嘉靖刻本，第10页a。

④ 光绪《泰兴县志》卷一五《经制志四·营伍》，第4页b。

> 时御史陈公适按宜兴，犹以为小捷不足恃。乃进乡老问计，咸谓贼去难保不来，而官兵不可久驻，必募土兵防守，方可永保无虞。陈公深以为然，即行县令转达巡抚、巡按诸公，会议处分，皆报曰依议。于是王侯躬访各寨遗址及要地，立堡二十。每堡量募其丁壮，多者二百三百人，少者百数十人，共三千余。以军法编之，每十夫为一小甲，十甲为总甲。①

这种对土兵的组织和训练很普遍，王在晋引章焕之言便提出筑城堡、预军需、练土兵、收奸豪四事，“宜训练土兵，渐罢客兵”。②屠仲律便提出“自今江南守令之职，当以训练土兵，保全境土为殿最”。

> 沿海如沙民、盐徒、打生手及村庄悍夫，皆勇可用，然多乐效用于私室，而不乐报名于公家，何者？以公家势远而文繁也。豪民以之保村里则有余，以之充行伍则无益，何者？以行伍之多而心力涣也。然则顺其情、相其宜，以振作鼓舞之，必有术矣！乞敕下各该有司，通谕豪家大族及里巷豪杰，各为身家，并力拒守。其有能团结乡民、保固村镇者，先与免其粮里押运重役，及均徭一应杂差。获功者一体升赏。③

经过训练之后，土兵的战斗力显著提升。在倭乱之初，在

① 《东湖新建警楼碑》，正德《常州府志续集》卷六《词翰一》，第 263~264 页。

② 王在晋：《海防纂要》卷五《御倭方略》，《四库禁毁书丛刊》史部 17，第 546 页 a。

③ 《世宗实录》卷四二二，嘉靖三十四年五月壬寅，第 7316 页；屠仲律：《御倭五事疏》，载陈子龙等选辑《明经世文编》卷二八二《屠侍御奏疏·疏》，第 2981 页 b。

“所谓备倭官军闭城缩首，不敢出一息”的情况下，操江都御史蔡克廉“大惧根本重地，乃与巡抚都御史彭公议调各群土兵，分遣将领，布列要害。亲至太仓，身冒矢石，以倡群众，仅得驱逐出境”。① 其时土兵在操江和巡抚的亲自指挥下，仅仅得以驱逐倭寇。而嘉靖三十五年倭寇进攻扬州城时，

> 府同知朱裒及高邮卫经历娄锐以率兵御贼死焉。淮南、江北大震。于时卫所军无所用，而各州县乡团民兵，或时时扼杀倭，及婴城时击杀之。其明年，参将王完伯率所部徐兖精锐兵守扬州，设伏于铁盘厂，先引弱兵转战，至伏所，麾骑兵冲击，大破之，贼稍戢。又刘显击破之泗州而遁。明年，都御史李遂抚江北，以土兵、客兵俱脆弱，疏调山西边兵三千戍如皋。②

由战况可见此时土兵的战斗力已明显不错。李遂在嘉靖三十六年上疏调边兵，此处的土兵、客兵“俱脆弱”系指所调的土司军队，亦即客兵，而“乡团民兵”正是守土的“土兵”。但到了嘉靖三十七年，李遂“夜提师至淮城，适所调青、兖、曹、邳兵并集，贼猝见官兵众盛，大骇，遂麾突骑横搏，斩贼首十余级，贼退据庙湾，夜乘风窃舟去”。副总兵刘显助攻追杀，“贼逸窜海堧，为土兵格杀殆尽，与三沙贼并殄散无遗类，而江淮靖焉”。③

在动乱平息后，这些乡、土兵很多会留在营兵系统中，继续

① 徐献忠：《韩都阃平寇记》，载陈子龙等选辑《明经世文编》卷二六八《徐长谷文集》，第 2839 页 a。

② 万历《扬州府志》卷一三《兵防志上》，《北京图书馆古籍珍本丛刊》25，第 209 页 b；嘉庆《重修扬州府志》卷二三《兵志二・历代设兵》，第 21 页 b。

③ 万历《扬州府志》卷一三《兵防志上》，《北京图书馆古籍珍本丛刊》25，第 209 页 b~210 页 b；嘉庆《重修扬州府志》卷二三《兵志二・历代设兵》，第 21 页 b~22 页 b。

执行镇戍的任务。“自是沿海并增置营戍（各有守备一），扬州有参将，而仪真守备及三江口把总、瓜洲营卫总隶操江如故。”这些募兵“或招募土著，或以义乌、东阳习水战者充之”，反映了行政系统的武装向军队系统的渗透及转化。经过这种调整，“自江达海，各分汛地。列战舰，严会哨，所在䃳属棋布，而倭以入犯鲜生还，寂不窥海者几三十年”。[①] 下面就来看看所募之兵，包括客兵、乡兵、土兵在战后的情况。

三　募兵

在动乱和战斗结束以后，所募之兵何去何从是关乎稳定的大事。募兵的归宿无非两条：遣散回原地或是转入军队系统。兵部主事黄元恭曾分析客兵分为两种，一种可以直接遣回原处，另一种则非常危险：

> 客兵有二，有调而至者，有募而至者。调而至者，统领有官，籍贯有的，用则札之；至有不用，则札之归，即无事矣。募而至者，乌合无统领之素，萍聚无籍贯之真。况多游手好闲无籍恶少，安知不恃其武习，反卫为仇，啸聚山谷，党附海岛，皆不难矣。[②]

所以，对于原有编制的调来的“客兵”，其实便可遣散回原处。但对于所招募的兵，则须尽可能安抚。早在嘉靖三十五年三月，“分江兵为轻兵、重兵”，“兵部尚书许论以江南新场余倭未平，请选嵩、卢、徐、沛之兵为轻兵，又调募边兵及广兵，俱犄

① 万历《扬州府志》卷一三《兵防志上》，《北京图书馆古籍珍本丛刊》25，第210页a~b。

② 郑若曾：《筹海图编》卷一一下《募客兵》，第727~728页。

角贼巢之傍为重兵。每战则以重兵结寨自固，而遣轻兵更出，其余不足用者为冗兵，各遣还镇。从之”。[①] 其时所遣还者，为所谓不足用之“冗兵”。唐顺之亦曾建议“在浙直者，候海防宁谧，将山西游兵即为掣放回还本镇”。[②] 倭患平息后，隆庆时，

> 初，以应天巡抚海瑞议裁革江南募召客兵。已而直隶巡按御史张问明言：各兵业有安居，遣之适以滋盗。乃复命抚按官从宜选留。至是，抚臣朱大器言：苏州、常州、松江共省主客兵三千六百有奇，其余水陆兵亡论主客，共七千七百有奇，势不得尽遣。而前所遣者，仍以各处军余、民壮调补，合之盖一万五百六十五人。又岁于防汛时募沙、土兵八千，是皆不可削，计兵饷当用银十二万一千有奇，而存者仅五万，不能充一岁之给，宜稍加派，以定众心。事下兵部，请留用官兵，如大器言，户部议许加派兵饷银三万，上报可。[③]

这种政策的代价便是需要加派“饷银”。而巡抚的意见也很明确，即从防御兵力并不充足的角度看，也没有太多裁革的必要。

无论如何，所募之兵的忠诚问题都是其时当局考虑的首要问题，遣散需要很高的技巧。李遂就曾巧妙地遣散军队：

> 时遂已迁南京兵部侍郎，甫数月，振武营军变。振武营者，尚书张鏊募健儿以御倭者也，素骄悍，以给饷逾期，鼓噪围督储侍郎黄懋官署，许犒十万金，乃稍定。遂乃托病闭

① 《钦定续文献通考》卷一三二《兵考·舟师水战》，《景印文渊阁四库全书》629，第 640 页 b~641 页 a。

② 唐顺之：《重刊荆川先生文集》，《外集》卷二《请游兵疏》，《四部丛刊》初编影印上海涵芬楼藏明刊本，商务印书馆，1919，第 60 页 a。

③ 《穆宗实录》卷五〇，隆庆四年十月辛丑，第 1250 页。

阁，给免死券以安之。而密谕营将掩捕首恶二十五人系狱，止诛叛卒三人，余戍边卫。未几，擢南京参赞尚书事，奏调镇武军护陵寝，一日散千人，留都自是无患。①

许多募兵转入营兵系统后，渐渐发生变化，所谓“其后营兵制复浸坏”。具体的表现就是：

凡土著兵率豪有力者，所诡寄以势要挟，将领无敢诘，临阅期则雇丁壮习技者虚应；或多蓄佣奴，居恒为作百役，使时嘱免。其操戍，当散饷，则尽括以肥己，而什三给之。其力能修艌官船，及以私船应募者，为耆民捕盗，诸水兵皆听役属，率没其月饷之半，为治船费。稍违咈，则擅榜掠驱逐，或更为募补，弗以白于主将，弗敢问也。②

这就是大量土兵进入营兵系统后镇戍军队迅速地方化的后果，地方的势豪利用军队系统反客为主得私利，“将领无敢诘”。而且他们还获得了对军队的役使权力，可以自行换人而不经过军队将领同意，“弗敢问也”。这其实也是另一种形式的兵为将有，军队必然没有较为稳定的数量，至少是无实数，而且政府进一步丧失对其的控制力。此乃营兵系统变化之大概。李光涛先生对明代营兵之弊有上乘研究，③ 无须续貂。

---

① 《江西通志》卷六九《人物四·南昌府四》，《景印文渊阁四库全书》513，第392页b~393页a。

② 万历《扬州府志》卷一三《兵防志上》，《北京图书馆古籍珍本丛刊》25，第7页a~9页a；嘉庆《重修扬州府志》卷二三《兵志二·历代设兵》，第21页b~22页b。

③ 李光涛：《记明季兵营之积弊》，《大陆杂志》第6卷第12期，1953年；李光涛：《记明季的乡兵》，《大陆杂志》第29卷第10、11期，1964年。

四　御敌事例分析

客兵和乡兵的联合作战也是体现海防整体的要点。在探讨了卫所军、营兵与民兵的作战任务，主、客兵状况及其转化之后，本节将选取几个有代表性的战例，分析其所显现的明代防御的各种问题，以便第二、三章分析该地区职官、地理布防设置时，对存在的问题有所措意。

如果将一些著名的战例置于军兵分立视野下重新思考，主、客兵和组织格局的问题便能得到重新检视。例如，刘六、刘七之事即是典型的“有守无防”的战例。对南沙倭寇的军事行动，则体现了明军围剿能力的缺乏，只能“围”以及在其逸出时追剿，化阵地战为运动战。王江泾的战例则意义重大，对于明廷来说它是第一次正面大规模主客兵协同围剿战的胜利。陶宅的战例则表明在军政分离的状况下，特别是在海防京畿受到剧烈挑战时，军队和民兵统一调度、监察系统权力膨胀，正是明廷统合军、兵联合作战的这种机制决定的。主、客兵协调作战模式运作的跨境作战，存在监察系统与军兵系统竞争干扰的问题，这一点也无可回避。

（一）江防——有守无防

成化以前，来自水上的威胁便已日益严重。存在各种逃军、贩私盐者，官军不能敌。英宗时，

> 敕总督备倭都指挥使李信及浙江三司巡海御史等曰：朕闻近年逃军、逃民与倭寇交通，或被其劫制，询我虚实，然后乃敢舍舟登岸，杀虏军民。尔等宜从长计议，凡海口港汊通贼去处，或开濠堑，或为吊桥，或城门可并者并之，或水

边要害去处砌筑垣墙，置门出，不许居民临水开市，以诱贼寇及私下海泄漏声息，严督旗军轮流瞭望，若失瞭望致贼登岸者，必杀不赦。若贼登岸，令骁勇者从间道烧其舟楫，亦足致胜。尔等宜博采众议，区画方略，条奏以闻。①

"逃军、逃囚、不逞之徒"常常得以"私造遮洋大船兴贩私盐，每船聚百余人，张旗号，持军器"，他们"起自苏、扬，上至九江、湖广发卖。沿途但遇往来官民客商等船，辄肆劫掠"。虽然"所在虽有巡检、巡捕官兵"，但是"俱寡弱不能敌"。面对这种流窜武装，明廷也只能是"自镇江至九江等处差拨操江官军，自孟渎河至苏、松、通、泰等处差拨备倭官军巡捕，给以口粮，候贼徒屏息革罢"。② 基本上无法有太多作为。前所论各处防御力量"聚则不少，分则不多"的情形，在面对流窜武装时较为尴尬，像这种一次可以聚集一船"百余人"的由逃军和逃囚组成的私盐武装，往往每到一处在兵力上还有优势。即便是到了嘉靖三年，"江洋盗起"时，尚有指挥樊邦勇、千户刘钦被杀之事。③ 正德七年刘六、刘七事起，即是典型的"有守无防"的战例，本书开篇描述和分析的具体战况即是这种情况的最好反映。

（二）南沙——围而无剿

南沙在苏州府崇明县，虽然崇明千户所镇守在崇明，但南沙其实建有营堡（见附录表5）。然而，对南沙倭寇的军事行动，很明显体现了明军缺乏围剿能力，只能"围"以及在其逸出时追剿。倭寇占据南沙最初仅因为"失风""舟坏"，并非有目的的武装占领：

---

① 《英宗实录》卷九三，正统七年六月辛卯，第1876~1877页。
② 《宪宗实录》卷二一，成化元年九月辛未，第425页。
③ 《世宗实录》卷三八，嘉靖三年四月戊戌，第952页。

> 倭贼百余，由华亭县漴缺登岸，流劫戚水泾、金山卫等处。自六月中大举，倭东遁，江南稍宁。惟崇明、南沙泊，失风，倭几三百人，舟坏不能去。总兵汤克宽、佥事任寰列兵守之，日久未克。至是倭警又作，远近震恐。[①]

接着萧显率五百人占领了南沙，“官军焚其舟以绝归路。而南沙多积粟，欲困之，终不可得”。这时汤克宽率兵攻击，中伏，“遂大败，死者千余人”[②]（《实录》载四百余人[③]）。汤克宽先任浙江提督海防副总兵，因作战“不力”被革职，后复任浙西参将（后又为广东总兵），所以同时期文献有言其为总兵者，有言其为参将者。在南沙上的倭寇才三百余人，但汤克宽只能“围”而“日久未克”。及至终于率领邳、漳客兵进攻，却阵亡四百余人（甚或方志所谓千余人）而不克，足见军队围剿能力之不足。因为同期“漴缺倭移舟泊宝山”，汤克宽“引舟师追击之，及于高家嘴，毁其舟，斩首七十三级，生擒十四人”，[④] 在追剿中就显得非常成功。中伏而败如果只是偶然，则完全可以再次集合兵力攻歼。在此次失败之后，“本府同知任环以民兵守之，贼不得走”。不过，明军缺乏正面围剿能力，只能化阵地战为运动战。他们故意放出一个口子：

> 倭寇自太仓、南沙溃围出海，转掠苏、松各州县。时贼据南沙五月余，官军列舰于海口，围之数重不能破。军中多疾疫，乃佯弃敝舟以遗之，开壁西南隅，贼遂得出。[⑤]

---

① 《世宗实录》卷四〇二，嘉靖三十二年九月辛未，第 7048 页。

② 万历《嘉定县志》卷一五《兵防考上》，第 958~959 页。

③ “汤克宽督邳、漳等兵击南山沙倭，败绩，亡卒四百余人。”《世宗实录》卷四〇三，嘉靖三十二年十月己卯，第 7051 页。

④ 《世宗实录》卷四〇三，嘉靖三十二年十月戊子，第 7052 页。

⑤ 《世宗实录》卷四〇六，嘉靖三十三年正月戊辰，第 7099 页。

这伙倭寇“突围”之后，《明史》总结其“复趋江北，薄通、泰”。[①] 但是这种治标不治本的办法显然无法完全解决问题，此后南沙仍多次被轻易占据。萧显在逸出南沙之后卷土重来：

> 三十三年正月，【贼首】萧显攻嘉定县（显自上年入寇上海而去，为官兵追迫，登据崇明之南沙。官兵围守且半载【，贼屡败】。值岁暮，守者懈，显得遁至黄洼，入攻县城，又分掠南翔等镇，参将汤克宽击败之）。【贼】攻上海县（【萧】显自嘉定循海而南，攻围上海甚急。时城初筑未固，势且陷，官民汹汹。兵备佥事任环统民兵三百、僧兵八十往援。时贼船泊黄浦者以百计，而自吴淞江南行者不计焉。环追袭之于五里桥，贼败南奔。环追败之于习家坟，贼始惧。适浙江都御史王公忬遣都指挥卢镗来击，贼乃解围而南）。【贼复据南沙，参将解明道击走之】[②]

可见，官军所谓的“击败”，很多时候只是贼逃往其他地方而已，没有任何歼灭的实际意义。虽然明军对南沙贼寇的故意放马，很快就被“论南沙纵贼罪”，浙江提督海防副总兵汤克宽、备倭都指挥梁凤被革职，“以通泰参将解明道代克宽，福建备倭都指挥卢镗代凤”，但是“南直隶续至寇二千余人，自南沙登岸，分掠苏松诸处。参将汤克宽帅兵击败之于采淘港，斩首百八十级”。在追剿的过程中，被革职的汤克宽又一次展示了明军追击时的战斗力。因此《明实录》对南沙寇事件的整体评价值得商榷：“初，贼自南沙出海，转掠嘉定、上海间。克宽等莫敢前，但伺贼入海，则督陆兵，登岸，则督水兵，故与贼相左，以观望塞责。于是，巡按御

① 《明史》卷三二二《列传第二一〇·外国三·日本》，第8353页。

② 郑若曾：《筹海图编》卷六《直隶倭变纪》，第403页。【】内为据点校本补四库本所无者。

史孙慎奏请逮治。上以用人之际，姑薄罚之。”① 说汤克宽“故与贼相左，以观望塞责”，显然略有夸张。在军事指挥上，贼入海立刻督陆兵防止其再次登陆袭击，贼登岸则开始动员水兵准备追击其再次入海，也都可以成立。一线军事行动以外的人对情况都只是臆测，各种指责或评论也很容易偏颇而愚蠢。不过有一点可以肯定：明军缺乏围剿能力。所以，下面王江泾的战例意义重大，因为对明廷来说它是第一次正面大规模协同围剿战的胜利。

（三）王江泾——主客协同

王江泾的战例前贤已多有研究，大体为最初“柘林倭合新倭四千余人，突犯嘉兴”，然后总督张经派遣参将卢镗率领狼土等兵作战。保靖宣慰使彭荩臣先遇敌并击败之，“贼遂北走平望”。接着，副总兵俞大猷率领“永顺宣慰司官舍彭翼南兵”“由抑湖间道趋平望”，贼寇又逃回王江泾。保靖兵“复击急其后”，又有“汤克宽引舟师从中击之”，擒斩约“一千九百八十人有奇”，还有“溺水及走死者甚众”，余贼逃回柘林。② 作为倭乱之后第一场大的胜利，王江泾的意义显而易见。笔者认为其在军事行动上的意义在于，此乃第一次正面大规模协同围剿战的胜利。但即便是这种战役，战斗的具体细节仍有诸多不清楚。图 1 和图 2 分别出自较为优秀的军事史研究作品，图 1 为整体作战路线示意，图 2 则为更细部的作战情形，但都有一些问题。首先，卢镗率领的部队是在增援嘉兴时与寇遭遇，由贼北逃可知保靖土兵为由南而北作战，如此图 2 明显有失，大概是受贼寇受到俞大猷间道攻击之后由北向南逃回王江泾时保靖兵“复击急其后”的信息误导。其次，汤克宽的水师系由东面水路进入攻击，如此则图 1 明显有失，此时，将地

① 《世宗实录》卷四〇八，嘉靖三十三年三月癸丑，第 7125 页。

② 《世宗实录》卷四二二，嘉靖三十四年五月甲午，第 7307 页；卷四二四，嘉靖三十四年七月丁巳，第 7354~7355 页。

图精确到如图 2 乡镇局部细图就显得非常必要，图 1 大概是受“余贼逃回柘林”的影响，以为东逃必由西攻。再次，逃逸回柘林的倭寇的行进路线如何？沿途州县必受惊扰，但不见于记录。

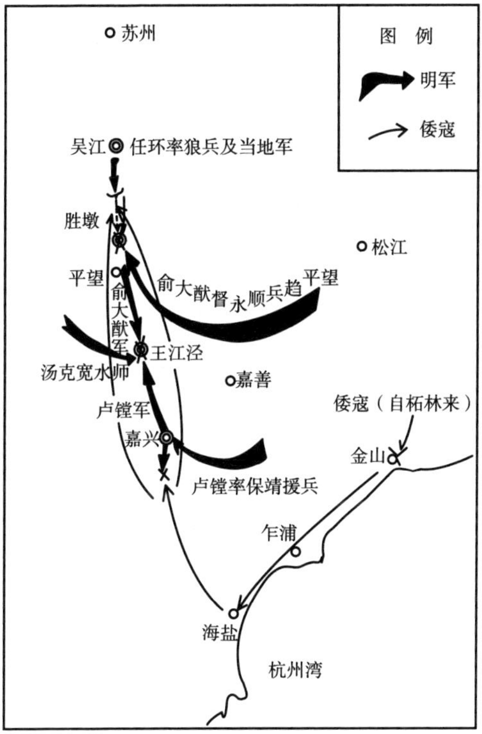

图 1　王江泾作战路线

图片来源：杨金森、范中义《中国海防史》，第 220 页。

总之，关于王江泾战役的标示，两图都应该有所修改。此战之后，由于赵文华的攻讦，张经反而遭罪。“诏锦衣卫遣官校逮总督南直隶浙福军务右都御史张经及参将汤克宽，械系来京，问以侍郎赵文华劾其畏巽失机、玩寇殃民故也。”① “总督直隶浙福军务右都御

① 《世宗实录》卷四二二，嘉靖三十四年五月己酉，第 7321 页。

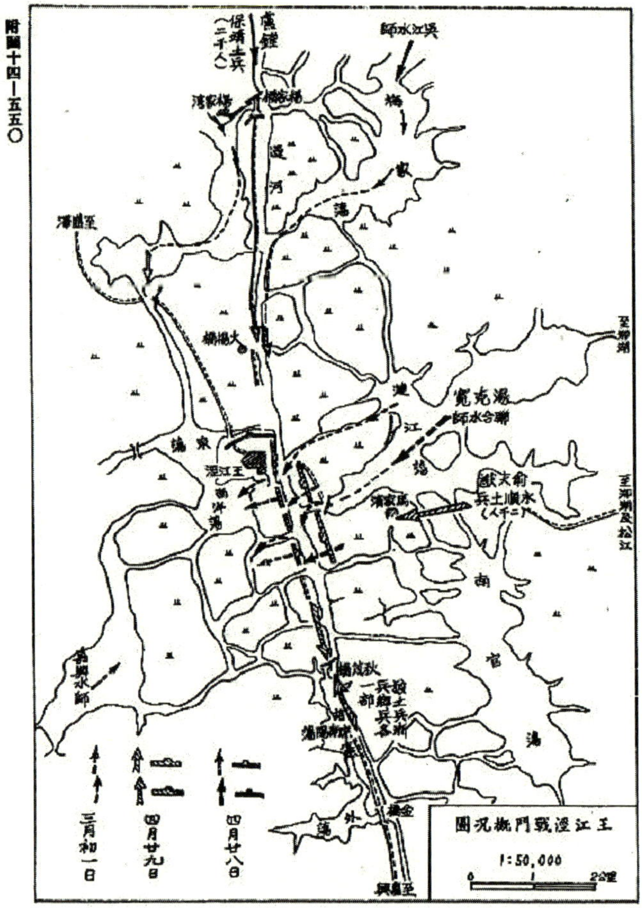

图 2　王江泾战斗概况

图片来源：台湾“三军大学”编《中国历代战争史》第 14 册，第 550 页。

史张经、浙西参将汤克宽逮系至京，诏下法司议罪。”张经虽然“上疏自理”,[①] 但仍被处死。张经之死为明军一大损失。此事显示明代军事首脑受到过多的干预，不仅总督，巡抚也受到“督察军务”的监察人员的严重制约，而且直接影响到战役的成败，且见下一战例。

① 《世宗实录》卷四二四，嘉靖三十四年七月丁巳，第 7354 页。

（四）陶宅——争功干扰

本章开篇提到的震动京畿“历八十余日始灭”的那伙六七十人的残倭，最后为苏松巡抚曹邦辅所歼灭。在震惊于南京没有防卫之余，不妨先看看如何才可以击败贼寇并消灭之。如前所述，击败贼寇困难要小于歼灭，尤其是追剿，胜算较多。而围歼，如南沙寇之例，则比较困难。与这伙残倭肆虐京畿的同时，“柘林倭贼载舟出海”。“佥事董邦政、总兵俞大猷各督所部水兵分哨击之，斩首七十有奇，获船九艘。邦政复以嘉定兵击贼于宝山，斩首九十八级。”[①] 这便是追击战的正确路线。但是追击战通常难以歼灭贼寇，“柘林开洋贼遭风坏三舟，余贼三百有奇，自蔡庙港登岸，流至华亭县陶宅镇据之”。[②] 由此这伙柘林寇到了陶宅。而肆虐京畿的溧水倭“流劫溧阳，趋宜兴，至屺亭，闻官兵自大湖出，取道官路桥、黄土，越武进县境，抵无锡慧山寺。一昼夜奔一百八十余里，我兵追及，急击之，贼疲走望亭，次日至浒墅关。都御史曹邦辅督各官兵围之”。[③] 这两股贼寇有碰头合流的危险，于是曹邦辅决定先解决浒墅关倭寇。

> 苏松巡抚曹邦辅檄佥事董邦政、把总娄宇以沙兵击浒墅关倭寇，歼之。初，贼自宜兴奔苏州，会柘林贼为风飘旋者三百余进据陶宅港，邦辅虑一贼合且为大患，乃亲督副使王崇古会集各部兵，扼其东路，四面蹙之。贼逃至五龙桥，复至梅湾山，我兵随地与竞，颇有斩获。太仓卫指挥张大纲被杀，兵卒伤亡亦众。时邦政、宇督沙兵守陶宅，邦辅计陶宅贼据险且众，未可进兵，乃召邦政、宇以沙兵助巢〔剿〕，一

① 《世宗实录》卷四二五，嘉靖三十四年八月辛未，第 7358~7359 页。
② 《世宗实录》卷四二五，嘉靖三十四年八月乙亥，第 7359 页。
③ 《世宗实录》卷四二五，嘉靖三十四年八月甲戌，第 7359 页。

战斩首十九级，贼以惧奔吴舍，欲潜走太湖。我兵觉之，追及于杨林桥，尽殪其众。[①]

至此，这股残倭终于被完全歼灭。此时的重点便回到陶宅寇。这时，赵文华“以苏寇之捷己不得与为恨”，而且各处调来之兵“四集”，于是认为“陶宅寇乃柘林余孽，可取”，于是“大集浙、直兵夹功〔攻〕倭于陶宅”。赵文华与胡宗宪亲率浙兵精锐四千人，“营于松江之砖桥固，约应天巡抚曹邦辅以直隶兵会剿。定期浙兵分三道，直兵分四道，东西并进。贼悉锐冲，浙江诸营皆溃，我兵挤沉于水及自蹂践，死者甚众，损失军士凡一千余人”。结果，“直兵亦陷贼伏中，死者二百余人，由是贼势益炽”，“浙江领兵指挥邵昇、姚泓，直隶领兵千户刘勋俱死”。[②] 浙直军队此次会剿失利，最直接的原因就是赵文华争功。在未对陶宅寇做出充分的评估之前就行动，结果还连累了其他部队。此时浙兵的作战力量也很有限，同月，“浙江杭嘉湖兵备副使刘焘督兵五千余，分三道攻陶宅倭巢。倭二百余来迎敌，诸军望见皆散走。焘与家丁陆本高等二十余人各引满射之，贼不敢逼。焘以仅身免”。[③] 五千对两百，倭寇都能将浙兵吓跑。最后的结果就是，陶宅倭逃逸。[④] 到十一月巡按直隶御史周如斗尚敦促尽快剿灭之。[⑤] 此事赵文华之后竟然还参劾曹邦辅：“臣同浙江巡抚胡宗宪督兵四千来松江会剿，而应天巡抚曹邦辅、佥事董邦政不协力进兵，顾乃避难趋易，侥幸功捷，乞加惩究。”兵部复“文华所谓趋易，盖指苏州之寇而言，所谓避难，盖指陶先〔宅〕

---

① 《世宗实录》卷四二五，嘉靖三十四年八月壬辰，第 7363~7364 页。

② 《世宗实录》卷四二六，嘉靖三十四年九月乙未，第 7365~7366 页。

③ 《世宗实录》卷四二六，嘉靖三十四年九月甲寅，第 7380 页。

④ “陶宅倭见我兵四集，夜走周浦，屯永定寺中。我兵追围之。是时，柘林开洋，贼舟九只复回登岸，为巢于川沙洼。”《世宗实录》卷四二七，嘉靖三十四年十月癸亥，第 7384 页。

⑤ 《世宗实录》卷四二八，嘉靖三十四年十一月丙申，第 7397 页。

之寇而言。窃计二寇多寡虽殊，此〔比〕量声势，不宜分难易论”，[①] 令董邦政“戴罪自效，务将陶贼之寇亟行殄绝”。

> 初，文华闻苏寇且灭，趣赴苏欲攘其功，比至，则邦辅业已先奏捷矣。文华遂大怒，乃以陶宅寇患委罪邦辅、邦政，参之。复嗾宜排邦政，宜心之〔知〕邦政功而重，失文华意，故矛盾若此。[②]

可见曹邦辅若非保卫京畿有功，有目共睹，很可能要被冠上“趋易”的罪名。在“兵部复巡按直隶御史张云路、徐敦，应天巡抚曹邦辅，提督操江史褒善勘明倭寇自浙江流劫徽、宁、太平，直犯南京，转掠至苏州剿灭经过、地方诸臣功罪”之时，曹邦辅手下的董邦政和娄宇竟没有得到任何奖赏，而这仅仅因为赵文华之厌恶。[③] 当然，董邦政和娄宇还应该感到幸运，同样打了大胜仗，在赵文华的参劾下张经身为堂堂总督尚且殒命，相比之下，身为苏松海防佥事和把总的二人至少算是“无损”了。

赵文华仅仅以侍郎身份“督察军务”，为何便有这么大的权力，甚至连胡宗宪也要附和？督抚、巡按、操江、兵备之间的关系如何？由谁率领各种武装力量作战？为何有各种制约？这些都必须从明代的军政格局讲起。在军政分离的状况下，军队和民兵的统一调度，特别是在海防京畿受到严重威胁时如何完成？这些问题且让我们慢慢来看。

---

① “比量声势”，《实录》原作“此”，据《嘉靖倭乱备钞》改。见《嘉靖倭乱备钞》不分卷，《续修四库全书》434，影印镇江博物馆藏清抄本，第 33 页。

② 《世宗实录》卷四二七，嘉靖三十四年十月丙子，第 7386~7387 页。

③ “初，是贼自南京转趋苏州也，佥事董邦政方督所募沙兵防守陶宅，巡抚曹邦辅乃檄邦政与把总娄宇引兵遮剿之。当时二寇不得合，而此残党竟火□替于苏者，本邦辅用此二人力也。至是各臣奏勘功罪甚明，以侍郎赵文华恶此二人，赏竟弗及。”见《世宗实录》卷四三〇，嘉靖三十四年十二月己亥，第 7427~7429 页。

第二章
南直隶军、兵与监察

在明代军政分离的状况下，统合军、兵联合作战，职官设置、职权及其相互间的关系，海防运作中的制约因素，乃是军、兵布局的核心问题。明初立国，即将行政系统和军事系统分置，其后虽有嬗变，总归“丸走盘中”，迄于明亡。另一方面，明初又确立了按治纠举前两个既有联系又互不干涉的系统的监察系统。后来的史事证明，这个系统不仅有设置的必要，其“按治”的一面更扩大为统合前两个系统以有效运作的机制。此即本章要考察的职官组织和运作问题。本章主要讨论军、兵布局，及监察与军队、行政这两个系统的关系，相关职官的职权以及各层级职官的关系，以及明代南直隶地区海防运作中的制约因素。

一　军兵布局

（一）军

1. 概述

明代军事系统的设置，以“（内）五军都督府/（外）都司—卫所”为准则。“平一天下”之后，“设置卫所，分布内外，为卫者四百九十有三，为守御所者三百一十有七”。[①] 卫所设置作为军事系统的基础，决定了“我这大军如今不出征了”之后治平时代的防卫面貌及管理体制。被分配到卫所的人属军籍，从而与行政系统所管辖的那部分民籍无涉。

明代军队系统有二，首先是以“都指挥使—指挥使—千户—百户”为组织方式的卫所系统。卫所系统的战斗力虽然整体而言随时间推移有所下降，但由于明中期以后卫所军的来源比较复杂和多元，其战斗力也未必与营军和其他募兵有泾渭之别。一般关于其崩溃的成说更是多少有人云亦云的后见之明。例如，在经历了嘉靖倭寇的剧烈挑战之后，万历时滨江卫所仍能担负基本的守御职能。[②] 此时滨江卫所的指挥官不是“千户”“百户”，而是“守备”和“把总”，体现了镇戍制的影响，亦即军队的另一系统——“总兵—副总兵—参将—游击将军—守备—把总”的营兵系统，也可视为军队的另一种组织和统辖方式。总兵之设，初为战时临时指挥体制的需求，其后由于战事所需，更长时间的镇守使其日益成为相对固定的职官设置，所谓“大将之设，遂成常员”。宣德、正统以后，建置推及京畿和腹里，正德以后“布、按二司及兵备道臣文移”已不经过都司转达，“径呈总兵官便”。[③] 至万历时期镇守总兵官成为普遍建置，“镇守权重，都统势轻”的局面最终形成。[④]

不过，这种“公侯伯及都督府佥事以上官出镇者”的总兵官在南直隶并不常设。[⑤] 淮安虽有总兵，却主要负责漕运。[⑥] 其后的

---

① 陈建：《治安要议》卷五《制兵议》，民国刻聚德堂丛书本，第4页a。

② 《南京都察院志》卷九《职掌二·操江职掌一》，《四库全书存目丛书补编》73，影印日本内阁文库藏明天启刻本，齐鲁书社，2001，第237页。

③ 《明史》卷一七五《曹雄传》，第4664页。

④ 方逢时：《审时宜酌群议陈要实疏（训练积贮修筑）》，载陈子龙等选辑《明经世文编》卷三二一《方司马奏疏·疏》，第3420页。

⑤ 崔世珍：《吏文辑览》，朝鲜印刷株式会社，1942，第325页。

⑥ 史继偕：《兵制志·兵防》，《皇明修文备史》不分卷，《北京图书馆古籍珍本丛刊》8，第188~189页。

江淮总兵官也是很特殊的一个例子：初由寇乱，夏言“奏请专设镇守江淮总兵官督兵剿捕，未几贼平，兵部奏革，以其责任仍归操江武臣如故”。[①] 这是鉴于“留都”和“漕运”的特殊要求而“专设”的。[②] 由于倭寇的挑战，江南北的两大备倭守臣也加“将令之号”：

> 先是，郎山故有付总兵，诸参游而下悉听节制。至是，给事中冯亮言：江南备倭、江北守备二臣事权轻，宜加以将令之号，诸卫所掌篆巡缉官尽属之用，为总兵轻翼。数月，总兵杨庆条上防剿亦各六事，未几督军出海与贼战，奋舟二十艘，余党遁。上心大悦，谓夏言首议设官，筹画悉中心，玺书褒美。

---

① “正德中，寇充斥。尚书柴昇疏防御之策，且谓大江之险，以长淮为蔽。迩乌合寇络绎徐、兖、淮、泗间，是故备先淮。淮安故有总兵、都御史、参将三人，岁率以领运赴京。金〈今〉宜定之制，岁一人行，留二人居守。……其后八年，命增设江淮镇守总兵官一员，给事中夏言以江寇纵横，可设专官任捕讨之职。枢臣言：南京故有操江武臣，亦复巡缉防御江洋，自其职守。若又设总兵，而原官仍存，不无牵制。上令操江武臣如（旧），仍设总兵官提督沿江上下诸郡。乃用崔文。于是文奏练卒、造舟等六事，报可。明年，御史余勉学请于瓜州筑堡，以防不虞。亡何，盗平，总兵罢不设，仍以其责属操江。”见《世宗实录》卷二三八，嘉靖十九年六月庚午，第4838页。

② “时浙江温州有海贼之警，有逃军之变；直隶有侯仲金之乱。兵科都给事中夏言上疏曰：今三乱并起，渐不可长，诚宜上廑庙谟，不当泛言下督责之旨、移查勘之文而已也。且浙直财赋之区，镇江、常州，江淮之咽喉、留都之甸服；仪真、瓜州，又漕运之门户、朝贡之通衢也。贼炽则东南不得安枕矣。请添设巡视浙江等处都御史一员，假以督军重权，兼制邻境，以遏狂乱；专设镇守江淮总兵官一员，驻濒江要会之所，凡沿江守备、备倭等官，俱听节制，以弭意外之虞。上深纳其言，即命吏兵二部会推才望谋勇文武大臣二三人以请。”《世宗实录》卷一〇三，嘉靖八年七月戊午，第2432页。“十九年，京口多盗，至僇辱守臣。上心欲复设总兵，诏诘枢臣，以先岁总兵罢设之故。是时，言入为辅相，于是枢臣请复置镇守江淮官，给旗牌、符敕，提督沿江上下诸郡如昔岁。”见史继偕《兵制志·兵防》，《皇明修文备史》不分卷，《北京图书馆古籍珍本丛刊》8，第189页。“升都指挥使崔文署都督佥事，充总兵官，提督上下江防，巡捕盗贼。初，兵科都给事中夏言等言镇江等处盗贼纵横，沿江兵力单弱，全无备御，乞专设镇守江淮总兵官于濒江要会处所驻扎，付以捕讨之责。”见《世宗实录》卷一〇四，嘉靖八年八月癸酉，第2442页。

> 明年，操江都御史王学夔具设加江南北备倭守备二臣，以将令之号，如冯亮言。在江南者，建牙金山，起龙潭并镇江、姑苏、太仓、镇海及嘉兴、松江、吴淞、崇明、南汇、青村皆属焉。职备倭，兼捕盐徒贼盗。其江北守备所属，则仪真、六合，历扬州、通、狼、海门、掘港、高邮以至盐城、海州。职捕盗兼备倭，得制节诸卫官，而金山去总督之号，与真守备听总兵调度焉。其后杨〔汤〕庆[①]亦以事免，总兵复废。[②]

一个人因事而免，另一人代替是很正常的，但人去而职位废，则必然是当局并不想长期保留这个职位，因势去之。在罢汤庆总兵后，万虞恺曾力主操江御史“于镇江久驻，安庆次之”，兵部议“其镇江厄塞要区，仍应推用总兵”。[③] 虽然总兵废，但嘉靖三十二年和三十七年由于倭乱增设了副总兵，而且其后常设，即文献记载中的江南（吴淞）、狼山两个副总兵。[④]

嘉靖时短暂的总兵设置，源于该处地处权力核心的特殊位置，总督之昙花一现道理亦然。总督专领敕书，可以调动军队系统的武装。明代总督之设，以正统六年兵部尚书王骥领衔征讨云南麓川宣尉使之变乱为始。成化时，明令“总兵、巡抚而下皆听节制”。[⑤] 南直隶总督之设，“始为张经，继为周琉、杨宜。三十五年杨宜罢，代以胡宗宪。宗宪被逮，罢总督，以浙江巡抚兼任军

---

① 关于汤庆，见佟泽荣《汤庆墓志铭》，《东南文化》1990年第4期。据墓志言，其为汤和七世孙。另，汤庆子汤克宽后任浙江提督海防副总兵，革职后复任浙西参将，后为广东总兵。

② 史继偕：《兵制志·兵防》，《皇明修文备史》不分卷，《北京图书馆古籍珍本丛刊》8，第189页。“将令之号”，《明书》和《明史》均作“将领之号”。

③ 《世宗实录》卷二九〇，嘉靖二十三年九月丁巳，第5578~5579页。

④ 《南京都察院志》卷一四《职掌七·巡视下江职掌》，《四库全书存目丛书补编》73，第400页。

⑤ 《明会要》卷三四《职官六》，中华书局，1956，第597页。

事”。[①] 与前述总兵一样，总督在南直隶为临时设置，仅在嘉靖三十三年和四十五年设置过两次，隆庆元年又罢去。

2. 南京守备与参赞机务

南京是一个特殊的行政区域，南京内守备（内官）、南京外守备（公、侯、伯高级武职官）和南京兵部尚书（参赞机务）直接构成了权力核心。[②] 前两者直接掌控留守各卫亲军指挥使司禁卫军部队，[③] 以及南京各营。[④] 史载“南都有守备太监，公侯充总兵官，侯伯充副总兵官，兵部尚书参赞机务。军于京城内者三十七卫：锦衣卫、旗手卫、府军卫……军于城外者二卫：孝陵卫、济川卫……军于江北者十卫：江淮卫、应天卫、龙虎卫、飞熊卫、广武卫、英武卫、武德卫……”其统制兵力为大教场（在都城外南二里）操练官旗军 19634 人（实在 13912 人）、小教场（在城内覆舟山之南）操练官旗军 13326 人（实在 9307 人）、神机营（在大教场左）操练官旗军 5281 人（实在 3762 人），也就是两三万人。[⑤] 另外，地位在内外守备以下的武职操江勋臣（操江武臣）是与操

---

① 《钦定续文献通考》卷一三二《兵考·舟师水战》，《景印文渊阁四库全书》629，第 639~640 页。

② 《明史》概括为：“永乐十九年迁都北京，命中府掌府事官守备南京，节制南京诸卫所。洪熙元年始以宦官同守备。景泰三年增设协同守备一人。”见《明史》卷七六《职官五》、卷七四《职官三》，第 1864~1865、1823 页。守备以公、侯、伯充任，兼管南京中军都督府。另有参赞机务一人，以南京兵部尚书兼任。又，“至宣德年，方命武职重臣与老成太监守备。后又添协同守备武臣，并参赞机务文武各一员，无非欲修饬武备，总理机务，统摄人心，而防不虞。其任至重而不轻也明矣”。见马文升《慎守备以防不虞事》，《端肃奏议》卷五，《景印文渊阁四库全书》427，第 752~753 页。

③ “国初，置都镇抚司，总领禁卫。又以亲军诸卫，分番守卫，而改都镇抚司为留守五卫，时常巡察。又旧制设金吾前卫等十一卫，后又添设金吾左卫等十卫，俱称亲军指挥使司。”见崔世珍《吏文辑览》，第 333 页。

④ 潘季驯：《兵部奏疏·擒获妖党疏》，《潘司空奏疏》卷二，《景印文渊阁四库全书》430，第 36 页。

⑤ 嘉靖《南畿志》卷三《总志·志戎备》，《北京图书馆古籍珍本丛刊》24，第 143、145、146、147 页。

江都御史平行的“专任提督”（据位次，其实际地位要高于操江御史），对海防亦有相关职权。① 如“国初之时，设有江阴侯吴良，统兵江阴以御海寇”。② 武职操江所领军队有八千余人，加上城内各营原额约四万人：“其在都城备操不过四万，所谓根本重地恃以捍御者，盖仅仅若此矣。乃就中新江一营，勋臣统之，则分去八千三百有奇；操江一营，佥院臣统之，则分去一千二百。”③ 其中，操江营所分的一千二百人当由操江御史率领。南京兵部尚书除了参赞机务外，握有调动内外卫所及各营军队的权力。且其位列巡抚之上，在南直隶的权力仅次于南京守备。④ 与内外守备一道，这三者是一开始就深深介入军队系统但实际权力又超越于军、兵两大系统的特殊提督官员。这也自然产生了防御上的一些问题。弘治六年九月马文升的题奏显示了他对南京军队训练职权不专及其防守状况的忧虑：

> 自来四处操练军马，操江船者在于上新河，大教场与神机营俱在城南小教场，在于城内，不知比先何等武官坐营管操。近年以来，有系指挥坐营管操者，间有都指挥都督者。其守备内外官员，止是每年春、秋二次亲诣各教场阅视军马，所以军马未甚精强。其各门守门官员，亦不十分严谨。臣昔年亦尝在彼参赞机务，所以备知其详，心甚惊惕。况南京城

① 嘉靖十八年还出现了武职操江诚意伯刘瑜与守备魏国公徐彭举争论“坐次”之事，后“奉圣旨是刘瑜不听提督官节制，敢肆忿争，辄废操练，好生骄恣”。见张永明《重操江疏》，《张庄僖文集》卷一，《景印文渊阁四库全书》1277，第 312 页。

② 史褒善：《比例添设江南兵备官员疏》，《沱村先生集》卷三，见林为楷《明代的江防体制》，第 26 页。

③ 李邦华：《南兵有名无实疏》，《文水李忠肃先生集》卷五，《四库禁毁书丛刊》集部 81，影印北京大学图书馆藏清乾隆七年徐大坤刻本，第 218 页。

④ “南京兵部尚书张鏊、巡抚凤阳都御史陈儒各奏倭寇突入淮阳，焚运船、民舍，渐逼南都，乞速调客兵应援。兵部议复，从之。”《世宗实录》卷四三五，嘉靖三十五年五月壬戌，第 7490 页。

> 内城外，四方逋逃并趁食等项百种之人，俱集于此。门禁之宽严，军马之强弱，无不知悉。……乞降敕南京守备内外官太监陈祖生、蒋琮、郑强，太子太傅郕国公朱仪，协同守备怀柔伯施鉴，参赞机务南京兵部尚书侯瓒，自今各要同心戮力，彼此协和，操练军马，振扬威武，严谨门禁，防察奸宄。①

后来这种忧虑在倭寇侵临南京城下时得到了验证。

在南京这个特殊的行政单元中，属于监察系统的南京都察院都御史与南京的诸位领敕提督官员又互不相属，因而在权力上又互相制衡。② 南京守备虽然有很大权力，但一般不出南京，仅提督京营，与巡抚职权错开。“都御史五人（北台四人，南台一人）”，各有专属。③ 南京都察院的副都御史或佥都御史担任操江御史，同前述官员一样，也是领敕专任提督官员，其职权与由侯伯担任的武职操江有叠合，而且牵涉南京内外守备。正统十三年对南京右副都御史张纯的敕谕是“仍提督各卫所官员”，即显示监察系统的都御史可管辖军队，不过很明显操江御史受制于南京内外守备。④ 虽然理论上军（包括卫所的常备军队和“守备、备倭”的镇戍部队）、兵两大系统均受操江御史节制，但其对军队的指挥调动权力

① 《慎守备以防不虞事》，见马文升《端肃奏议》卷五，《景印文渊阁四库全书》427，第753页。

② “留都根本之地，都察院风纪之司，故设有右都御史以总宪率属，而右佥都御史佐之，且以弹压江防……故臣敕书以此为重……江防备、总等官点闸，会哨之勤惰，皆宜亲察。”见丁宾《奏疏·留都总宪久缺乞赐点补疏》，《丁清惠公遗集》卷一，《四库禁毁书丛刊》集部44，影印上海图书馆藏明崇祯本，第20~21页。

③ 嘉靖《南畿志》卷二《总志·官志》，《北京图书馆古籍珍本丛刊》24，第56页。

④ “但有抚恤操练一切合行事务，尔与太监刘宁、丰城侯李贤等计议处置，务在得宜。”见《南京都察院志》卷九《职掌二·操江职掌一》，《四库全书存目丛书补编》73，第230页。

相对而言受到较大制约，而对民兵则有绝对的权力。所谓的“操江民壮”即在操江御史的统领下，日常在江上从事巡逻缉捕工作的民兵。其中，嘉靖二十年专门提到在“盗多”而军队力量不足的情况下，州县的民兵必须协同作战。①

3. 武职操江与操江御史

明初没有专设负责沿海防御的总管官员，有事随敕，一般即以勋臣领军出击。② 其挂总兵衔出征，所到之处卫所军官必须听从指挥。③“成祖时，特敕通侯为总帅，时江操，其后兼用都御史。”④ 这种对都御史的“兼用”慢慢也变成常用，“文皇帝迁都北平，念留京根本重地，于新江设水操军以万计，而都御史督之。自九江以抵苏、松、通、泰，凡地方缓急，寇盗、盐徒出没，听调兵禽〔擒〕捕。盖督臣兼综江海诸务，于事权至重”。⑤ 可见，初时江海并重，江防负责官员必须同时负责海防，直到南北两巡抚职权明晰以前皆如此，严格意义上的职权划定是在嘉靖四十二年。“操江”字面意思即江上操练，操江御史和侯伯充任的武职操江对江防都有职权，故而南直隶海防职官首要的是后世所称的“文武操江”，其次才是海防道（海道副使）以及各府海防同知，这也是该区政治地理的特殊之处。

---

① 《南京都察院志》卷九《职掌二·操江职掌一》，《四库全书存目丛书补编》73，第 231~232 页。

② “李彬字质文，凤阳定远人……寻命剿平东海倭寇。明年，总督操江。”见过庭训《本朝分省人物考》卷一六《李彬》，周骏富辑《明代传记丛刊·综录类》130，明文书局，1991，第 479~482 页。

③ “命丰城侯李彬充总兵官，都督费瓛充副总兵，统率官军，自淮安沙门岛缘海地方剿捕倭寇。命都指挥罗文光、总兵官指挥李敬充副总兵，统率官军，自苏州抵浙江等处缘海地方剿捕倭寇。如与丰城侯会合，听丰城侯调遣。”见《太宗实录》卷八六，永乐六年十二月戊戌，第 1146 页。

④ 史继偕：《兵制志·兵防》，《皇明修文备史》不分卷，《北京图书馆古籍珍本丛刊》8，第 188 页。

⑤ 万历《扬州府志》卷一三《兵防志上》，《北京图书馆古籍珍本丛刊》25，第 208 页。

最初的操江范围仅为南京附近江面。瓜洲、仪真等几处要地真正被确立为整个防御体系的一个环节当是成化四年以后的事。其时，锦衣卫佥事冯瑶认为，“盐（徒）出没不常，茫茫大江，汊港非一，官军疲于追逐。宜令江军依地防守，附近哨捕而于瓜、仪、太平、九江要害之处。选老成之将镇之，多方巡缉，庶军役可免跋涉，而诸屯亦得取作之功”。[①] 由锦衣卫佥事提出此事，显示部分亲军卫从一开始就参与了操江。新江口的水军构成文献上并无明确说法，现有研究也回避了这个问题。即便是林为楷所举出的有关新江口水营置立三种说法的文献《江防考》、《王端毅奏议》及《明史》也都语焉不详。[②] 其实，《南京都察院志》谈及新江营时有“本营设于永乐初年，挑选南京五十二卫所官军在营操演”的说法。[③] 结合明初亲军卫为二十六卫、都督府所辖京卫为三十二卫（含牧马千户所和孳牧千户所两个“卫”级千户所）、其他京卫为十二卫的情况，可知要达到五十二卫无论如何都必须有亲军卫的参与。另外，都胜的例子也可以作为亲军卫参与操江的辅证。[④]

成化八年的一道敕谕显示，文武操江的格局已经确定。[⑤] 操江御史巡视江道，“会操江成山伯”捕盐徒等“为患”的人群。这种“会”巡而“捕”的安排，显示防御的重心是“京”，“以拱卫都

① 史继偕：《兵制志·兵防》，《皇明修文备史》不分卷，《北京图书馆古籍珍本丛刊》8，第188页。另据《明史稿》记录，此事的结果是“从其议”。见王鸿绪《明史稿·志第六九·兵五》（二），文海出版社，1962，影印敬慎堂刊本，第344页。

② 林为楷：《明代的江防体制》，第17页注释25。

③ 《南京都察院志》卷一〇《操江职掌二·军实》，《四库全书存目丛书补编》73，第283页。

④ “南京前军都督府闲住都督佥事都胜卒。胜初袭世职，南京羽林左卫指挥佥事、大教场把总操备，后改新江口操江兼巡捕。”见《孝宗实录》卷一五二，弘治十二年七月庚辰，第2696页。

⑤ “敕南京右副都御史罗篪督操江官军巡视江道。起九江，迄镇江、苏、松等处，凡盐徒之为患者，令会操江成山伯王琮等捕之。所司有误事者，俱听随宜处治。”《南京都察院志》卷九《职掌二·操江职掌一》，《四库全书存目丛书补编》73，第230~231页。

城为务，其军亦不得调遣他出”。[①] 可见相对而言操江御史的重心偏“江”，而武职操江的重心显然在“京”，这点在其后操江与守备、参赞和武职操江的龃龉中可以进一步看出。成化十三年，武职操江勋臣的职能再次强化，不过专门强调“专操江之职，毋摄营务”，显然与南京这个特殊行政单元密切相关。其后弘治十三年时“敕内、外守备官勤阅视而慎坐营官之选”亦与此一脉相承：新江口的军队“如京营团练例”轮班操练，而且直接受制于南京内外守备。成化二十年巡按御史张淮奏请平时需要“分地缉捕”的都指挥郭铉、宋纲，南宁伯毛文，指挥陆宣接受巡江御史节制，但“四人者，又俱听巡江都御史虞瑶提调”，可见成化年间操江御史（巡江御史职权在其下）已掌握整体统辖权。[②] 林为楷认为万历《大明会典》和《明史》中“南京都察院”项下的记载令人有“操江都御史才是真正的江防事务主管官员”的错觉，因为万历和清代才成书的这两种文献所认知和记载的是江防体制成形后的状况。[③] 虽有一定道理，不过基于正德《大明会典》这部分的记载与万历《大明会典》完全相同，很难想象成弘之际仍如此权重的武职操江会在正德《大明会典》中完全被忽略。武职操江不隶于南京都察院的事实以及制度安排和职权重心的不同恐怕才是文献记载“阙失”的原因。嘉靖时期操江御史权力的完善和制度成形，和防御要求的提高密切相关。

嘉靖初年，胡瓒的条奏显示，操江御史虽然对新江口水师有指挥权，但仍受到南京守备及参赞大臣的制约。另外，九江、瓜洲和仪真等处的整合防御体系也已在此前形成。[④] 嘉靖二十年，世

---

① 韩邦奇：《宛洛集》卷一六，明嘉靖三十一年刊本，第 37 页。

② 《宪宗实录》卷二五八，成化二十年十一月戊戌，第 4360~4361 页。

③ 林为楷：《明代的江防体制》，第 23 页。

④ “旧新江口营属都御史总理，而事动关守备、参赞，势不无相掣，则委任宜专。旧新江口及九江、瓜、仪原设军防，声势联络。今承平玩愒，即闻盗发，等若秦越。宜各视所辖相应援，则约束宜明。”见史继偕《兵制志 · 兵防》，《皇明修文备史》不分卷，《北京图书馆古籍珍本丛刊》8，第 189 页。

宗“敕南京都察院右副都御史柴经”，令其“不妨院事，兼管操江官军，整理战船器械，振扬威武，及严督巡江御史并巡捕官军、舍余、火甲人等，时常往来巡视。上至九江，下至镇江，直抵苏、松等处地方。遇有盐徒出没，盗贼劫掠，公同专管操江武职大臣计议，调兵擒捕。若盗多兵少，就于所在军卫、有司量调军夫协助”。① 这种“量调”的敕令赋予都御史同时干涉军兵两个系统武装力量的权力，可谓意味深长。到了嘉靖二十三年，南京兵科给事中万虞恺认为应该厘清操江御史和南京守备、参赞以及武职操江的职权，以便消除二者的矛盾：

> 提督操江，侯、伯、都御史俱系大臣领敕专任提督，正与京营提督大臣事体相当。在京坐营，乃提督属官耳，南京守备、操江均之为提督。况南京守备职司机务，其于江操不过临时阅视，虽系提督，尤非专职。今乃以提督操江大臣比之坐营等官，遂致近来每遇阅操，都御史则先期出巡回避，其守备、参赞、操江武臣勉强了事。序坐行事，具有成规，宜查复旧例，一兼节制。②

另外，还有人提出“宜以浦口改属操江便”，重新提出了操江都御史简霄曾提出的要求，并强调京卫的利益“仍其旧”，只是节制浦口军士的权力划归操江：

> 南京京卫，俱属南京兵部，而沿江一带军卫，则属操江，所以专统属、重江防也。照得新江口、浦子口二营，俱在江上，南北截流相望，此诚犄角之势，江防之要害矣。然新江

① 《南京都察院志》卷九《职掌二·操江职掌一》，《四库全书存目丛书补编》73，第231~232页。

② 《世宗实录》卷二九〇，嘉靖二十三年九月丁巳，第5578页。

> 口近在城外，则属操江，而浦子口远在江北，反属兵部，操江节制但行于新江营，而不行于浦口营，形势相依，事权不属。万一江上有事，则新江口有孤立无援之势，而浦子口得坐观推避之安。设险制胜之道，顾如是耶？且浦子口有应天等伍卫并作一营，名虽京卫，实在江北兵部点操，岁不一及，习成怠废，骄惰日深，将为无用之兵。若得并隶操江，听其节制，则不时巡历操练，所不敢废。或遇有事调遣，亦不敢违。况与新江口相为应援，共守江防，正以共守京城也。此诚归一事体，可收实用。查得先任操江都御史简霄曾经奏行南京兵部等衙门复议，不知因何停寝？臣等窃谓当查简霄所奏，着实议行，令浦子口额属京卫则仍其旧，而节制调遣悉属操江，或量拨操船，该营分领，则南北相望，臂指相依，令行势重，而兵强矣。所谓兼节制者此也。①

此事兵部答复“宜行南京多官会议，庶经久可行”，于是仍回到南京守备和参赞等大员的讨论范围。据嘉靖《南畿志》所载，“总督操江兼管巡江都御史统制诸守备官”，管理范围包括新江口（在江东门外三里，濒江）的“操江总兵官、各卫把总官、操备官旗军一万一千四百八（实在七千八百□□八）”、浦子口（在大江之北）“守御把总指挥、操备官旗军二千六百一十七（实在二千一百二十五）”。② 所以无论从操江都御史权力看，还是从防御体系的完善程度看，嘉靖时期都是一个已稳固的成形期。万历三年，敕谕都察院右佥都御史王篆“会同内外守备严督江防备御；把总等官整理战船、操练水兵，上自九江，下至江南圌山、江北三江

① 张永明：《重操江疏》，《张庄僖文集》卷一，《景印文渊阁四库全书》1277，第 313 页。

② 嘉靖《南畿志》卷三《总志·志戎备》，《北京图书馆古籍珍本丛刊》24，第 147~148 页。

会口，督同上、下巡江御史缉捕盗贼、盐徒，操习民兵水战，以严江关，防护留都。圌山、三江会口以下，听各巡抚官径自防守。圌山以上，逼近留都，如遇有警，尔仍与南北巡抚官互相应援，不许自分彼此。圌山把总专听尔节制。一应事情，有应与内外守备、参赞官员并操江武职及各巡抚官计议者，照旧公同议处施行。……信地内兵备、参将、守备、把总等官，悉听节制”。[①] 即在三江会口以上，所有的营兵悉听操江节制。而且，即便是圌山这种出海口，只要与“江”有关系，仍归操江管辖。而所谓的“应与”南京守备、参赞和各巡抚“计议者”，则非常不明确，在很多问题上并无实质性规定。

4. 卫军与营兵

除了镇守布防的要求外，军队两大系统的转换最初跟操练调防也有关系。北直隶京操也会调南直隶军，即便是用于海防的备倭官军和漕运的运粮官军，也会被调往操军：“兵部言，宜取河南等都司并南北直隶卫所，先次御史所选备调官军。其山东、南直隶备倭军士，宜选精壮者四千五百，江北直隶、北直隶运粮官军三万六千，宜俱取赴京操练。”[②] 后来王恕尚“乞敕南京守备内外官员，将原选去神机营习学铳手并直隶、安庆、滁、宣州三卫官军照数拨还江口”。相对于“营制屡更”的北直隶，南直隶较为稳定，但由于新江口水军被调往神机营和运粮屯种等，缺员严重，[③] 王恕不得不奏请说：“天顺元年为因南京各营官军差调数多，缺少操

① 《南京都察院志》卷九《职掌二·操江职掌一》，《四库全书存目丛书补编》73，第 231 页。

② 《英宗实录》卷一八一，正统十四年八月丙寅，第 3511~3512 页。

③ 王恕《王端毅奏议》卷四《复议定襄伯乞增操江官军奏状》：“查得新江口永乐五年设立操江官军一万七千员名，后将数内浙江二千一百四十七员名放回。景泰年间又选去神机营习学铳手，并大小教场、浦子口操练官军共一千二百四十一员名，及运粮屯种，并发遣贵州等卫共四千五百五十员名，及事故不补一千二十员名。”《景印文渊阁四库全书》427，第 518 页 b。

备，该前守备内外官员奏准，取调直隶安庆、建阳、滁州、宣州、镇江五卫官军共三千员名，轮班前来南京，分拨各营操备。内建阳卫官军五百员名，分拨新江口操守。”[①] 但这还仅仅是“守卫”而非“江操”，南直隶的江操最初是因为弘治十三年“彗警”，尚书秦民悦强调“江防疏略，兵不习水战”，“宜敕内外守备官勤阅混而慎坐营官之选”，从而议复决定“新江口两班军宜如京营团练例，首班歇即以次接操”。[②]

关于操备部队的人数，吴时来记录了新江口营水操官军“原设官、军、余一万五千八百一十五员名”（一般讲“一万二千”[③]，同书引胡瓒条奏亦谓“一万千六百余人”），到了他著书之时，“内事故一万五百六十九名，见在五千二百四十六员名”，仅剩下原来的1/3。据《南畿志》的记录，“操备官旗军一万一千四百八（实在七千八百□□八）”，[④] 则至少嘉靖时还有近八千人。其中有一些是其他卫所调来的操军，“建阳卫官军二百五十员名，新安卫秋操春歇，官军三百名，镇江卫京操官军七百名（查得嘉靖十九年因海贼、秦藩等作乱，添设总兵于镇江府地方。就将各卫官军存留彼处操练。……圌山官兵不必京军协守，俱解赴新江口营操练。该卫为春班，建阳、新安三卫为秋班，照依旧规日期更番赴京，听游巡把总率领游巡）”。[⑤] 结合前面建阳卫操军人数看，五百人的卫军调补营军，其中有一半的人参与操江。这就是上述

① 王恕：《王端毅奏议》卷四《复议定襄伯乞增操江官军奏状》，《景印文渊阁四库全书》427，第518页b。

② 史继偕：《兵制志·兵防》，《皇明修文备史》不分卷，《北京图书馆古籍珍本丛刊》8，第188页b。

③ “国初于城南新江口置营，用练习水兵，凡八千人，已稍增至万二千人，额造舟四百艘。”见史继偕《兵制志·兵防》，《皇明修文备史》不分卷，《北京图书馆古籍珍本丛刊》8，第188页b。

④ 嘉靖《南畿志》卷三《总志·志戎备》，《北京图书馆古籍珍本丛刊》24，第147页。

⑤ 吴时来撰，王篆增补《江防考》卷二《官兵沿革》，《四库全书存目丛书》史部226，影印上海图书馆藏天一阁明万历五年刻本，第119页a。

卫所军变为营军的过程，就营军的“事故不补”看，也是各种营军变回卫所军的事例，其中很好地体现了二者的转换。

也正是在这种操练的制度下，军队才能保有最后的一点防御力量。后人说“时虽迁都于北，而在南兵卫不废，且练习以时，皆辖于兵部及操江都御史，盖以重根本而饬江防云”，[①] 并非虚词。本书谨就军队系统中南直隶卫所军的力量和大致防御情形（亲军卫水军及中军都督府在外卫所）列表（附录表 1 和附录表 2），营军的布防力量与涉及州县系统和监察的内容见附录表 3 和附录表 5。洪武中期以后的中军都督府在外卫所调整可总结为中都留守司辖卫、上游及沿江重地所升卫、沿海重地卫分设所三点。而京卫水军千户所的防御力量系以四个水军卫和二十六个有水军千户所的卫构成，人数最多的水军卫是江淮卫（江北）和济川卫（东门外）。

（二）兵

与“军”的系统相对，属于行政系统的府、州、县也有自身统领的防卫力量，即“兵”的系统。一般来讲，“兵”包括了府州的同知和通判，县的县丞、主簿和典史率领的民壮、机兵等通过徭役征派或役银招募的人员，还有各地巡检司内在巡检等带领下负责监察和治安的弓兵，这些民壮和弓兵构成通常所谓的“民兵”。永乐时，“卫所军已有城守、操江、备倭诸役”，其后“诸隶卫尺籍者率逋逃，亡耗居半”，“武弁婪者之日朘月削”，“弊蠹萌生”，“正统末，令府州县招募丁壮为民兵（或名快手，或名会手），而巡司故有弓兵，俱有司率领操练”。[②] 至此，属于府、州、县行政系统的“兵”的格局及防御力量完全确立。但是，这种“民兵”防御力量

① 《钦定续文献通考》卷一三二《兵考·舟师水战》，《景印文渊阁四库全书》629，第 610 页 b。

② 万历《扬州府志》卷一三《兵防志上》，《北京图书馆古籍珍本丛刊》25，第 208 页。

仅仅是针对一般的治安问题，并非军事作战层面的武装部署。

南直隶“兵”的系统大体有三个层次，一是府一级的江防官，即府的江防同知（应天府为江防治中），愈到后期其权力愈要超过军队系统的同级官员，所谓“江洋统领，悉皆武弁，而查核专制惟各府同知是赖”。二是州的同知、通判和县的县丞、主簿巡捕官率领的民壮（以及机兵）。三是各处巡检司巡检等率领的弓兵。弓兵“本古者寓兵于农之意”，[①]是在巡检、副巡检率领之下的民兵，巡检则一般受县丞、主簿节制。广义上讲，州的同知及县的县丞、主簿、典史统率的机兵、快手、弓兵都属于“民壮”，虽然这些名目有时也与“民壮”并列。由于其较为特殊的稽查巡逻任务，弓兵一般会被单独提及。“民壮”是一种劳役负担，由于差派日益繁重，明代中期便渐渐从明初的“杂役”部分独立出来，单独成为“四差”中的一项。在安全防卫的范围内（民壮包括的项目其实很多，在劳役范围内的修筑等项目也与防卫有关），民壮是相对于军队而言的“民兵”。万历《扬州府志》特别指出“卫所军之不可复驱以即戎，无论淮以南，即天下犹是矣。正统末，令府、州、县招募丁壮为民兵（或名快手，或名会手），而巡司故有弓兵，俱有司率领操练。然民壮只供公门役使，弓兵所缉，里闬鸣吠及负担兴贩而已”，即是对“兵”的系统从来源、组织到责权的一个概括。[②]

关于兵的征募，可以江南四府的例子观其复杂性。首先如松江府，“洪武初，设民兵万户府，简民间武勇之人编成队伍，以时操练。有事从征，事平还复为民，有功者叙。后裁万户府，而设守御松江千户所。其时尚每岁调苏州卫官军更番戍守”。民兵的作用就是“府境巡徼司兵之署”“府境乡镇险要之防”，这是最初军

---

① 《南京都察院志》卷九《职掌二·操江职掌一》，《四库全书存目丛书补编》73，第239、253页。

② 万历《扬州府志》卷一三《兵防志上》，《北京图书馆古籍珍本丛刊》25，第208页。

队系统临时募兵的例子。[①]“洪武三十年，以金山卫中千户所分驻郡城，又选民壮操练以备御非常”，这是明初民兵的一些状况。在州县，一般由县丞与典史统领着民壮，开支由均徭解决。[②] 其次如苏州府嘉定县，“旧止民壮二百人”，“而嘉定民兵，常在其间，邑民严氏法皆诛死，故功名不立……是知嘉定不患无兵”。[③] 以兵源看，嘉定的民兵取自里甲，以县丞或主簿带领。[④] 再次，例如常州府有一个很显著的信息传递和组织运作的例子。正德七年时应天巡抚王缜接到来自常州府的申报，得知了具体的变乱情况：

> 臣于正德七年闰五月二十三日，据直隶常州府申报，本府巡捕委官通判陈碧牒称带领民快吴海等一百名，督同武进县委县丞萧良臣、小河巡检司弓兵并本府先拨民快、机兵巡船，于本月十八日，前去孟渎河江口摆列防守。……彼时本职督令各役并地方火夫人等与贼对敌。……有本府知府李嵩、临县督同知县王铁等官，统领兵夫人等追剿。……二十二日，县丞黄霆带领义男黄陆、拳手曹春，箭伤攻城对敌不知名贼犯二名。……利港巡检司巡检陈有道，率领弓兵人等捉获登岸贼犯一名庄权。……石头港巡检司巡检温聪，率领总小甲陈恩等捉获贼犯三名陈仲夫、陈鉴、宗信，钩手宋怡等……[⑤]

---

① 嘉庆《松江府志》卷三三《武备志》，成文出版社，1970，影印清嘉庆二十二年本，第716、717页。

② 光绪《青浦县志》卷一〇《兵防·兵制》，成文出版社，1970，影印清光绪五年刊本，第723页。

③ 万历《嘉定县志》，第940、937页。

④ “民壮，即古之乡兵也……直取于里甲，中领之者，或丞或簿。兵械自备，随苏州卫军，以时教阅，有警用以应敌，无事摘取防守郡邑库狱。”见隆庆《长洲县志》卷九《兵防》，明隆庆五年刻本，第3页a；万历《长洲县志》卷九《国朝·民壮》，《稀见中国地方志汇刊》11，影印明万历二十六年增修本，第269页。

⑤ 王缜：《为飞报紧急贼情事》，《梧山王先生集》卷五，见林为楷《明代的江防体制》，第163页。

这则记录描述了府的通判直接带领民快，与县的县丞带领巡检司下辖弓兵前往守御作战的情景。由于流贼有四百余人，几天后知府和知县更是亲自带领民兵出动追剿。县丞黄霆带领的“义男黄陆、拳手曹春”不仅是民兵，更是私人武装；石头港巡检司巡检温聪率领的“总小甲陈恩”等人则是因从事冶铁开矿而被组织起来（后农村里甲亦有此编制[①]）的民兵。最后，镇江府丹徒县安港、丹徒、高资三个巡检司共弓兵93员，丹阳县另有96员，另全府有民壮500多员，后来的操江民壮银更是高达1663.2两，仅次于苏州府的1712两。[②] 江南四府民兵的这些情况反映了兵的系统的组织和重要程度。就其作战能力看，民兵丝毫不逊于正规的卫所军。正德时宁王叛乱，安庆被围之后，“军卫卒不满百余人”，基本是守备都指挥以及安庆府知府等州县官员靠全城军事动员，以民兵的力量取得了胜利：

> 宸濠围安庆府，不克，乃引兵还。濠兵焚彭泽、湖口、望江，奄至安庆城下，舟五十余艘。守备都指挥杨锐、知府张文锦、同知林有禄、通判何景旸、知县王诰、指挥崔文等御之，战于江浒。既而贼兵渐集，舟继至者二百余，乃收兵入城，为固守计。城四隅各建旗，大书标曰剿逆贼，贼见而恶之，挥兵攻城。……时军卫卒不满百余人，乘城皆民兵，阖户调发，老弱妇女亦令馈饷，每朝晡登城，人运石一二，数日积如山，又暑渴，乃置釜鬶于城上，煮茶以饮士。贼攻城，城上或投石，或以沸汤沃之，贼多伤不敢近。锐等射书贼营，谕令解散，稍稍有亡去者。锐乃募死士，夜劫其营，

① 黄启臣：《明代钢铁生产的发展》，《学术论坛》1979年第2期。

② 陈博翼：《隆庆以后南直隶之营兵与江海防》，附表2“南直隶府县民壮、弓兵、操江、江防、海防银数”，见中国社会科学院历史研究所明史研究室编《明史研究论丛》第11辑，故宫出版社，2013，第142~152页。

众大哗惊扰，比晓稍定。①

民兵这种针对盐徒矿盗流民的“小打小闹”很快就有了转变。由于“倭寇”挑战日剧，正统以降，募兵蔚为风气。在嘉靖时期对倭的战役中，府县的防御和对抗行动常常显得比卫所大很多，如“今皇帝嘉靖三十二年九月，倭夷入寇……直抵青阳港。知县杨芷……复命兵快诱战”。② 又，嘉靖三十四年：

> 倭猝薄扬州城，民敛避不及，被杀及溺死者数千人，尸断流。焚掠大东门外尽，烧毁盐堆而去。府同知朱裒及高邮卫经历以率兵御贼死焉（□□□者尚多□□□□志）。淮南北大震，于时卫所臣无所用，而各州县乡团民兵，或时时扼杀倭。③

这就是明廷随动乱进程调整的结果。募兵的兴起给“兵”的系统带来的直接影响就是民兵开始进入军事作战的层面，进而进入“军”的系统。④“中叶以后，卫军废弛，又募民为兵，军和兵成为平行的两种制度”。吴晗特别强调了“在卫军民壮以外，又加上第三种军队”的状况，即与世籍的“军”不同的“兵”。⑤ 嘉靖中叶，属于营兵系统的镇守将领常编募民兵、民壮和义勇（“附操民壮”“营操民壮”）作战。这类募兵，梁方仲强调“虽亦出于民户，但他们是属于国军的系统内，且为正规的常备军，故不应

① 《武宗实录》卷一七六，正德十四年七月丙午，第3419~3421页。
② 嘉靖《吴江县志》卷二〇《经略志二·武略》，《中国史学丛书》三编50，第1126~1127页。
③ 万历《扬州府志》卷一三《兵防志上》，《北京图书馆古籍珍本丛刊》25，第209页。
④ 王莉：《明代营兵制初探》，《北京师范大学学报》1991年第2期。
⑤ 吴晗：《明代的军兵》，《中国社会经济史集刊》第5卷第2期，1937年。

与地方的，或虽属中央而非正规与经常的民兵相混”，“这是替代原日卫军地位的兵，故宜与地方的非经制的民兵分别清楚”。[①] 嘉靖三十八年，“巡抚李燧奏改守备统东西二营，召募民兵三千余名”，这是民兵大量进入军队系统的显例，这些民兵也就真正变成吴晗所谓的“兵”。嘉靖时操江御史史褒善在指出军队系统的卫所“行伍单弱，徒存虚名，已不堪用”之余，也强调“而县司之民壮弓兵又皆常流，止可巡缉于平时，难以御敌于有事”。[②] 史氏站在要求补充军事力量的角度上如此陈述，其所请的“义勇”，其实也是民兵，与州县民兵所不同者，在于其为正式进入“军”的（营兵）系统的“兵”。前文已强调军、兵的划分系以统辖权力为依据，府、州、县无法统辖到之“兵”即无疑属于军队系统。也正因为兵转入军队系统，军和兵界限模糊了，行政系统所能管辖到的民兵的重要程度也相应上升。民兵的力量甚至在军事规定的《巡约十八则》中都能体现出来。这份文献除了首要开列“兵巡道”及后面的“备总哨总官”任务之外，其余的“府县官”（缉盗、征饷）、“江防官”（查核专制）、“巡捕官”都是府县系统的负责人员。其中，层级最低的巡捕官，也肩负着与营兵系统的“水哨官”并肩作战的任务，这反映了嘉靖以后军、兵两大系统的统合程度：

> 凡府、卫、县巡江，委官既有责任，便当统率民快、弓兵，与水哨官兵并力巡缉。近来每多偷安高坐，甚有在沿江一带地方指以取递结状等项名色，为田差人拘点，甚至有公取地方围屏等物入己者，已往不究，以后须要加意巡缉。其

① 梁方仲：《明代的民兵》，《中国社会经济史集刊》第5卷第2期，1937年；梁方仲：《明清赋税与社会经济》，中华书局，2008，第564、573页。

② 史褒善：《议处战船义勇疏》，《沱村先生集》卷三，见林为楷《明代的江防体制》，第116页。

有在于地方扰害者，许被害之人首告，以凭拿问。[①]

万历元年，兵部回应操江都御史董尧封提议称："将应天府治中、太平、池州、庐州、安庆、九江等府各该同知，俱不妨原务，责令管理江防。凡境内官兵，不论游兵、守备、中军、军卫有司、巡司俱听点闸，每月将查点过官兵数目，及有无失事缘由，申报操江衙门查考。"[②] 董指出操江御史精力有限，所以应该分权："本官巡历有期，稽查不给，将应天等府治中同知不妨原务，责令专管江防。其北岸无为州知州防御事宜，责令徽宁兵备道查理。从之。"[③] 这样，与江防相关的各府同知其实获得了操江御史对卫所和各营的巡历权力，这既与行政系统权力膨胀密切相关，也反映了"兵"的系统的强大力量。

二 监察

无论军、兵两大系统是否分立，对两个系统的按治纠举都是必需的，所以监察从王朝建立初始便已展开，而且慢慢得到强化，后来更是发展出一套多重的制约体系。军、兵分立也使统一调度成为一个问题，遇有战事，镇戍体制不能满足日益提升的海防需求，监察系统也依靠"钦差"之权力介入协助。就防御相关的层面讲，监察的特殊性表现在它可以同时管涉军和兵的系统。监察失效、州县和卫所官员互不相属、官自为盗等问题当然是监察必须着意解决的，所谓"监司宪职不过岁一再至，积弱之弊，遂不

① 《南京都察院志》卷九《职掌二·操江职掌一》，《四库全书存目丛书补编》73，第240页。

② 吴时来撰，王篆增补《江防考》卷五《疏稿》，《四库全书存目丛书》史部226，第191页b~192页a。

③ 《神宗实录》卷二一，万历二年正月戊子，第561页。

可服。近奉明旨，令南京内外守备议处，拟以抚、按、巡江等官轮署终岁，事涉张皇，竟寡实效。顾此武弁，不慎名检，罔畏官刑。徒恣溪壑之欲，潜为祸乱之阶。给捕帖为盗乡导者，官成也，诱指称为盗间谍者，亦官成也。上下冒蔽养成，比周之俗，而监御之防决矣”。[①] 除了两个系统的统属调动，其他按治纠举又在程序上须经南京内外守备议处、商定解决方案，所以也有一些掣肘。以下分析监察系统内部的关系和制约。

（一）巡抚与操江、巡江御史

1. 巡抚与操江御史

巡抚即“都察院堂上分巡各地方者也”，宣德五年成专设。[②] 景泰四年以后，为避免巡抚与都察院派驻地方的巡按御史在职权上的纠纷，巡抚一般在都察院系统内授都御史职衔（“侍郎出镇，与巡按御史不相统，事多拘滞”[③]）。总兵以下各官，悉听指挥。督抚与总兵的关系前人已有所注意，因总兵渐以流官充任，地位日益卑微，以至于督抚到任要手执兵杖，叩首而出，故戚继光谓诸将“不怕总兵”。由于南直隶没有常设的总兵，故未显见冲突。但是，南直隶的操江御史系其他地方所无，虽与巡抚在品级上有差，但同带御史衔，同领敕书掌兵权，关系自然也值得探讨。在南直隶，“总督直、浙、福军务兼巡抚浙江都御史（驻扎浙江），提督应天军务巡抚都御史，操江都御史”三人，[④] 由于驻地和重心不同，都相当于方面大员。[⑤] 由于操江也需负责海防，但敕书上又

① 《给事中朱□□□题为议沿革靖海洋以保重》，嘉靖《太仓州志》卷一〇《寺观·遗文》，明崇祯二年重刻本，第 26 页 b~27 页 a。

② 崔世珍：《吏文辑览》，第 347 页。

③ 《明史》卷一五八《耿九畴传》，第 4323 页。

④ 茅元仪：《武备志》卷二一六《占度载·度·海防八·苏松》，《续修四库全书》966，第 78 页 b。

⑤ 光绪《青浦县志》卷一〇《兵防·兵制》，第 723 页。

未明确说明，故海防的职权并不明晰，“至有互相推诿之事”：

> 巡抚曰：吾不理，军务自来操江任之，此操江事也。操江曰：吾不奉敕书，但协同巡抚行事，此巡抚事也。甲可乙否，此是彼非，坐失机宜，贻患重大，日甚一日矣，以是可复不为之虑使贻后悔哉！①

操江所谓的“不奉敕书”，即指敕书上仅言操“江”，未言防“海”。至嘉靖四十二年，终于划定操江御史与应天、凤阳二巡抚的职责范围（“定操江及应、凤巡抚分辖军务之界”②），从此操江所辖仅至江口，海防任务交由南北两巡抚负责：

> 初，南京兵科给事中范宗吴言：故事，操江都御史职在江防，应天、凤阳二巡抚军门职在海防，各有信地。后因倭患，遂以镇江而下通、常、狼、福等处原属二巡抚者亦隶之操江，以故二巡抚得以诿其责于他人，而操江都御史又以原非本属，兵难遥制，亦泛然以缓圖视之，非委重责成之初意矣。自今宜定信地，以圌山三江会口为界，其上属之操江，其下属之南北二巡抚。万一留都有急，则二巡抚与操江仍并力应援，不得自分彼此，庶责任有归，而事体亦易于联络。章上，上命南京兵部会官杂议以闻。至是议定，兵部复请行之。诏可。今后不系操江所辖地方，一切事务都御史不得复有所与。③

---

① 史褒善：《议处战船义勇疏》，《沱村先生集》卷三，见林为楷《明代的江防体制》，第 28~29 页注释 53。

② 《钦定续文献通考》卷一三二《兵考 · 舟师水战》，《景印文渊阁四库全书》629，第 642 页。

③ 《世宗实录》卷五二四，嘉靖四十二年八月丙辰，第 8557 页。

有关江海防辖区的演变过程，林为楷已有充分讨论。① 所当注意者，范宗吴所言的“应天、凤阳二巡抚军门职在海防”的“故事”，至少是嘉靖三十二年以后的事，其时由于王国桢的奏请，才令应天和凤阳巡抚“以本职兼理海防”。② 而嘉靖二十九年杨宜任操江都御史时，所辖区域仍是“东至于海”。③ 而且，据史继偕《兵制志》以及傅维鳞《明书》的记载，在范宗吴的这个奏疏“诏可”后，尚有一段：

> 仍敕自今不系操江所辖军事，一切（操江）都御史勿复与云。先是，胡瓒条上【明约束、专委任二事，魏公鹏举引旧事以争，谓瓒所】言意侵守臣权，非令甲，不可听。兵部申瓒议上报，令如弘治例行。弘治时，敕参赞王继军事，与守备成公国朱辅计议，以故云。【后增上、下二江两巡视御史，一年代，得举劾沿江有司、将领，而操江都御史即以南京都察院或副都御史或佥都御史理之，不另设署。终明不改易焉】上心雅欲权归本兵，不专任操江都御史也。④

此处比《明实录》所载多出的信息，即是对操江御史军事权力的限制，以及将其整体权力限制到如同弘治时期南京都察院对其有较大制约状态的意图。

---

① 林为楷：《明代的江海联防》，第 45~84 页。

② 《世宗实录》卷四〇〇，嘉靖三十二年七月甲子，第 7019~7020 页。

③ 周思兼：《赠杨方伯裁庵擢操江御史中丞序》，《周叔夜先生集》卷六，《四库全书存目丛书》114，影印华东师范大学图书馆藏明万历十年刻本，第 421 页。

④ 史继偕：《兵制志・兵防》，《皇明修文备史》不分卷，《北京图书馆古籍珍本丛刊》8，第 189 页。【】内为《明书》所多字。见傅维鳞《明书》卷七一《志十四・戎马志二》，《丛书集成初编》影印畿辅丛书本排印本，商务印书馆，1936，第 1445 页。

操江御史的品级低于巡抚，故其在文献中必然位列巡抚之后。[①] 巡抚也能通过题奏，努力督促操江和巡江御史进行相应的防守和作战：

> 巡抚应天等府地方都御史侯位题为江洋强盗白昼打劫官船财物事。续该兵部复题奉圣旨，是江洋盗贼公行劫掠，地方官员不行擒捕，便行操江、巡江官督率备倭等官，上紧追袭，务在得获有罪人员。着巡按御史查参来说。[②]

但与抚、按关系一样，巡抚与操江并无直接统属关系，在一定程度上也存在制约，尽管由职官性质看这种制约不会发展到抚按之争那种程度。胡宗宪总督东南倭事时特别要求“请得节制巡抚及操江都御史，如三边故事”，[③] 反映了其时督、抚、操江三者各自相对独立的实态。

2. 操江与巡江御史

万历三年敕谕王篆，令其“督同上、下巡江御史”，可见操江都御史与巡江御史的关系是较为微弱的领属关系。一般而言“操江、巡江各有专寄”。[④] 巡江御史以南京都察院监察御史充任。通常可以看到操江都御史和巡江都御史相继于文献中出现。[⑤] 巡江御史的品级为七品，类同十三道监察御史，《明史》谓为“其后增”，

---

① 《神宗实录》卷二六二，万历二十一年七月辛未，第4862页。

② 《给事中朱□□□题为议沿革靖海洋以保重》，嘉靖《太仓州志》卷一〇《寺观·遗文》，第25页。

③ 《明史》卷二九五《胡宗宪传》，第5414页。

④ 章潢：《图书编》卷五八《江防总叙》，《景印文渊阁四库全书》970，第540页。

⑤ 例如前引《给事中朱□□□题为议沿革靖海洋以保重》所论“便行操江、巡江官督率备倭等官”，又如“洎操江都御史王公、巡江御史周君，亲临太仓，相度贼势，参酌机宜，协赞军务”。参见徐缙《徐文敏公集》卷三《东吴靖海录》，黄宗羲编《明文海》卷六九《碑丙》，中华书局，1987，第636页。

“得举劾有司、将领”。[①] 巡江御史平时对于各处的防御状况也必须留意奏报。[②]

巡江御史与巡按御史品级相同，但在位次排列上位列其后，应该也是以事权所定：巡按苏松监察御史有监军大权，自然在“巡江监察御史”之前；[③] 而事权与巡按不同的操江御史，则由其品级位列巡按之前。三者的排位文献中曾有显示。[④] 故而操江御史、巡按御史、巡江御史的排位序列大体无疑。

虽然品级低于操江都御史，但在指挥事权上巡江御史并不逊色，其至少可辖以都指挥佥事充任的副总兵（正三品）及以按察副使和佥事充任的兵备道（正四或正五品）。[⑤] 巡江御史在防御实际操作层面的这种大权，与兵备副使“其辖专，其地近”的原理相同，盖其为常年直接亲临一线的专辖长官。上江巡江御史主要负责从九江到应天府的江防，驻安庆。与海防直接相关的下江巡江御史，直接辖大江南北苏松、常镇、淮徐、扬州四道，吴淞和狼山两个副总兵，驻镇江。此外，苏、松、常、镇、淮、扬六府的民兵和十一卫、十五守御千户所的军士以及各营官兵皆受其节制，权力横跨庞大的军、兵两大系统。巡江御史稽核下的分散营兵有一定的防御力量。[⑥]

---

① 《明史》卷九一《志第七六·兵制三》，第2248页。

② 例如，“访得江南兵备废弛为甚，近日巡江察院亦有此奏”，见海瑞《督抚条约》，《备忘集》卷五《书·附录》，《景印文渊阁四库全书》1286，第168页。

③ “嘉靖乙卯四月，兵部题准敕兼监军纪功”，见茅元仪《武备志》卷二一六《占度载·度·海防八·苏松》，《续修四库全书》966，第78页。

④ “会同提督巡江兼管操江、南京都察院右佥都御史陈世良、巡按直隶监察御史原轩、巡江监察御史杨凤……”参见王缜《梧山王先生集》卷五《为飞报紧急贼情事》，见林为楷《明代的江防体制》，第164页。

⑤ 林为楷：《明代的江防体制》，第37页。

⑥ 如嘉靖三十四年时，“贼夜遁之黄墅沙，欲渡湖，巡船阻之”。见崇祯《吴县志》卷一一《祥异·本朝》，《天一阁藏明代方志选刊续编》16，第34页a。

（二）抚、按与兵备、海防道

1. 抚、按与分巡道

抚、按是分巡道之上的组织环节，其关系前人已有不少讨论，大体是前期巡抚威势较大，后来巡按权力渐增，反有压服巡抚之势，抚按矛盾和攻讦渐渐超过协力合作。① 南直隶由于南京地位特殊，巡抚尚非地区一号大员，而南京都察院的存在也使南直隶巡按较少因“代天子巡狩”而得以有“口含天宪”的威权，万历以后属吏畏按臣甚于抚臣的情形也不突出。不过该区巡按的地位上升仍是很明显的，王世贞曾指出其称谓上的变化：

> 二司自方伯以至佥宪，称抚台曰老先生，称按察则曰先生。大人其语，虽不为雅，而相传已久。二十年来，凡宣大之守巡，与吾南直隶之兵备，皆以老先生称按院矣。②

可见巡按威势的上升及其与巡抚日渐分庭抗礼的实际地位。

弘治时，已见南直隶抚、按联合行动，督促指挥军、兵两大系统缉捕盗贼：

> 镇守太监张庆等以闻。兵部议：……今以尔有风力谋，为特命星驰前去彼处巡视。尔至彼即会同浙江、南直隶镇守巡抚、巡按等官，督同两处备倭并三司、府、卫分巡、分守、掌印、巡捕等官，各于平日惯藏盐徒湖泊山林处所，上紧设

① 宋纯路：《巡按御史权力的变化与明代地方政治》，东北师范大学硕士学位论文，2002；宋纯路：《明代中后期巡按御史权力的膨胀及其原因》，《牡丹江师范学院学报（哲学社会科学版）》2003年第5期；刘融：《明朝巡抚与巡按辨略》，《广西社会科学》2004年第2期。

② 王世贞：《弇州史料》，《后集》卷三九，《四库禁毁书丛刊》史部50，影印明万历四十二年刻本，第72~73页。

法缉捕。[①]

抚按职能是错开的，虽然也会联合行动。“巡抚主拊循，巡按主纠察”，巡按对于海防等防御事务基本为查核按治。正德时，巡按直隶监察御史杨必进认为“淮扬诸卫悉屯重兵，所以备淮海也”。但上游除了九江卫外，鄱阳湖“湖口曾无一卒之戍”，因此杨“请于湖口增设一军”，这样才不会“虽有水操不过文具”，他也强调州县系统当招募骁勇的民兵协防。[②]

巡抚的兴起使按察使的职能无形中被削弱，而明中期以后，一定程度上是为了让抚按形成制约，巡按获得了对按察使的考察权力，从而使按察使沦为附庸。按察司本是与都察院均权的“外台”，是地方上的监察机构，理论上按察使、副使和佥事与巡按相见时为对等的主宾礼。但随着巡按权力的膨胀，按察使的声音便鲜少闻见了。南直隶并无布政使和按察使，但是南直隶有许多由浙江、山东和河南等临近地区调派过来的分守道和分巡道，即参政、参议、副使、佥事，“分巡谓御史及按察使，分守谓都司及布政司也”。[③] 这些分巡道和部分职权交错的分守道被以“钦差”的名号另外特别赋予兵权之后，即成了整饬兵备道（兵备副使）、海防道（海道副使）等。南直隶的海防道系由浙江按察副使充任，“海防道以浙江按察司副使一人分巡”。[④] 对于这种地方监察人员，抚按可直接或间接提督。

相对来讲，巡按的重心在查核，特别是军政、漕运、盐法

① 《孝宗实录》卷一四，弘治元年五月丙寅，第 326~327 页。

② 《武宗实录》卷一五八，正德十三年正月庚申，第 3037~3038 页。

③ 崔世珍：《吏文辑览》，第 350~351 页。

④ 万历《通州志》卷三《经制志·武备》，《天一阁藏明代方志选刊》10，第 21 页 b。例如，通州有刘公祠和王公祠，为“海防道左祀都御史刘景韶，今改为府馆”。见万历《通州志》卷五《杂志》，《天一阁藏明代方志选刊》10，第 19 页 a。

和仓屯，但涉及指挥和作战的军政与海防则为巡抚之事。嘉靖《惟扬志》记载了抚按提督漕运、巡按巡历各政事的内容，可窥一斑：

> 命巡抚都御史、巡按御史统理总兵官提督漕运，参将协同都御史提督操江，兼理巡江。御史六员巡按，各理盐法、军政、江防、马政、仓政、屯政。巡按副使、兵备、总兵官、提督巡捕、都指挥、守备、备倭，各不时考选。①

巡按御史平时会对海防提出按核与建议。不过，巡按本身基本不指挥作战，如“巡按直隶监察御史萧启奏：太仓、镇海卫边临海口，屡有官旗舍人假称巡捕，兴贩私盐继今。请令苏州备倭指挥千、百户兼巡察之”，周如斗建议“慎守以固海防”，但本身基本不涉及指挥作战。② 而督抚则直接指挥分巡道。嘉靖三十四年，世宗回复了周如斗“议处海防以固重地以图久安”的题奏，显示周强调浙江与南直隶必须“会剿”。这其中就涉及督抚对兵备道、海防道以及“军”的系统的将领的指挥，与此同时巡按则只是“参奏”，并未直接介入一线军事行动。③ 无独有偶，屠仲律强调“事

① 嘉靖《惟扬志》卷一〇《军政志》，《天一阁藏明代方志选刊》12，影印明嘉靖二十一年刻本，第6页b~7页a。

② 《英宗实录》卷六〇，正统四年十月己亥，第1151页；杨博：《复苏松巡按御史周如斗条陈海防疏》，《杨襄毅公本兵疏议》卷一，《四库全书存目丛书》227，影印浙江图书馆藏明万历十四年师贞堂刻本，第262页。

③ “合无备行总督张经会行南直隶、浙江巡抚都御史严饬各该兵备、海防、副总兵、参将等官各照信地防守。如应该会剿，务要相度时宜，互相联络，寇退毋徒逐之出境，务追至其不可追之地；寇至毋徒截之使不入吾境，务截其所俱当截之路，悉如所议施行。如敢仍前自分彼此，致误军机，听巡按衙门指名参奏。”又，“近日设立总督大臣居中调度，正是收涣合离，以一事权之意。若使浙西兵备参将等官听南直隶抚按节制，南直隶海防备倭等官听浙江抚按节制，未免政出多门。万一意见不同，反为兵家所忌”。见杨博《复苏松巡按御史周如斗条陈海防疏》，《杨襄毅公本兵疏议》卷一，《四库全书存目丛书》史部227，第261~262页。

在督抚及海道诸臣，明信其赏罚耳”，[①] 即战事主要由督抚和海道副使负责。[②]

2. 兵备道与海防道

分巡道是南直隶海防组织和运作的关键一级。分巡道即按察使派出的“整饬兵备”的副使或佥事（或以他官兼），“沿海者称海防道，兼分巡者称分巡道，兼管粮者称兵粮道，今具载之，而仍以所辖督抚领其首”。[③] 可见，海防道即兵备道的一种。兵备之设，除“整饬”的职能外，最重要的是分理军务，即管辖兵马、钱粮、屯田，以及训练卫所军和营兵、民壮和乡兵、巡视江防和海防，后一种即“海防道”。[④] 惩戒不端当然也是其题中之意：

> 臣愚冀得皇上敕下该部，查照祖宗旧制，先行沿设兵备副使一员，领敕颛守地方，严束官戍，兼理屯田、水利、盐法。其诸贪残无耻、惯通海盗等官，以渐更调惩诫，用消祸萌。其海上贩盐、造船等弊，听因势设策，禁于未发。[⑤]

---

① 《世宗实录》卷四二二，嘉靖三十四年五月壬寅，第 7313 页。红格抄本此处无“罚”字，按校勘记，“广本、阁本赏下有罚字，是也”；屠仲律：《御倭五事疏》，载陈子龙等选辑《明经世文编》卷二八二《屠侍御奏疏·疏》，第 2980 页。

② 比如嘉靖三十四年五月二十七日，巡抚都御史曹邦辅便“亲督副使王崇古、海防佥事董邦政、知府林懋举、参将娄宇、通判畲玄、知县康世耀合兵击贼，贼殊死战，我兵亦奋勇”。见崇祯《吴县志》卷一一《祥异·本朝》，《天一阁藏明代方志选刊续编》16，第 34 页 a。

③ 万历《明会典》卷一二八《兵部十一·镇戍三·督抚兵备》，《续修四库全书》791，第 297 页 a。

④ 正统以后，明廷开始比较有意识地整饬海防。明以“文武相制”法，武将经略海防之余，也派侍郎都御史巡视海道，如《筹海图编》谓浙江的海道副使“旧制以侍郎都御史领之，洪武三十年后始领于按察副使”。见郑若曾《筹海图编》卷五《浙江兵防官考》。

⑤ 《给事中朱□□□题为议沿革靖海洋以保重》，嘉靖《太仓州志》卷一〇《寺观·遗文》，第 27 页 b~28 页 a。

分巡道设置的目的，即做到“庶几职有专守，事非遥制”。所谓的“专守”与“非遥制”，即指专项负责与迅速反应。在江防上，操江御史、巡江御史虽有很大的权力，但上下漫长的防线，使其常无法第一时间亲临现场坐镇，所以“照得江防事体，仰赖于诸道甚巨，盖其辖专，其地近，风行草偃，向应自神”，海防亦同理。[①] 这就是分巡道的要义。

分巡道是可以直接统合军、兵两大系统的最低层职官。水兵的花名册需要“一样造册三本，一留备总，一送该道，一呈本院”。同理，在府、卫、州、县，“巡司弓兵、快手、民壮俱照前格叶造册”，“各府江防官”所造之册为“一留本厅，一送本道，一送本院”，表明军、兵两大系统的直接负责对象是“道”。其“定联班”亦同理，府、卫、州、县巡司之军民兵船，“如水兵船不在该地方，巡江官转报江防官，速报院道；如民兵船不在，哨官报备总官，速报院道，以凭各行拿究，不许彼此容隐，亦不许妄报陷害，查出俱究革”。[②] 操江御史即是通过对“道”的把控来指挥行动的。[③] 归有光在倭乱中曾于城内“惴惴然”，他在写给沈养吾的信中说道：

> 累日幸少平静，而贼势日横……闻蔡操江奏倭寇不过三四十人，皆苏松人欲反耳。徐阁老以阖门百口保无此事。又闻近日任少府获贼帅于蔡衙前，未知信否？[④]

---

① 《南京都察院志》卷九《职掌二·操江职掌一》，《四库全书存目丛书补编》73，第239页。

② 《南京都察院志》卷九《职掌二·操江职掌一》，《四库全书存目丛书补编》73，第249页。

③ 如操江都御史蔡克廉“随行苏松等处兵备副使吴相、金山备倭署都指挥同知王世科严督各该巡捕、备倭、备御等官军、兵壮剿捕去后”。参见蔡克廉《可泉先生文集》卷七《题飞报海洋倭寇疏》，见林为楷《明代的江防体制》，第73页注释102。

④ 归有光：《与沈养吾书》，《震川集》卷八，《景印文渊阁四库全书》1289，第114页。

姑且不论多少苏松人加入变乱，此信反映出虽然是蔡克廉奏报“倭寇”情况，但归有光听闻的“获贼帅”的战果却是由时任兵备副使的任环完成的，可见兵备道在实际作战中的位置。一般兵备道即通过指挥各府州的海防同知来防御和追捕敌人。[①]

“军”的系统中最高将领重心的变化也使南直隶操江和分巡道的权力更加突出。嘉靖三十四年十一月，设总理浙直海防事务总兵官；三十五年三月，改为镇守浙直总兵官；四十二年，便改为镇守浙江了。总兵从兼理浙直军务，到专理浙江一省，必然使南直隶的海防重任更多地落到巡抚、操江御史和海防道身上。“先是，操江臣以倭患棘，势不能兼理海防军务，朝议于江南北设二巡抚，与提督操江画地而守。扬州三江会口以上操江统之，周家桥以下江北抚臣统之，而都御史郑公晓始以巡抚兼海防。”[②] 这条记录有两个重点，首先是之前提及的操江与巡抚划定职权，郑晓开始以巡抚兼理海防；其次是“嘉靖三十三年，以倭寇故，巡抚都御史郑晓奏设按察副使为海防道，驻泰州”，[③] 由浙江按察副使充任南直隶江北地区的海防道：

> 海防道以浙江按察司副使一人，分巡通、泰等处地方，开署泰州，掌凡经略海防、简练水陆官兵，处备粮饷之事。凡墩台、官堡、船只、器械，时督其属而饬治之。如有怠玩弗虔，及作奸犯科者，以宪令治之。凡夷寇告警，及境有草窃，大者督兵剿之，小者捕而诛之。凡战守之事，胥与总兵

① 嘉靖二十六年十二月，“福建海贼林成等流劫至南直隶界，苏松兵备副使魏良贵檄太仓州署印同知周凤岐等集兵捕之，擒斩三十余人”。见《嘉靖倭乱备钞》不分卷，《续修四库全书》434，影印镇江博物馆藏清抄本，第1页。

② 万历《扬州府志》卷一三《兵防志上》，《北京图书馆古籍珍本丛刊》25，第209页。

③ 万历《扬州府志》卷八《秩官志上·国朝官制》，《北京图书馆古籍珍本丛刊》25，第123页。

> 同之。其重大者则白于巡按，协议而后行之。①

至此，该区海防道由于独镇一地，成为方面大员，“胥与总兵同之”，而且只是重大的事情才要与巡按商议。“至三十七年，倭益甚，乃改参将为提督狼山等处副总兵，与海防道相策应，统狼山、掘港、周桥、大河守备、把总等官。”② 这种“相策应”也是海防道权力的变相扩张。其后海防道权力进一步扩大，例如，熊尚文的职衔便是“钦差整饬扬州海防兵备兼管河道、浙江等处提刑按察司副使”，河道亦归其管辖。③ 江北的防务许多由海防道处理，包括徐州兵备道的一些“原奉敕内事理”。④ “万历丁酉，以总漕都御史兼总督河道，而巡抚都御史兼海防军务，移驻泰州。”⑤ 因此，其后海防道的权力有一些削弱，而监察系统整体而言权力日重。此南直隶分巡道职权变化之大概。

综上，本章首先推进了对南直隶海防职官结构、组织层级和运作中产生的问题的认识，其次揭示了明代中期凸显的军、兵分立格局和监察系统的纠葛。这种结构配置和矛盾也有助于理解明代后期国家的诸多问题。下面由职官转入历史地理，继续从制度和实践、组织和运作的角度看南直隶海防问题。

---

① 万历《通州志》卷三《经制志·武备》，《天一阁藏明代方志选刊》10，第21页b~22页a。

② 万历《扬州府志》卷一三《兵防志上》，《北京图书馆古籍珍本丛刊》25，第213页。

③ 熊尚文等：《重订赋役成规》，《续修四库全书》史部833，第211页。

④ 史褒善：《比例添设江南兵备官员疏》，《沱村先生集》卷三，见林为楷《明代的江防体制》，第29页注释54。

⑤ 万历《扬州府志》卷八《秩官志上·国朝官制》，《北京图书馆古籍珍本丛刊》25，第123页。

第三章
海防格局和部署

本章讨论南直隶海防的格局与具体部署问题，涉及各府、县、卫、营点和面的部署，列举叙述府、县、卫、营各处相关的配置和任务范围。南直隶整体的海防格局明人已看得十分透彻。一般而言，帆船时代东南沿海来自海上的武装威胁力量有三条可能的侵入路线，系由风向风力所决定，该区防御则首防河口：

> 苏松事体，与福、浙不侔。曾尝乘海舠，凌惊涛览形胜，及讯熟行海岛之人，而知之夫倭舶之来，必由下八山分艅。若东南风猛，则向马迹，西南行过非山，以犯闽粤；若正东风猛，则向大衢西行，过乌沙门，以犯浙江；若东北风猛，则向殿前羊山，过淡水门，以犯苏松。羊山在金山之东，大七、小七之外，吴淞江顺帆不过一潮而已。其为贼之要冲，虽与马迹、大衢相若，而淡水门捕黄鱼一节，乃天设此以为苏松屏捍，岂可谓远洋备御之难，而以羊山与马迹大衢例论哉?①
>
> 二防海口。……入吴松〔淞〕江，则犯松江；入刘家河、

① 郑若曾：《江南经略》卷一下《海防论一》，《景印文渊阁四库全书》728，第31页b。《筹海图编》卷二有详细地点。

> 入七丫港，则扣〔寇〕苏州。此其大势也。中间经行或潜形于马迹山，或遁迹于大七洋，及大小衢、上下川，则其要害也。此沿海诸郡之通患也。①

可见，东北风和东风都会对南直隶的防御产生威胁。而且一般是要经过马迹山等小岛。郑樑生先生已指出其停留地一般选择有山之处，与长时间海上航行对淡水的需求有关。② 王在晋所谓“且逢山取水，又势之所必至者”同理。③ 对于南直隶而言，“留都为国家丰镐之地。地滨大江，南北所绾毂处也……金陵其下迄苏、松，郡中淮、大湖，稍折而入，则常熟、镇江又各一都会也。跨江曰扬州，稍西涉于淮，而徐、兖、汝、泗从取道焉。萑蒲之警时闻。总之防于江者为要，而江南诸郡复滨海，且虞岛夷矣。累朝之所经画，以故详”。④ 所以，在保卫留都的角度上，江防为首要：“南寇则广东，北寇则由江犯留都、淮、扬，故防海外，防江为重。”“操江、巡江各有专寄，而江防之设，虽以备水寇，其所以为建康之守御者，亦豫且密矣。”⑤ 对于稳固财赋之地而言，江南海防为最要；对于保障漕粮供给而言，江北海防最为重要。是故，江防和海防缺一不可。陈全之谓“江南则安庆当长江委流，西控全楚，为江表门户；沿海兵戍，本以备倭，而崇明、常熟之民，间作弗靖，与江洋一带出没波涛、肆行剽劫者，不可胜计。

---

① 《世宗实录》卷四二二，嘉靖三十四年五月壬寅，第7311~7312页，作“扣”；屠仲律：《御倭五事疏》，载陈子龙等选辑《明经世文编》卷二八二《屠侍御奏疏·疏》，第2979页b~2980页a，作“寇”。

② 郑樑生：《明史日本传正补》，第119~124页。

③ 王在晋：《海防纂要》卷八《密搜罗》，《四库禁毁书丛刊》史部17，第610页a。

④ 史继偕：《兵制志·兵防》，《皇明修文备史》不分卷，《北京图书馆古籍珍本丛刊》8，第188页b。

⑤ 章潢：《图书编》卷五八《江防总叙》，《景印文渊阁四库全书》970，第540页a。

故今江防、海备，其重一也”，[①] 这就是明代“江海并重”的格局。“国初，惩倭之诈，缘海备御，几于万里。其大为卫，又次为巡检司，大小相维，经纬相错，星罗棋布，狼顾犬防。”[②] 如此，则卫所和巡检司构成了明初军、兵格局下的防御要点。

一　防御格局

《明史》对有明一代的海防格局有精练概括。洪武十七年，江夏侯周德兴巡海筑城时，便置金山卫于松江之小官场，及青村、南汇嘴城二千户所。二十三年，又“从卫卒陈仁言，造苏州太仓卫海舟”。可见此二处的突出地位。到嘉靖时，“倭患渐起，始设巡抚浙江兼管福建海道提督军务都御史。已，改巡抚为巡视”。在倭寇事最急时，“乃增设金山参将，分守苏、松海防，寻改为副总兵，调募江南北、徐、邳官民兵充战守，而杭、嘉、湖亦增参将及兵备道”。此即强化营兵系统（副总兵、参将）和监察（兵备道、海防道）系统，以及调客兵、募民兵。[③] 兵部认为防守要点是“防御之法，守海岛为上，宜以太仓、崇明、嘉定、上海沙船及福仓、东莞等船守普陀、大衢。陈钱山乃浙、直分路之始，狼、福二山约束首尾，交接江洋，亦要害地，宜督水师固守”。[④] 由于有“留都”的问题，该区海防无可回避者即江防。又由于嘉靖以前海防实无专人负责，而系于操江御史，“巡抚曰：吾不理，军务自来操江

① 陈全之：《蓬窗日录》卷一《南直隶》，顾静标注，上海书店出版社，2009，第 16 页。

② 嘉靖《新修靖江县志》卷一《疆域上》，《稀见中国地方志汇刊》13，第 5 页 b。

③ “于南直隶则乍浦以东，金山卫设参将，黄浦以北，吴淞江口设总兵；于淮、扬则总兵驻通州，游击驻庙湾，又于扬州设陆兵游击，待调遣；于山东则登、莱、青三府设巡察海道之副使，管理民兵之参将，总督沿海兵马备倭之都指挥。”《明史》卷九一《志第六七·兵志三》，第 2247 页。

④ 《明史》卷九一《志第六七·兵志三》，第 2243~2245 页。

任之，此操江事也”并非无根据。嘉靖三十五年，“勒提督操江都御史史褒善闲住”，便是因为其失职避寇：“初，褒善驻芜湖，闻有倭自浙西突至，即以是日驰往徽宁避之。贼度江阴、过狼山，直抵瓜州，至扬州、宝应城大掠，皆江防地，官军无能御者。”① 即便是四十二年以后，圌山把总仍为操江节制，故防海布局，必先从江防说起。

（一）江防

江防的要义，上策便是拒敌于外，“勿容入江”，中策才是于江中截杀。郑晓言：“闽、浙、江南、江北沿海一带地方，各选水兵哨船，联络数千里，分定界限，往来巡哨，遇贼并力海中截杀。”② 同样，郑若曾也指出：

> 江防以拱护留都为重。长江下流乃留都之门户也，遏寇于江海之交，勿容入江，是为上策；截杀于江中关隘（营前沙、狼山、靖江之类），使贼不得溯流而西，是为中策；若纵之过金、焦、砚诸山，震惊留都，罪在不原（此参将、游击、把总之任也。兵备道督责之。操江、巡江二院与江南北二按院，及江南北二巡抚军门主之）。③

故而就引出了防线的问题。“夫狼山、福山为长江第一重关，杨舍、周家桥为第二重关，圌山、三江会口为第三重关，至于新

① 《世宗实录》卷四三六，嘉靖三十五年六月戊子，第 7501 页。
② 郑履淳：《郑端简公年谱》卷五，《四库全书存目丛书》史部 83，第 588 页 a。
③ 郑若曾：《江南经略》卷一上《江防》，《景印文渊阁四库全书》728，第 6 页 a~b。又卷七下：“防寇之法有三：出海会哨，无使入港，此为上策；循塘据守，无使登岸，此为中策；出水列阵，无使近城，此为下策。若不得已而守城，斯无策矣。大抵岛寇入犯，御之于海则易，御之于陆则难。”（第 413 页 b，据《读史方舆纪要》，此为翁大立所言）

江口则堂奥矣。”① 江防的范围，是“上则安庆、九江群分堑，南北实三楚通道，道广邈而池、泰以次列属之。金陵其下，迄苏、松，郡中淮、大湖，稍折而入，则常熟、镇江又各一都会也。跨江曰扬州，稍西涉于淮，而徐、兖、汝、泗从取道焉”。整体而言“萑蒲之警时闻，总之防于江者为要”。②

江防所用的船只，最常见者为平底沙船，“浙、直、通、泰间最利水战，往时多用沙船破贼”。其他的诸如小哨船、楼船、巡船、巡楼船、八桨船、艟舲船、鹰船等也较为常见。其中，八桨船较大，一般在重要的信地才有（见附录表 4）。另有网船一种，“形似织梭，吃水七八寸，内容二人，前后用二人，以罩罩之，风浪大可拖陂上，此可走报，或用裹港窄河。每船鸟铳手二三人，百船蜂集，沿浅沿涂，打贼甚妙”。③ 这是可以在“裹港窄河”作战且较有功效的江船。整体讲，江船的灵活度高于海船，虽然战斗力及攻坚的能力逊于海船，但当沙船在海口遇上海船，其胜负则取决于风向、潮水以及部队的组织和指挥作战者的能力。明初靖难之役，“燕兵渡淮，由盱眙陷扬州。庸御战于六合及浦子口，皆失利”。在这种情况下，“都督陈瑄帅舟师降燕，燕兵遂渡江。庸仓卒聚海艘出高资港迎战，复败，军益溃散”。④ 盛庸仓促聚集“海艘”，后战败，殆系陈瑄内江舟师击溃近海舟师的一个例子。

江防的具体防御点及各信地会哨范围，府、州、县的民壮、弓兵和各营卫军士、船只的配置参见附录表 4。比对《江防考》和

---

① 吴时来：《汰冗兵减冗饷立定制以为江防经久之计疏》，《南京都察院志》卷三一《奏议五 · 江防类上》，《四库全书存目丛书补编》史部 74，第 142 页 a。

② 史继偕：《兵制志 · 兵防》，《皇明修文备史》不分卷，《北京图书馆古籍珍本丛刊》8，第 188 页 b。

③ 郑大郁：《经国雄略》之《武备考》卷八，《美国哈佛大学哈佛燕京图书馆藏中文善本汇刊》20，商务印书馆、广西师范大学出版社，2007，影印明隆武潭阳王介爵观社刻本，第 414 页 b。

④ 《明史》卷一四四《盛庸传》，第 4069 页。

《南京都察院志》两份文献即可获得基本信息。沿江布防数据显示兵力部署非常分散，平时问题不大，但一旦遭遇来自海上的强力挑战，则必瞬间各处吃紧，各级巡检的力量无法有效遏制来犯力量。相对而言，各卫所更需要固守战略要点，一般避免过度追击，因此，由分巡道率领的募兵和由参将、游击等率领的营兵系统士卒在此情况下会发挥重要作用。由具体统计可知，信地的范围有很大的意义，仔细分析可以看到营的信地范围对府县或者卫的范围的涵盖，换一个角度又可以看到营在府卫之间。可见，在海防框架下，镇戍营兵不仅是制度上的更替补充，更是地理防卫上的强化补充。

（二）海防

海防所用的船只，明初廖永忠建议用一些“多橹快船”。最常用的则为福船，其得名因其最初为福建沿海所常用，是一种吃水较深的尖底船，始即用于海上航行。陈全之曾感慨“沿海备倭，戍秪自备耳。福浙商船，漳则为甚”，至于其“因以行掠金塘等五山”[①] 则为另一回事了。其他的如草撇船（哨船）、海沧船（冬船、小福船）、鸟船、开浪船、快船、广船（乌艚：尖尾船、大头船、横江船）、蜈蚣船等。苍山船、艟艄也可以用于近海作战，因为二者介于江船和海船之间。

与江防一样，海防的首要重点是留都南京，而要义是防之于海，郑晓就多次强调要“防之于海”“哨贼于远洋”“击贼于近洋”。郑若曾亦指出：

> 苏松海洋，乃岛寇内犯之上游也。哨捕于海中，而勿使近岸，是为上策；拒守于海塘、海港，而勿容登泊，是为中

① 陈全之：《蓬窗日录》卷四《海防》，第192页。

策；若纵之深入，残害地方，首当坐罪。[①]

他不仅明确指出“海防之策，御寇于海洋、海岸”，“今日之大忧者，似不在于海，而尤在于留都。留都、海防相为表里”这两点，而且强调：“向来留都所设四十八卫，养骄气傲，跋扈难制，其祸至于【弑】（杀）户侍而姑息抚安，譬之痈肿，已成难救药矣。”而虽然有总兵之设，但“空临于京师数万卒之上”，“无所作为”，所以需要“以功能素著总兵一人，如俞大猷、戚继光者，置之于吴淞江口，而带衔于留都，列诸五军都督”，陆兵参将“专驻金山，精练马步兵数千”，水兵参将“分驻竹箔营前二沙，精练舟师万余”，总兵亲驻吴淞江，“防汛毕日，则总兵归坐五军都督府，而调水兵一半至龙【王】（江）关，与南京水军夹操；陆兵一半至大教场，与南京陆军夹操”。这样即留都可安。“留都安则海滨盐盗之徒不敢啸聚，而海防之政益易于修举矣。京【防】（师）、海防一举兼得。”[②]

留都之外，江南、江北之海防各有要点。大体上讲，江南海防水战为主，所以说“南直海防惟松江、苏州”，而江北则以陆路防守为主。

江北海备与浙福殊不同，水战少而陆战多也。淮扬所在要害，宜莫如狼山。狼山当江海之吭，而廖角、崛港皆扬之东南界。朐山据淮海之首，郁州婴游山皆淮之东北。境中包泰兴之周家桥，盐城之射阳湖，山阳之云梯、关庙湾，此皆沿海之要害。其要害之尤者，曰新河，以出入最便，逼近扬州也；曰北海，以其通新插河，有盐徒聚艘也；曰庙湾，以

① 郑若曾：《江南经略》卷一上《海防》，《景印文渊阁四库全书》728，第6页a。
② 郑若曾：《海防论》，《中国史学丛书》三编30，影印清雍正稿本，第3~5页；郑若增：《江南经略》卷一下《海防论三》，《景印文渊阁四库全书》728，第33页b~34页b。【】与（）为稿本和四库本异文。

其有巨镇可通大海口也。往者议欲添设把总三，一住新港，一住北海，一住庙湾。又设陆路游击，一住海安镇，东以控扼狼山、通、泰，西以捍卫扬州，此江北海防大略也。①

有关各江南和江北防御点的细节，时人郑若曾、郑晓都已有详细的叙述，清初杜臻亦有总结，兹不赘述。② 对于大江南北的地形局势，以顾祖禹所抄录的概括为最佳，充分显示了江南和江北的防御形势和要点：

吴淞而南，虽有港汊，每多沙碛，贼可登岸，兵难泊舟，实兼水陆之险，于此防御，至为切要。吴淞而北，为刘家河，为七鸦港，又东为崇明县七鸦，而西为白茅港，为福山，又折而西北为扬舍，为江阴，为靖江，又西为孟河，为圌山，此皆江南岸之险，舟师备御之地也。

江北岸则东起料角嘴、大河口以及吕四、卢家等场，沿杨树港、海门里河（以上今多堙于海）达通州、如皋、泰州，则逼近扬州矣。逾海门而北，则为徐步营（在旧海门县北），又北则为掘港（见如皋县），又东北则为新插港（旧在海门县西北），转而西北则金沙、盐城、庙湾（庙湾见山阳县）、刘庄（亦见山阳县）、姚家荡（在盐城县），又西北则蛤蜊、麻线等港，俱在山阳县，而至大海口矣（大海口即淮河入海处，在淮安府东）。贼由狼山江而西，则三江口（在扬州府东南）为登犯之径，若越海门而北，则必犯大海口。大海口有水陆路，南道庙湾与刘庄、姚家荡俱为大镇，贼每觊觎。若安东、海州之东北，有大北海，不惟道里迂远，且沙碛甚多。掘港、新插港

① 张萱辑《西园闻见录》卷五八《外编·兵部七·海防后》，《中华文史丛书》42，影印1940年北平哈佛燕京学社排印本，第4489~4490页。

② 杜臻：《海防述略》，《四库全书存目丛书》史部227，第261页a~263页a。

之东，亦有北海，沙碛亦多，不堪重载，为备稍缓矣。《海防考》：江南之要害四，曰金山卫，以迫近海塘，北接吴淞口也；曰吴淞口，以苏松二郡之要害也；曰刘家河，由太仓入犯之径道也；曰白茆港，自常熟入犯之要口也。江北之要害三，曰新港，即三江口，以逼近扬州也；曰北海，所从以通新插港，又有盐徒聚艘于此也；曰庙湾，以其为巨镇，而可通大海口也。①

另外值得注意者，为江北的海防虽然和漕运有关（由营兵系统的职官设置亦可见），但最后仍直指留都的保卫：

天下之水，在北莫大于河，在南莫大于江。常、镇、淮、扬当江河入海之际，虽极大艟舰，皆可乘潮而入。近岁倭寇佯〔佯〕言分劫，其心之狡，实欲自长江以趋留都，自淮河以窥中原，而终不敢深入者，由四府之防御坚也。必水陆常会哨互援，苍、福诸船顺流以遏贼锋，或出贼后。贼若登岸，则以团练之兵御之。此常胜之形也。四郡无患，则中原留都可以高枕而卧矣。②

此即江北海防的显著意义，下面简要论述各府、县、卫、营据点。

二　防御部署

（一）营兵系统

从营兵系统看，嘉靖三十五年、三十八年增置的圌山、荻港、游兵三营，在嘉靖后形成定制的南北两个副总兵，无不显示了倭

① 顾祖禹：《读史方舆纪要》卷一九《南直一》，《续修四库全书》600，影印上海图书馆藏稿本，第472~474页。

② 郑若曾：《郑开阳杂著》卷二《江淮要害论》，《景印文渊阁四库全书》584，第488页a。

乱对海防体系完善和营兵制发展的推动。

由于江防已有操江、巡江御史专门负责，海防的专责后来主要落在南北巡抚，即应天巡抚和凤阳巡抚身上。苏松（驻太仓）、常镇（驻江阴）、徐州（淮徐，驻徐）、扬州四个兵备道以及淮扬海防道（驻泰州）为其主要辖属。值得注意的是，下江巡江御史所辖范围，已超越原来巡抚和操江分管、“江南”（金山总兵、崇明参将）和“江北”（狼山副总兵、徐州参将）分管的所谓“九卫十所”及各营配合的模式。海防主要可分为江南、江北两大区，其军事力量以十一卫十五所及各营为代表，简明示意可参考附录表3。卫所系统相对明晰，营兵系统的情况由于经常变动颇为复杂，现仅择要述之。

镇守江南副总兵驻吴淞，“旧系总兵官驻扎福山港，复移驻镇江。后复驻镇江、仪征两处。嘉靖八年裁革，十九年仍设，二十九年又革，三十三年，仍设为副总兵官，驻金山卫”。金山参将驻金山，“旧以苏州参将驻金山，防御沿海柘林、青村、南汇、川沙一带，后改游击。万历二年，改设以刘家河参将移驻”。[①] 金山参将原名崇明参将，系嘉靖三十九年巡抚翁大立题改名。[②] 另刘家河游击将军则在崇明参将驻金山后移驻崇明，“万历二年改设，以金山游击移驻崇明”。游击将军以下五个守备，安庆府守备驻雷港，盐城守备驻邳州（旧系参将，嘉靖四十三年改设。无事驻扎邳州，有事防守盐城），泗州守备驻泗（嘉靖三十七年添设，万历二年令专一防护陵寝），掘港守备驻掘港（旧设把总，嘉靖三十六年改设），扬舍守备驻扬舍（旧设革。万历十三年复设，哨守海口），总体讲皆是嘉靖中期受倭寇挑战时设置或升级，后来无事则降级、改派任务或裁撤。另有把总九员“俱驻扎本处”：川沙堡、柘林堡、刘家河、荻港（万历三年设，统

① 乾隆《江南通志》卷九二《武备志·兵制》，《景印文渊阁四库全书》509，第562页b。

② 郑若曾：《江南经略》卷三下《崇明县兵防考》，《景印文渊阁四库全书》728，第226页a。

建阳一卫)、京口、圌山、福山港、周家桥、东海，除荻港外皆嘉靖三十年代设。江南额设官军 112167 员，募兵 7149 名。

江北的南直隶狼山提督副总兵驻通州，“嘉靖三十七年设，水路自瓜、仪、周家桥、掘港直抵庙溪、云梯关，陆路自通、泰、淮、扬、天长直抵凤、泗，各参将、守备、把总等官悉听节制”。分守徐州参将驻徐宿，隆庆三年改驻吴淞，“专管江南水陆兵马。隆庆四年，自睢陈参将改所辖徐州、武平、曹濮、睢陈等处地方兵，分为三营：徐州一营，宿州一营，归德一营。运粮行驻徐州，以保运道永合；驻宿州以防陆路。春驻归德，以防窃发”。仪征守备驻仪征江口（专管江北备倭捕盗事务）。提督漕运镇守淮安总兵官驻扎淮安，“其总督巡抚操江兵备以文臣监督总督，旧称军门”。“总理漕运兼提督军务巡抚凤阳等处兼管河道”也驻淮安。江北的重心在“粮”非常明显，徐州和淮安的地位进一步增强。“虽职司转漕，实示控扼之势，盖南北之咽喉，非他郡比也。”另有把总四员驻本地：大河口（嘉靖三十七年设，以盐城把总移驻于此）、狼山水兵（嘉靖三十九年设）、游兵（万历三年设，驻扎上新河。自狼山至圌山，与通泰合兵巡哨）、中山镇（万历七年设），与江南九员合为十三员。[①] 江北把总的设置情况反映了嘉靖倭寇侵犯的时间略晚，以及万历以后江北所面临的更不稳定的形势。后郑若曾建议增设新港、北海、庙湾三把总及海安陆路游击。[②]

---

① 乾隆《江南通志》卷九二《武备志·兵制》，《景印文渊阁四库全书》509，第 562 页 b。

② “淮扬二郡介于江淮之间，东濒大海，贼舟出没，三面堤防为难。……愚考其地形，起自东南蓼角嘴，以抵姚家荡，绵延三四百里，除安丰等三十六场，俱在腹内，不为要害。要害之处，乃通州也，狼山也，杨树港、里河镇也，余东、余西等场也，蓼角嘴、吕四场也，掘港、新闸港也，庙湾、刘庄、金沙场也。其尤要者有三，曰新场出入至近，逼近扬州也；曰北海所从以通新闸港，且有盐艘聚泊也；曰庙湾其为巨镇，而通大海口也。当事者须设把总三人，一驻新港，一驻北海，一驻庙湾，更用陆路游击一员驻扎海安，则东可以控狼山、通州、海门之人，而西可以捍卫扬州矣。”郑若曾：《郑开阳杂著》卷二《江北设险方略论》，《景印文渊阁四库全书》584，第 487 页 b。

（二）府县卫所

1. 应天府

应天府为南直隶的心脏，南直隶海防很核心的一点即其是围绕留都的安危展开的。江南四镇即为应天府的屏障。“国家兴自南服，定都建业，苏、松、常、镇实股肱郡也。其地带江海而襟淮浙，凶猾之徒往往驾大舰，乘风涛，规煮海之利，因出没攻剽为患。……顷缘山东残寇流入江南，一再越留都乘风鼓行，假息常镇境上。”① 本书第二章已讲述了在南京内外守备统率下南京亲军卫的力量，以及南京兵部尚书和文武操江对应天府附近营兵等军事武装的调动能力。南京的防卫力量毋庸置疑，倭寇震动南京“整众犯大安德门”时，南京守军尚能“自城上以火铳击之。贼沿外城小安德门、央冈等门往来窥觇”。表明其武器配备尚能操作，这点尤为切要。在南直隶海防体系中，作为核心位置的应天府的防守重要性无须赘言。上元县为孝陵卫所在，大胜关、秣陵关、龙江关为几处重要关卡所在。

2. 镇江府：镇江卫

镇江府境内最重要的据点自东而西为包港、圌山和京口。

包港为镇、常二府交界，可与孟河（营）为犄角。圌山为江海交界处，故划分巡抚和操江职权范围时要以圌山和三江会口为界。圌山为军事要地，设有圌山营。嘉靖三十五年，“总督杨宜、操江史褒善、巡抚曹邦辅会题，该兵部复议，镇江京口关系留都门户、苏松咽喉，添设把总一员，专守京口、圌山等处，原额官捕、耆识、家丁等兵共一千八百四十五员名”。四十三年经御史王本固题准，精选民兵四百名往三江会口防守春汛。隆庆二年吴时

① 费宏：《太保费文宪公摘稿》卷一一《送宪副谢君德温序》，《续修四库全书》1331，影印南京图书馆藏明嘉靖三十四年吴遵之刻本，第 482 页 a~b。

来题“止留兵三百名常川防守，与三江会口彼此互相应援，其余尽行裁革”。其后又补民快一百五十四名。隆庆六年都御史董尧封奏定其数为八百名。[①] 特别值得注意者，圌山把总在嘉靖四十二年定下南北两巡抚负责海防后仍归操江节制。京口为府城所在，有金山与焦山之天险，水势纵分，为“金陵门户”，亦可与对岸的瓜洲形成防御犄角。整体讲，镇江府丹徒县为最要，为南京之门户，丹阳和金坛次之。镇江卫的武装力量有上千人。

3. 苏州府：苏州卫、镇海卫、太仓卫

苏松两府是南京的屏障。苏州境内有七个要点：宝山（协守吴淞）、吴淞、崇明三个守御千户所以及自北往南福山港、白茆港、七丫港、刘家河（港）四个海口。

吴淞所和宝山所在嘉定县境东南。吴淞所洪武十九年建。对面有青浦寨，洪武十九年建，[②] “与吴淞所相犄角”。[③] 江南副总兵嘉靖四十三年后改驻吴淞，[④] 其地位自可知。“其吴淞所系水陆之要冲，苏松之喉吭”，“提兵南向，可以援金山之急，扬帆北海，可以扼长江之险”。[⑤] 宝山所系万历初定名，嘉靖时尚称协守吴淞中千户所。其守御比较困难，但关乎吴淞的整体防御：

> 故置守吴淞，复分戍青浦（即今宝山所），譬之备穿窬者，间旷之处，多为藩篱而已。嘉靖中，贼之来者，舳舻连

---

① 《南京都察院志》卷一〇《职掌三·操江职掌二》，《四库全书存目丛书补编》73，第 287 页 a。

② 顾炎武：《天下郡国利病书》第六册《苏松备录》，《续修四库全书》595，第 752 页 a。

③ 顾祖禹：《读史方舆纪要》卷二四《南直六》，《续修四库全书》601，第 248 页。

④ 万历《明会典》卷一二七《兵部一〇·镇戍二·将领下》，《续修四库全书》791，第 292 页 b~293 页 a。

⑤ 张萱辑《西园闻见录》卷五八《外编·兵部七·海防后》，第 4489 页。

> 云，锋刃耀日。万室之邑，三军之众，往往婴城自守。乃欲以数百人逆其至，邀其归，不亦难乎？盖吴淞之溃，前事之明鉴也。自置镇以来，屹然遂为三吴之锁钥矣。乃宝山孤悬江海之间，守则难固，援则难达，万一蹉跌，所谓借寇兵赍盗粮者也。……今智计之士，谓宜并于吴淞。盖分则俱弱，合则并强，自然之势也。且文皇帝遣使异国，乃筑宝山以识出入之道，非所以防盗也。后贼欲寇苏州，辄望此山而泊。①

崇明所在崇明县境内，洪武二十年置。② 南沙、竹箔沙二险要处有营堡。

常熟县有福山、白茆、双滨村三营堡。前两者由于系海口，最重要。白茆有专门之备倭寨，"天顺中，总兵官翁绍宗奏置戍兵于白茆，岁遣指挥一员，千户一员，百户五员，兵五百，海船五，以二月一日赴练，九月一日撤戍。后革指挥一员。成化中，总兵官郭某与抚臣议置寨"。③ 福山则有军队扎营操练。正德七年贼寇袭击时，因为福山防卫力量充分，贼寇即转往狼山：

> 六月初三日，据直隶苏州卫报，本月初二日申时，准本卫巡哨指挥沈祯报，本月初一日在于福山港北寿山上扎营操守，本日午时分瞭见贼船一十五只，小船不计其数，从北对港驶来，相离福山港口不过三十余里。因见官军冲突呐喊，随有指挥岳钦等、通判胡嵩、照磨赵思明各率勇夫人众对敌，贼往狼山停泊……④

① 万历《嘉定县志》卷一六《兵防考下·世官》，《中国史学丛书》三编 43，第 1011~1012 页。

② 尹章义先生误为常州府属。

③ 嘉靖《常熟县志》卷三《兵卫志·国朝》，第 5 页 a~b。

④ 王缜：《梧山王先生集》卷五《为飞报紧急贼情事》，转引自林为楷《明代的江防体制》，第 163 页。

苏州府首县吴县，境内的苏州卫在府治东，所以在有些著述中反被忽略。另有九折村营堡。太仓卫吴元年置，在太仓城内，军、余5786员，民壮、弓兵706员。镇海卫洪武十二年置，亦在太仓城内，军、余5508员。操江御史曾多次亲临太仓州指挥战斗（如前所述蔡克廉等）。当然，也有“中丞节钺漫临营”“操江都宪驻太仓，倭寇愈猖獗”之类的讥讽。① 州治内七丫港和刘家港两大要地建有营堡。刘家港因系大型战舰所在，故嘉靖后镇守军官由把总升参将、游击将军。七丫港则由于娄江与太湖的联结关系，当之无愧为“门户”。太仓州与太仓卫的问题比较复杂，方志中有专论弘治十年建州之事，与军民矛盾有关。所概括最佳者，系“州牧”与“卫吏”之“相轧”“相玩”：

> 臣尝得诸里传巷议，佥谓祖宗之时，额建太仓、镇海二卫，以须备倭。截港之役，特设兵备宪司一员，住扎太仓，以专控御。上下严督，兵民震慑。即有小警，不旋时而销格矣。自弘治十年，巡抚右副都御史朱瑄误听军强民弱之议，即疏建州治，乃割常熟、昆山、嘉定之半，隶而为州，添设州牧等员，而宪司寝革，自兹法日隳，民日病，盖将不胜其众害矣！是何也？州牧之与卫吏，位相轧，法不相束，则其势不得不至于相玩。②

昆山县亦曾分置二乡以置太仓：“我高祖命将讨平，张士诚，本州归附。洪武二年，复改为县，隶苏州。弘治十年，巡抚都御

---

① 顾梦圭：《疣赘录》卷九《癸丑四月纪事八首》，《四库全书存目丛书》集部83，第160页a。

② 《给事中朱□□□题为议沿革靖海洋以保重》，嘉靖《太仓州志》卷一〇《寺观·遗文》，第26页b。

史朱瑄等奏割县之湖川、新安二乡及惠安乡之半置太仓州。”①

苏州海港众多，防御也“以水兵为主”。

> 何谓有海港而无海塘？盖苏州之海，起于嘉定之宝山洋，而迄于常熟之白茆港，其间水口之大者，曰吴淞江、曰刘家河、曰七鸦浦、曰白茆港。其次则彩淘、黄洼、新塘、茜泾之类，皆潮汐之所往来，沙船之所出入，原未尝筑塘以限隔之也。故倭船乘风乘潮可以冲突，而我兵船亦可驾风扬帆以哨以御。向来吴淞江口副总兵亲提重兵，结水寨以控扼之，而刘河、七鸦、白茆亦各有把总兵船分守具备，不可谓不密矣。但各兵船畏惧飓风，常潜泊于港内，贼至或不知，或知而御之不及。又各枝自分彼己，不肯协力应援，俟贼入港，然后官兵击之，吁不亦晚乎！②

因此，必须“自嘉定之吴淞所、太仓之刘家河、常熟之福山港，凡贼舟可入者，各设水兵把总以堵截之”。③

4. 松江府：金山卫

自北而南，川沙堡、南汇嘴、青村、柘林与金山卫是松江府境内五个最重要的海防据点。“今自吴淞所而南为川沙堡，则守之川沙，而南为南汇所，则守之南汇，而西为青村所，则守之青村，而西为柘林堡，则练兵一枝守之。此皆不远六十里，声援易及，

---

① 嘉靖《昆山县志》卷一《沿革》，《天一阁藏明代方志选刊》9，影印明嘉靖十七年刻本，第1~2页。

② 郑若曾：《江南经略》卷一下《海防论二》，《景印文渊阁四库全书》728，第33页a~b；郑若曾：《郑开阳杂著》卷二《苏松海防论》，《景印文渊阁四库全书》584，第485页a~b。

③ 郑若曾：《郑开阳杂著》卷二《苏松水陆守御论》，《景印文渊阁四库全书》584，第486页b~487页a。

首尾相应，宛然常山蛇势。守南直者，此其大要也。”[①] 时人建议需要在几个据点修筑营寨团堡：“臣等看得防守贵于周密，分布在据要害。所据本官奏称前因，诚为得其肯綮，合无备行总督张经及各该抚操等官，趁今兵力四集之时，一面相机征剿，以图殄灭，一面审度地利，于金山、青村、南汇一带严行修复营寨团堡，不得徒为文具。”[②] 此三处的防卫，不仅关乎松江一府境内之安危，而且关乎整个南直隶的防守大势。金山卫原为江南副总兵驻地，后为参将驻地，[③] 在松江府内。其中前千户所嘉靖时即调守第二个重要的据点青村城，军、余 1089 员，中后千户所亦为嘉靖时调守第三个重要据点南汇城，军、余 1251 员，守墩军、余 106 员。青村所城与南汇嘴所城按《读史方舆纪要》记载俱洪武二十年建。南汇嘴，明代朝鲜人记曰：“汇嘴：汇，水回合处也；嘴，海口也。”[④] 即南边水合之海口意。“清析置县”，后来更是“以南汇嘴为江海之界”。[⑤] 柘林和川沙则因曾被倭寇据为巢穴，所以深受重视，后来便设置营堡和把总守卫，“今建议松江之有海塘而无港口者，则自上海之川沙、南汇，华亭之青村、柘林，凡贼所据以为巢窟者，各设陆兵把总以屯守之。而金山界于柘林、乍浦之间，尤为直、浙要冲，特设总兵以为陆兵之统领。又于其中添建游兵把总一员，专驻金山，往来巡哨，所以北卫松江，而西援乍浦也”。[⑥]

---

① 张萱辑《西园闻见录》卷五八《外编·兵部七·海防后》，第 4489 页。

② 杨博：《复苏松巡按御史周如斗条陈海防疏》，《杨襄毅公本兵疏议》卷一，《四库全书存目丛书》史部 227，第 262 页 b。

③ “金山参将，旧以苏松参将驻金山，防御沿海柘林、青村、南汇、川沙一带，后改游击。万历二年改设，以刘家河参将移驻。”万历《明会典》卷一二七《兵部一〇·镇戍二·将领下》，第 293 页 a。

④ 崔世珍：《吏文辑览》，第 350 页。

⑤ 民国《江苏省地志》第四编《地方志》第四章“江南平原区·二十一·南汇县”，1936 年铅印本，第 312 页。

⑥ 郑若曾：《郑开阳杂著》卷二《苏松水陆守御论》，《景印文渊阁四库全书》584，第 486 页 b~487 页 a。

所谓“有海塘而无港口者”，乃与苏州相比，松江的海防反而“以陆兵为主”，因其“有海塘而无海港”。

> 何谓有海塘而无海港？盖松江之海，起于独山而迄于小汤洼，迢迢二百四十八里皆有护塘为之限隔，高厚如城，别无港汊可以通海，护塘之内外相夹皆水也，在内者谓之运盐河，又谓之横港，在外者谓之堑濠，又谓之护塘沟。昔人所以筑此塘者，本为捍盐潮，恐其害苗也。国初用为金汤，以备倭患，设卫所墩堡于堑濠之外，寇至则捍御于海岸滩涂，不容登泊。万一不支，则逾堑而守，寇进不得攻，退无所掠，护塘之功用，岂小小哉？迩年堑濠多湮，护塘海岸合为一片，寇至即聚于护塘，而运盐河之内水田狭縢，难于屯御，大可慨已。①

另外，上海和华亭二县烽堠极多。此苏松二府所值得注意者。

5. 常州府

常州府当长江入海口，自东而西的据点为杨舍、靖江和孟河。

江阴县有水陆官操捕兵民壮 284 名，各种船 32 艘，其要地在杨舍。“杨舍一隅，在县治东。东际大海，至狼山，水势渐分而为江。杨舍枕江之上，界连姑熟诸港，滔滔会江为险，左襟谷渎，仅五里许，其为屏捍。”② 杨舍防守的要点在江上会有沙淤积，从而成为“盗贼窟穴”，所以万历时应天巡抚王应麟“谓杨舍堡守备所分信地，专守谷渎港，其堡外江中有平宁沙，例拨浙兵三十名守之。今渐长至三十余里，可为盗贼窟穴。而谷渎港日就污塞，

---

① 郑若曾：《江南经略》卷一下《海防论二》，《景印文渊阁四库全书》728，第 32 页 b~33 页 b；郑若曾：《郑开阳杂著》卷二《苏松海防论》，《景印文渊阁四库全书》584，第 485 页 b。

② 张衮：《杨舍城记》，载陈子龙等选辑《明经世文编》卷一九五《张水南集·书》，第 2018 页 b~2019 页 a。

则险已移平宁矣。议将官兵专守平宁，以浙兵守谷渎，则移易就险，诚为得策”。①

靖江县在江中沙渚，与江阴县（及杨舍镇）当江之要冲，最为切要。靖江“旧有上城”，成化十三年，知县张汝华“因其址修筑”。不过，靖江仍多次面临海寇、海盗、倭寇袭击，故一直都在修城、加筑：

> 十七年，海盗（刘通）冲斥，巡捕御史王瓒命县再加修治。正德元年，海盗（□天案□东山）入发，巡抚都御史艾璞委本府通判刘昂、知县周奇健加筑土墙于城上，四门易以陶甓，覆以楼居，而名之东曰观海，西曰障江，南曰济川，北曰回澜。障江门之南，则建水关，引水入城，以通灌溉。后此不时修筑。嘉靖八年，海寇（侯仲金、郑二）窃发，知县郑翘修筑，加立警铺二十所。今废。三十二年，因倭寇冲突，江南、北州县皆修筑城堡。知县汪玉承领郡藏，分责殷实人户甃以砖石、敌台、门楼、女墙，俱如制……②

三十二年因倭乱的这次加筑，未能有效遏制倭寇：“三十三年，倭寇入境，杀掠甚众。募兵增民壮，新科倍于旧额。”③

孟河由于地处水势由东西向而拐转南北向之处，所以布置得当，有控扼之效。另外，常州府首县武进县西有魏村闸百户所。武进陆营官兵民壮 606 名，船 27 艘。无锡县内河官兵民壮 138 名，亦有船 27 艘。其民壮数和船数相比各州县偏多，亦由江防和海防重任所定。

---

① 《神宗实录》卷五五七，万历四十五年五月己卯，第 10506 页。

② 嘉靖《新修靖江县志》卷一《疆域上》，《稀见中国地方志汇刊》13，第 6 页 a~7 页 a。

③ 嘉靖《新修靖江县志》卷四《职制四》，《稀见中国地方志汇刊》13，第 12 页 a。

6. 扬州府：扬州卫、仪真卫、高邮卫

扬州府境内险要据点有三组。第一组是三江口、仪真和瓜洲这种“门户”，军营和守备在这里较为密集；第二组是包港和孟河斜对的江北地方，即泰兴县周家桥一带；第三组是临海的掘港、廖角嘴、吕四场和狼山，基本属于“盗贼渊薮”，与其盐场之所在及海角的地理位置有关。

扬州府各县皆有民壮几百人，首县江都县，其下五镇俱有巡检司，统弓兵410人。属于第一组据点的瓜洲镇“【居民商贾辐辏之地】（建有砖城，居民稠密，商贾辐辏），江南【运粮】（粮运），由此过坝【，最为险要】”。后“添注扬州府同知一员驻扎，统领原有民壮、骁勇、机兵等项八百余名”，另一版本则有“设有总巡指挥一员，部下扬州卫巡江官一员，军、舍一百名，巡船一只，操江民壮六十名，巡船二只，守城骁勇二百五十名，脚斛行兵四百四名，机兵五十五名，巡检司官兵五十三员名，巡船一只，捕兵十六名，叭喇船四只，捕兵一百十四名，草撇船十只”的记录。[①] 扬州卫在江都县境，旗军8960员，屯军4440员，[②] 这就是《重订赋役成规》所讲的“水陆具备，官兵棋布星列”的情形。瓜洲有烽堠15座。瓜洲的位置极为重要，堪称留都门户，“瓜洲驻扎同知唐钺关称，看得瓜洲虽名一镇，实运道襟喉、留都门户”。[③] 再加上倭寇的问题，筑城很迫切。“瓜洲故无城”，宋代乾道四年，“镇江都统军王友直始奉诏筑瓜洲南北城，后废”，到明代又因为“近年倭贼深扰，若使由海入江，瓜洲首当其患。……况今倭寇猖獗，动辄垂涎以为口实，盖缘该镇商贾辐辏，

① 茅元仪：《武备志》卷二二一《占度载·茅元仪江防三·信地二》，《续修四库全书》966，第144页a。与日本刻本参补，见茅元仪《武备志》卷二二一《占度载度》，日本宽文须原屋茂兵卫刻本，第75册，第11页a~b。

② 郑若曾：《筹海图编》卷六《直隶兵制》，第396页。

③ 郑晓：《端简郑公文集》卷一〇《瓜洲筑城疏》，《四库全书存目丛书》集部85，影印北京大学图书馆藏明万历二十八年郑心材刻本，第369页a。

财货堆集，所在繁华，易以海盗故也”。[①] 所以需要再次筑城，“嘉靖丙辰，以倭变复筑。首事者为操江都御史褒公某、巡抚都御史郑公晓、巡按御史刘公世魁、巡盐御史莫公如士、知府吴公桂芳、江防同知唐公钺”。[②] 此处“操江都御史褒公某”即嘉靖三十二年上任的史褒善。到嘉靖三十五年（丙辰）筑城时，操江都御史排在凤阳巡抚郑晓之前，显示江海防事权的直接负责者仍是操江御史。由于瓜洲位置重要，故专设瓜洲营，水营官兵 652（原额 262）名，陆营官兵 262 名。“至天启二年，因地方多事，都御史徐必达据道府详议，仍募补二百七十六名。”[③]

仪真卫在仪真县境，有军 4480 员。仪真县有烽堠 10 座。高邮卫在高邮州境内，有旗军 6720 员，屯军 4440 员。“高邮、仪真卫，制如扬州，于通、泰、兴化、盐城置守御千户所者四，统吏目镇抚及十百户所，与诸郡县犬牙错处，以军为民卫。”[④]

第二组的周家桥处于中间地带，设有把总。类似情况的泰州县，境内有刘庄、白驹、拼茶、角斜四堡。泰州所旗军 203 员、屯军 882 员，通州所旗军 203 员、屯军 882 员。泰州、通州、如皋皆烽堠极多。

第三组的情况最为复杂。海门县最要者为廖角嘴。“在县东南，旧为大江入海之冲。祝穆曰：‘料角嘴中有咸、淡二水，不相混杂，舟人不待汲能辨之，其形势号为控扼。绍兴中，以水师把

① 郑晓：《端简郑公文集》卷一〇《瓜洲筑城疏》，《四库全书存目丛书》集部 85，第 368 页 b~369 页 a。

② 万历《江都县志》卷七《建置志二》，明万历刻本，第 3 页 a。

③ 《南京都察院志》卷一〇《职掌三·操江职掌二》，《四库全书存目丛书补编》73，第 287 页 b~288 页 a。

④ “乙巳，以大都督府经历陈瓘总制真州军事，自后行枢密院总制官皆罢，而扬州、高邮、仪真三卫径属中军都督府焉。”万历《扬州府志》卷一三《兵防志上》，《北京图书馆古籍珍本丛刊》25，第 2 页 b。

隘于此，其沙脉坍涨不常，潮水委蛇曲折，水路可认，水盛则一望弥漫，非熟于往来者，不能知也。李宝胶西之捷道，盖出于此。'①《江防考》：'江北岸东起蓼角嘴大河口，以及吕四、卢家等场，沿于杨树港、海门县里河镇，以达于通州。此海门县之南路也。嘉靖中，官军败倭于此。' "② 熊尚文任海防道时，“巡历海门县地方，深探海势，见料角嘴半插海中，遂建军营预防倭警，创名新义营”。③ “从南直巡按御史颜思忠言，分淮安大营兵六百守廖角嘴。”④

通州“介在江海，自嘉靖甲寅已来，倭寇犯顺，当事者闻之于朝，增置文武大吏为之镇”,⑤ “盖淮扬要区，而为荆楚吴越门户，备倭设险，缓急利便，非图何以考境得失?”⑥ 其余东场“旧在州东九十三里。又余西场在州东五十里，又东二十里为余中场，后皆为县境。《海防考》：'余东、余西，扬州之保障也。贼从狼山窥通州及海门之料角嘴、吕四场、新插港、崛港来犯者，扼之于此，要害既得，则扬州可以无患' ”。吕四场“旧在州东百二十里，后为县境，俗传以吕僊四至此而名。有白水荡，其地宽阔，鱼凫鹤鹿之所泳游也。其通海处曰新河，亦名新港。《海防考》：'县东吕四场，又东南料角嘴，皆形势控扼之处' ”。嘉靖三十七年，“复改定仪真守备信地，以新港至瓜、仪、六合隶江防，而天长及江都、高邮隶陆防，仍听狼山副总兵节制”。⑦ 四十二年，“改狼山副总兵为镇守总兵官，兼辖大江南北。仇俊卿曰：'海寇之

---

① 此为顾祖禹抄录祝穆。见祝穆《方舆胜览》卷四五《通州》。

② 顾祖禹：《读史方舆纪要》卷二三《南直五》，《续修四库全书》601，第174页。

③ 崇祯《泰州志》卷四《官师志》，明崇祯刻本，第24页b。

④ 《明史》卷九一《志第六七·兵志三》，第2247页。

⑤ 万历《通州志》卷三《经制志·武备》，《天一阁藏明代方志选刊》10，第21页a~b。

⑥ 万历《通州志》卷一《舆地图叙》，《天一阁藏明代方志选刊》10，第2页a。

⑦ 史继偕：《兵制志·兵防》，《皇明修文备史》不分卷，《北京图书馆古籍珍本丛刊》8，第189页b。

来，每自南而北，度南麂山则自广入闽矣’”。[①] 狼山守将地位的提升与海防的重要性进一步上升密切相关。万历时，“漕运总督李三才以扬州等处天鸣，和州一带地震，清桃、来安等处俱有盐徒屯聚，强盗流剽，虽渐已解散，而北方大水，流民载道，占者咸恐有兵，请以扬州参将孙绳祖补狼山副总兵，以防倭寇并弹压诸盐徒。事下兵部”。[②] 狼山副总兵肩负着防倭和弹压盐徒的双重任务。

如皋县有掘港东营、掘港西营二营堡。“上命信国公和行视师，筑海上备倭城，籍民四丁，调一为戍兵，而如皋、掘港始设备倭军营、堡、斥堠，与通、泰诸所并列矣。”[③] 如皋有掘港营，“距海大洋五十里，东、南、北三面环海，惟西一路接如皋，为倭寇首犯要地。旧设土堡，每岁汛期，委扬州卫指挥一员，领军一千三百名守堡防御”。掘港营在天顺年间曾“挑选精壮入卫京师，止存军五百五十名”。所以在嘉靖三十三年倭寇侵入时“再被蹂躏”，“巡抚郑晓奏设把总。三十八年，巡抚李燧奏改守备，统东西二营，召募民兵三千余名，设战船一百余只。后经承平，渐加减汰，尚存水陆官兵六百余”。[④]

7. 淮安府：淮安卫、大河卫、邳州卫

淮安府境内的据点自北而南为海州、庙湾和盐城。淮安府山阳县境内有淮安卫，军 850 员；山阳县北有大河卫，军 1521 员。盐城县境内有盐城所，旗军 203 员，屯军 882 员。安东县东有海州所，军 550 员。海州有东海所，军 475 员。邳州境有邳州卫。就淮安境内营的配置看，《明会典》载“分守二员”，除金山参将外，

---

① 《钦定续文献通考》卷一三二《兵考·舟师水战》，《景印文渊阁四库全书》629，第 642 页 a。

② 《神宗实录》卷四三九，万历三十五年十月癸亥，第 309~310 页。

③ 万历《扬州府志》卷一三《兵防志上》，《北京图书馆古籍珍本丛刊》25，第 3 页 a。

④ 崇祯《泰州志》卷二《建置志》，第 14 页 a~b。

另一即为徐州参将。“隆庆四年，自睢陈参将改。所辖徐州武平、曹濮、睢陈等处地方兵，分为三营。徐州一营，宿州一营，归德一营。粮运得驻徐州，以保运道；冰合驻宿州，以防陆路；春驻归德，以防窃发。”徐州参将一年需要不断变换驻地，任务较重。

松江、苏州、常州、镇江、扬州五府的一些防御要点可参见林为楷先生的详细研究，[①] 兹不赘述。以《筹海图编》卷六、《武备志》卷二一六《占度载》看，南直隶各处巡检司、卫所和营堡的防卫设置（见附录表5）较为明确，府以下地名的位置，以及营堡、瞭台、烽堠位置，各方志也或多或少有列举。需要注意的是，这些记录仍是某个时间段的切面，并非同一时期所有防御点都存在；有些共同存在的也可能或多或少有先后荒废的问题，此处不再赘述。

府、县、卫、营配置体现了新旧制度变化的叠加。一般而言，营的信地范围很大，所以一般涵盖了不少府、县、卫的信地范围。林为楷先生曾举出安庆营和圌山营二例，证明其范围分别包含了二十六个和七个小的江防单位信地。[②] 不过，诚如史褒善所指出的，“沿江地方虽设有卫所，然行伍单弱，徒存虚名，已不堪用。而县司之民壮、弓兵又皆常流，止可巡缉于平时，难以御敌于有事”。所以，不能对这些单位联防有太高期望，营的设置正是对这些缺陷的弥补。不过，会哨问题营兵制也不能完全避免。各信地之间的配合，平常以会哨来实现。但会哨存在诸多问题，比如不执行、不按时间严格执行，或者水上的会哨传递烽牌竟然在陆地上传递，完全起不到会哨的作用：

查烽牌：烽牌之设，原为传令哨兵，依时接填，以验人

① 林为楷：《明代的江海联防》，第109~215页。
② 林为楷：《明代的江防体制》，第110~113页。

船有无在江。乃近多每日轮人陆负相递者，可恨！可恨！[①]

《南京都察院志》详述了各种注意事项。在江防中，由于有长江这一条“线”，所以很容易看到营与营之间府卫江防单位的这种“穿插”。[②] 而在其他地方，则不易找到线性信地地段的吻合。不过，如果反过来看，则营的信地也可以在府卫之中，是为营间府卫，这从海防单位上看很明显。根据附录表 4，扬州府所属扬州府军卫和镇江府所属镇江府军卫，信地范围略可以包括仪真水陆营和瓜洲水陆营、三江营、圌山营等六大营。这些营正好处于两府、两卫之间，从战略位置上看较为合理。

就防御力量配备看，每处巡捕民壮或军舍不会超过二百人，巡船若干艘（最多十几艘），有些地方系征用民船而无常备。每府或卫的范围内不会超过五百人（总的巡捕民壮有些地方可以达到上千人甚至两千人），弓兵亦不超五百人，大的地方府卫民壮、弓兵、军、余加起来可以有上千人。而营的分驻则每处一般有几百人，船几十艘，全营则一般一两千人，新江口营因为负责南京的防卫，故基本还能稳定在六千人到八千人的实数。根据附录表 5，卫所的配置实数一般为卫数千人，所数百人，另有些地方有一千人以内的屯军。整体来看，平时将力量分散仍然是很合理的，否则地方政府的供养、卫所屯田的供养都会有问题。不过各处的这种看似“合理”的配置，其实是在嘉靖倭乱以后形成的，是战后适应的结果，是以嘉靖以前许多数字会偏低。而随着万历以后整体防御局势的再一次升级，这些数字又会以“补募”的形式上升。附录表 4 显示的《南京都察院志》比《江防考》大的

① 《南京都察院志》卷九《职掌二 · 操江职掌一》，《四库全书存目丛书补编》73，第 243 页 b。

② 《南京都察院志》卷一二《职掌五 · 操江职掌四》，《四库全书存目丛书补编》73，第 349 页以下。

那些数字很多即是如此，而《武备志》在各信地的记载上更多是循《江防考》，所以很多时候也偏小，更多反映的是隆庆及万历初期而非万历后期到天启时的状况。对记载歧异的数据的分析有助于我们看到数据动态的意义。最后，让我们看一看嘉靖倭乱以后的一些变化。

第四章 隆庆以后的海防

本章讨论“海倭乱防”以后的一些调整变化。嘉靖时期倭乱对海防巨大的挑战，使明政府不得不做出一些调整。嘉靖三十二年以后各种制度上的变化接二连三。如前所述，操江御史和巡抚权力的界定、江防和海防体系的渐次成形也都是很重要的一些变化。嘉靖时期的一些变革，在营兵系统的职官设置上表现为增、改设总兵、副总兵、参将、守备和把总，隆庆以后又进行了一些裁革和任务改派；在兵制上则表现为嘉靖时大量的募兵、民兵膨胀，以及最重要的军、兵两大系统的互相渗透，隆庆时则相继对裁撤之前所征募的一些兵进行裁汰：

兵部复巡应天都御史谢登之奏，往者大江南北以倭寇故，募兵增饷万非得已。今地方稍宁，宜将水、陆军、兵量为汰革，岁省粮费八万有奇。其常、镇二府各设重兵，无所统辖，宜令清军同知改注海防，分地驻守，兼理清军事。从之。①

提督操江都御史吴时来奏：国初江防惟有水操京军，比因倭患，又增募水兵六千余人，所费兵饷以七万余计。今倭

① 《穆宗实录》卷九，隆庆元年六月壬子，第269~270页。

> 寇已靖，宜汰简以苏民困。拟量留一千七百余名分守要害，余悉罢遣。诸郡县旧额兵饷银两并免编派。兵部议复：沿江水兵冗滥殊甚，今倭寇已息，时来所请宜即允行。但冗兵既汰，而中军把总等冗员亦当查革，乞再查议以闻。上是之。①

由此亦可见，常州府和镇江府的海防同知系隆庆元年由清军同知所改驻。海防同知“于将领最密而于三军最亲”，除了稽查军务之外，最重要的任务便是负责军饷催征事宜。另外值得注意的是地方收支分配的一些变化。有的地方如瓜洲筑城的展开，势必需要均徭加派。一些地方如安庆和镇江江防、海防压力较大，则势必有些收入需要存留府库。万历三年，神宗敕谕都察院右佥都御史王篆：“合用兵船器械钱粮，将上下巡江御史赃赎俱免解京，分贮镇江、安庆府库，以听支用。如有不敷，行各该巡抚措处协济。”② 又如二十一年，在决定京口不设总兵而添兵备道之后，“应行该巡抚查议处给，或将解京银两量留支用，候汛毕官兵即行撤回。庶京口、留都各保无虞矣。下所司议”。③ 以下便就营兵、军饷以及防御能力三个方面描述海防状况，探讨嘉靖以后总体的防御情况和变化。

一 营兵

首先，如前所述，平定倭乱之后，有些营兵作为募兵被裁撤，若有不足额，则以原卫所军、余抽选为“兵”作为防御的补充力量，

---

① 《穆宗实录》卷二五，隆庆二年十月己亥，第 695 页。

② 《南京都察院志》卷九《职掌二·操江职掌一》，《四库全书存目丛书补编》73，第 231 页 b。

③ 《神宗实录》卷二六二，万历二十一年七月辛未，第 4862~4863 页。

此即为“军兵”，即抽调卫所军转入营兵系统，同时可省饷。最初，只是“以备缓急”：“窃谓卫所、巡□、军壮、弓兵之类，宜因旧法，润泽损益之，务足故伍。或抽羡丁，或佥壮士，无论军舍，通融辏攒，优与津给，而以其半哨守，其半团练，更□肄之，俾皆司战。或成一时未习，不足应猝，则量留旧募与调之选，以备缓急。久之或可尽罢。”① 可惜，“久之”不仅没有“尽罢”，反而成“军兵”。这种“军兵”属于营兵系统，是军队系统内很特殊的一种军。

另一些营兵，即由战时所募民兵转入军队系统而成，仍为“及身而止”的募兵。这种由民兵而来的营兵，对营兵制的影响很大，因其系直接从民壮和民众中征募，由行政系统转入军队系统。扬州府是动乱的“重灾区”，佥民为兵多之又多，以至于接近“尽民而为兵”的状况：

> 总兵者惧丧师难讳而见短，其将领又惮失伍当坐而受诛，且营伍空，久不任调，于是诸大盗起，额军不复遣，独遣州郡所佥民兵以行，即卒积死，得不报也。其最后国储殚乏，适有故则名增兵饷、兵银，取之民，急练募，以已难事稍靖，则又名革兵、减兵银，籍之以上供，而费出于民者，一增而不复减也。呜呼！国家养兵二百年，此其费安出？出于民也！养兵以卫民，曾不得一旅一卒之用，又益之以机快、民壮，机快、民壮者，朋户醵金而充之者也，不足，又益之以保甲，于是乎尽民而为兵。②

将民兵收入军队系统在战后极其常见，“健勇、弓兵、水手俱

① 嘉靖《新修靖江县志》卷一《疆域》，《稀见中国地方志汇刊》13，第5页b～6页a。

② 万历《扬州府志》卷一三《兵防志上》，《北京图书馆古籍珍本丛刊》25，第212页a。

陆续更为水兵工食，自万历四年起俱解应天府，与水兵一例支给”。[①] 军、兵界限的打破在隆庆以后已经很明显。军、兵的查点开始打破界限不论，但处罚权仍各自落在军、兵两系统的府、卫一级，最后再集中申报“道”和“院”：

> 往时水兵骄纵成习，各府卫官俱不敢点，有司之兵各自统属，备总官亦不敢点，遂至势相抵捂，法亦阻隔。今江上兵船联三为一，有司兵船除听备总查点外，哨官所至亦许查点。备总兵船除听府江防官查点外，府县巡江官所至亦许查点。但有不到者，除江防、备总官径自量处施行及申报本院道外，其余各官俱并不许擅自扑责。在哨官则申备总，巡江官则申江防官，各转报本院及本道查究。[②]

可见，府县系统的长官已可以干涉军队系统，反之亦然。在管理上，也有不少府县系统民兵被划归军队系统管理的事例。比如《江防考》之“仪真瓜洲乡捕官兵”条下便记录：

> 万历三年八月，该海防道呈允，将马港耆兵一百名内留六十名，沙船四十只，在本港四十名拨赴东沟，并窑港兵三十名、沙船一只悉听守备统辖，改委卫官管领防守，县丞不得干预。口粮听守备请支。其东沟民壮七十名，快手二十三名，尽数撤回该县，听县丞统领。陆巡与守备原领陆兵相兼缉捕。[③]

① 吴时来撰，王篆增补《江防考》卷二《官兵沿革》，《四库全书存目丛书》史部226，第129页b；《南京都察院志》卷一〇《职掌三·操江职掌二》，《四库全书存目丛书补编》73，第287页b~288页a。

② 《南京都察院志》卷九《职掌二·操江职掌一·革宿弊第八》，《四库全书存目丛书补编》73，第250页a。

③ 吴时来撰，王篆增补《江防考》卷二《官兵沿革》，《四库全书存目丛书》史部226，第128页a~129页b。

本书第一章提到的大量募兵之后营兵为地方势豪所挟控的情形，在军队系统是否独立运作的层面上讲，也属于军、兵两大系统的分界模糊。这类“及身而止”的营兵的大量存在，是国家对军队控制力减弱的一个标志。

二　军饷

（一）军饷裁减

营兵的供应需要军饷，由军饷的增减可判定营兵的增减，进而评估其非战时的状况。与募兵一样，军饷经历了一个嘉靖增加、隆庆裁减、万历中期以后又逐渐增加的过程。嘉靖以后，随着战争的结束，战时的加派也需要适当取消，尤其是提编法。《明史》总结说“江南至四十万提编者，加派之名也。其法以银力差排编十甲，如一甲不足，则提下甲补之，故谓之提编”。“及倭患平，应天巡抚周如斗乞减加派。给事中何煃亦具陈南畿困敝，言：‘军门养兵、工部料价、操江募兵、兵备道壮丁、府州县乡兵，率为民累。’”[①] 为了不让“民累”，首先便应裁撤营兵。隆庆时，吴时来大力加以裁减：“先是，增募水兵六千。隆庆初，以都御史吴时来请，留四之一，余悉罢遣，并裁中军把总等官。”[②] 营兵尚且仅存 1/4，更无论民兵了。民兵的数量相当大，“淮扬沿海民灶”便有三千人。万历三年，敕谕都察院右佥都御史王篆“其原募淮扬沿海民灶三千名”悉听节制。[③] 所以，军饷之增减首先与民壮之增减息息相关。《重订赋役成规》有言：“又瓜洲操江民壮一百七

① 《明史》卷七八《志第五四・食货二・赋役》，第 1903 页。
② 《明史》卷九一《志第六七・兵制三》，第 2249 页。
③ 《南京都察院志》卷九《职掌二・操江职掌一》，《四库全书存目丛书补编》73，第 231 页 b。

十五名，查该镇先年未设有兵，故设各役以防江；今该镇水陆具备，官兵棋布星列，此辈徒充虚数耳。据府议，留八十名为守城巡缉之役，其余九十五名相应裁汰，岁可省银六百八十四两。”①“该镇”即瓜洲镇，“先年未设有兵”即指没有正式的军队驻扎，所以“防江”的任务由“各役”完成，即由各“操江民壮”负责。“先年未设有兵”系相对万历时期“水陆具备”的“官兵”驻扎而言，至此，原先由民兵完成的任务即可主要交由官军完成，所以只留八十名作为“守城巡缉”，剩下的可以裁汰，以此例看民壮裁减过半。隆庆三年，都御史吴时来题请“其昔年所谓脚斛二行骁勇，则前已一切罢去，令其纳银以充兵饷”，② 亦是这种裁撤民兵以节省军饷供给的做法。

江防的军饷项目比较多，吴时来在隆庆时曾做清理。整体上，安庆、镇江两府可以贮本府，其余府州则解送贮应天府，以备南京都察院“招募义勇工食之费”。并非每个府都要负责征收各种银，如民壮弓兵银一项，应天府、凤阳府和宁国府便无。健勇银则凤阳府以外，庐州府、松江府、镇江府亦无须派。吴时来全裁应天、庐、淮、太、宁、安、池七府健勇银5055两。而像篙师水手银，则只有六府须派。操江水手银则苏州府（120两）、松江府（60两）、常州府（96两）、镇江府（90两）、扬州府（60两）五府派。墩夫银仅太平府（180两）、和州（40两）、无为州（90两）一府二州派。③

只有军饷银二万两为所有府州通派，“江南、江北两巡抚衙门派行应天等十四府、广德等四州。江南解贮应天府，江北解贮仪真县，以为游兵都司部下官兵粮饷支用”。吴时来隆庆二年题奏多项裁革。

---

① 《重订赋役成规》，《续修四库全书》833，第212页b~213页a。

② 万历《扬州府志》卷一三《兵防志上》《北京图书馆古籍珍本丛刊》25，第14页a~15年b。

③ 吴时来撰，王篆增补《江防考》卷二《官兵沿革》，《四库全书存目丛书》史部226，第133页a~137页a。

表 4-1　江防军饷项目中民壮弓兵银在各地的分配

单位：两

民壮弓兵银	池州府	太平府	安庆府	庐州府	广德州	滁州	和州
	359.82	723.2	907.2	1646.4	300.4	92	539.6
苏州府	松江府	常州府	镇江府	扬州府	淮安府	徐州	徽州府
1712	208	1633.2	872	1739.6	1392.48	632.38	276

表 4-2　江防军饷项目中健勇银在各地的分配

单位：两

健勇银	池州府	太平府	安庆府	广德州	和州	滁州
	690	450	720	180	180	270
应天府	宁国府	常州府	扬州府	淮安府	庐州府	徽州府
540	720	144	1080	1035	900	573

表 4-3　江防军饷项目中篙师水手银在各地的分配

单位：两

篙师水手银	应天府	安庆府	池州府	宁国府	太平府	镇江府
	2400	2400	2400	2400	2400	2400

之后包括丁田银、乡兵银等，俱裁革。而未裁革的许多项目，隆庆时则合并征收，“以上篙师、水手、民壮弓兵、操江水手、健勇、墩夫等银，万历元年该都御史董题称前项银两名目既多，头绪亦混淆。不惟加派繁难，亦且稽查靡便。前项烦琐名色尽行革去，并令复兵饷合而为一，曰操江军饷银”。[①] 下面具体分析下各府县的派解情况。

（二）府县派解

各府县的弓兵银、防守弓兵银、操江民壮银、水手银以及很

① 吴时来撰，王篆增补《江防考》卷二《官兵沿革》，《四库全书存目丛书》史部 226，第 139 页 b。

重要的江防银和海防银等值得进一步研究。现有的数据还很不足，需要进一步补充完善，以窥各府县之间的协济以及南直隶相关的收支状况。通常这些军饷的派发方式是用“均徭”的办法解决。青浦县“嘉靖三十三年，有倭警，兵额顿增。隆庆承平，屡为裁省。万历初建县……后增设九艘，饷银于本县均徭内支应。每岁编银一千六百四十三两”。此处的万历初设县系指自嘉靖二十一年置县、嘉靖三十三年省入之后，万历元年重置。① 瓜洲筑城时“均派江南、江北各府协济”，其实也是一种均徭：

> 看得吴桂芳所议瓜洲筑城，视海门、如皋、泰兴三县尤为要重，及咨访区画，俱已详明，相应依拟。再照瓜洲虽江北地方，实南北津要，应用钱粮，宜听总督军务衙门裁酌，均派江南、江北各府协济，庶工程易集。但恐江南倭寇猖獗，供亿不赀，无暇及此。如蒙皇上裁察，敕下该部，查议施行。②

万历二十五年，“因倭警及江海寇盗出没，知府郭光复议以永生洲中踞大江置游兵把总，统船兵一千人，为南北应援”。所以增设了永生洲游兵把总。这种增设长官并继而增补募兵的开支，“抚都御史褚公铁题准以江南北各兵五百名，饷亦均出”。③

通过对各府县具体的征银数的研究（见附录表6），可知以下几点。

第一，江防银和海防银数额巨大，一县动辄几千两，应天府一府所派所有饷银即有万两左右。扬州府江防银极高，与应天府之饷银近似，约万两，另还有操江饷银9089.4两！有些内陆府州

① 光绪《青浦县志》卷一〇《兵防·兵制》，第723页。

② 郑晓：《端简郑公文集》卷一〇《瓜洲筑城疏》，《四库全书存目丛书》集部85，第371页a~b。

③ 万历《扬州府志》卷一三《兵防志上》，《北京图书馆古籍珍本丛刊》25，第14页a~15页b。

的这两项还未完全从普通的军饷银中分离出来，如宁国府、太平府、徽州府、广德州、和州、安庆府、凤阳府、庐州府等，则其饷银就会显得较大。

第二，像安庆府这种自身防御压力也较大的府份，“原派应天兵饷”在战事之后显然便可“改回”原解军饷，其改回 3923.97 两，占原额收 6107.979166 两的 64%，相当可观。但像池州府这种额收 9325.852237 两之多的，则暂未见改回记录。另外，像安庆府这种江防要地，需要上解那么多海防银，也反映了某一时期海防的重要程度高于江防。

第三，苏、松、常、镇四府，常州府所解海防银最多，镇江府所解军饷银最多。有一个原因是原额常州、镇江二府应解江防兵饷银 5129.2 两，“向解应天府库，听操院兵饷支销。应天府各县应解常州府库抚院海防军饷银两，彼此催办不便，于万历四十五年起该应天府申详都御史罗朝国，行常镇兵备道，复议互相抵解”。所以，在将海防与江防银互抵之后，常镇的“兑解海防银”就较高，正反映其江防事务多，原需征之江防银较多，镇江府所征圌山民壮弓兵银极多，亦可反映此点。另一方面，苏松海防压力较大，故反不用交过多海防银，其他府州县须协济二府。

（三）常州府例

万历时期的一些军饷增加曾让时人大呼：“嗟乎，天下事开端易，止隙难！嘉靖之季，操江史院借扣减民壮工食之名，坐派江防，巡抚翁院以岛夷故，坐派海防。及寇变敉宁，巡抚方院、周院、谢院、海院相继轸念，历年递减，蠲除有日矣。隆庆时，巡抚陈院复增之，今遂不易焉。万历三年，府尹汪公大悯时艰，百度裁节，题请刊籍，永示遵守。曾未逾年，而加添续派者相踵也。”[1] 在政府的

① 民国《高淳县志》卷九《赋役考下·划归案宗》，1918 年刻本，第 16 页 a。

角度，加派是正常的，每次的“减”最多只是暂时的，最后还会增加。江防和海防银无疑是大数，而且裁撤极为不易。不过，万历时期的裁减仍在继续，即便有一些是在增加，但有些地方总数也许是减少的，关键在于以什么单位来分析。

根据方志的记载，可以计算出常州府差操民壮银的细目如下（表4-4），其有1/5解部，剩下的虽有多次增减，但整个常州府的实编银在万历时期是有裁减的。

表4-4　万历时期常州府军饷实编银情况

	(1)原编差操民壮（名）	(1)×9=A差操银（两）	(1)×1.8=B解部银(吴淞兵饷)(两)（20%解部）	A-B=C剩余银（两）	(2)实存民壮（名）	D实编银（两）
武进县	511	4599	919.8	3679.2	344→364	16×10.8+328×9=3124.8→16×9+348×8=2928
无锡县	305	2745	549	2196	264→314	16×10.8+248×9=2404.8→16×9+298×8=2528
宜兴县	200	1800	360	1440	150→141	150×7.2=1080→141×7.2=1015.2
靖江县	339	3051	610.2	2440.8	352→334→394	352×7.2=2534.4→12.6+5×10.8+32×9+32×10.8+344×7.2=3177
江阴县	583	5247	1049.4	4197.6	315	2835→5×12.6+11×10.8+20×9+226×8+53×7.2=2551.4
常州府	1938	17442	3488.4	13953.6	1528	11942.475

注：数据均据原书。

万历调整后的民壮数和实编银数，整个常州府要比隆庆时的额数少，但是有些县如无锡县、靖江县可能反而会多。不过，万历时期尚增加操江提补孟河民壮70人、武进县宋建湖龙潭口水兵21人、武进县华渡水兵12人，添募浙兵江阴、杨舍二总200人，江阴县编宜兴县操官 4 人、宜兴县巡湖民壮 25 人，武进县编宜兴县巡守兰山嘴沙塘港水哨耆兵 18 人、宜兴县巡守城塘浒洲口哨兵 20 人、鳇垄口哨兵 20 人、宜兴县巡守蒲墅荡哨兵 21 人、靖江县陆兵 100 人。[①] 若把这些银两也计算在内，就离原额差操银较近了。常州府的这个例子表明了其在嘉靖以后防御配置的进一步完善，以及募兵的普遍和稳定支出。

三　防御能力

嘉靖以后，迄于明亡，南直隶的海防基本没有受到太多的挑战。虽然万历时期一度有各种防倭的紧张形势，但亦无战事。因而只能间接从几个方面评估嘉靖以后的防御能力。

《南京都察院志》中讲述了许多防弊之法，同时也就显示了存在的许多时人已觉察的弊端，比如“沿海民多造沙船，始贾装运之利，继为通夷之谋”。承平之际，边民和地方势豪的控制一直是难题。兵巡道、府县官、江防官以下的备总、哨总官，“备总职在巡哨查点，哨总职在住船巡逻，载在营规甚明。近多彼此通同，高坐私家，江上之警或发而不知，或知而不报，甚有与贼交通、暗地分赃、来不拒而去不追者，殊可痛恨”。[②] 就军队来看，除了前述受制于地方豪势以及各种舞弊外，军队纪律自然也是一个问题。“巡捕官：凡府、卫、县巡江委官，既有责任，便当统率民快、弓兵与水哨官兵，并力巡缉。近来每多偷安高坐，甚有在沿江一带地方，指以取递结状等项名色为田〔由〕，差人拘点，甚至有公取地方围屏等物入已者。”[③] 对营兵系统的各种弊端，应天巡

① 万历《重修常州府志》卷五《钱谷二》，第 86 页 a~90 页 a。

② 《南京都察院志》卷九《职掌二·操江职掌一》，《四库全书存目丛书补编》73，第 240 页 a。

③ 《南京都察院志》卷九《职掌二·操江职掌一》，第 240 页 a~b。

抚王应麟有“条议七款”。[1]《南京都察院志》又开列了修军器、查墩台、责应援（“互相推诿，甚至见贼不捕，而曰非吾地也，坐视其去，漫不经心”[2]）、编船甲（“各船户仍互相讥察有无装载反人，其过府过县巡兵讥察，即以梢牌船号为验，若无印信梢牌及船尾上无粉白字号者，追船入官，从重究拟”[3]）、稽网户、救孤商、论江渡、严会哨、查烽牌、禁夜行、禁多桨等措施，不可谓不力。不过，可以看到如明初沿海卫所官军参与走私活动一样的场景，巡哨官军出于利益的考虑，与盐徒寇盗沆瀣一气：

> 江海故多剧盗，其黠猾者，以所掠余资厚赂诸哨船，辄故纵。诸盐徒亡虑，皆其亲戚子弟，或者捕窜入其中，倚兵船为盗贩。遇诘责严，则时缉其盗之被勾诱为役使者、私盐之势单弱及弗输月钱者，以邀为功，得厚赏。沿江海所在皆然，而淮南北其著者矣。[4]

“沿江海所在皆然”，是其防御体系渐渐松弛所致。[5]

除了纪律外，军队另一个保持战斗力的必要条件就是训练，一段时间的松懈和缺乏训练就会丧失战斗力。崇祯十四年，推官

---

① 《神宗实录》卷五五七，万历四十五年五月己卯，第10504~10507页。

② 《南京都察院志》卷九《职掌二·操江职掌一》，《四库全书存目丛书补编》73，第241页a~b。

③ 《南京都察院志》卷九《职掌二·操江职掌一》，《四库全书存目丛书补编》73，第241页b~242页a。

④ 万历《扬州府志》卷一三《兵防志上》，《北京图书馆古籍珍本丛刊》25，第9页a。

⑤ 宋仪望：《巡抚南直隶都察院题名碑》（万历四年）。有一段按语，显示了海防的一些状况：“前抚院三原王端毅公始置于留都会同馆之别署，已百五十余年。嘉靖中，倭变起海上，遂移镇苏州。万历首元复议还留京。会御史言海防废弛，内地不便控制，愿仍留姑苏。予时在都下，迩有代命，力言于朝，寻咨本兵，遂如议得请更镇句容，事载碑记。”可见如果主事官待在留都这种“内地”，是无法对沿海一线状况予以及时反应的。

倪长玗“以府营兵单弱，库狱可虞，添立标理营于府治前，募骁勇习六艺。东西各建营房八间以居之。详请军门，仍听标营总练，节制本厅，时亲训练”。[①]《吴县志》的这个记载体现了苏州府营兵确有“单弱”，但仍时有训练。上江地带的营兵，则由于需要与张献忠等武装力量作战，经常有所历练，战斗力不会太差。在一次张献忠对安庆的袭击中，南京兵部尚书、操江御史等人协力布防，加以兵备道史可法及其他营兵将领的努力，取得了较大的胜利。[②] 与营兵相比，乡兵可能在训练上更好。例如，“戚国泰，字宁宇，义乌人，起行伍。崇祯十三年操江郑二阳命国泰驻大雷，练乡勇，籍皆市人。国泰申纪律数年，遂成劲旅。升参将，贼入境，城西北角圮，国泰夜密筑疑城障之，贼至城已完，恃以防固。国泰凡守望江七年，御贼御左兵，皆以血战，卒保孤邑”。（《望江县志》）[③] 戚国泰所率领的乡兵，竟然可以守卫望江县七年而击败贼寇和左良玉的军队，体现了其战斗力。

明后期操江权力的扩张也是比较显著的一点，尤其是崇祯以后，迄于南明。另外，“崇祯中，复以勋臣任操江，偷惰成习，会哨巡徼皆虚名，非有实矣”。[④] 像刘基的后人诚意伯刘孔昭这样的武职操江有相当大的权力，这在武职操江中都是非常特殊的。崇祯皇帝死后，南直隶的方面大臣在拥立新君的同时也开始了权力

---

① 崇祯《吴县志》卷一八《兵防》，《天一阁藏明代方志选刊续编》16，第7页a。

② “崇祯十年春正月辛丑朔，日食。贼犯安庆，张献忠纠罗汝才、马守应、刘国能等自襄阳东下，与江北贼革里眼、左金王合，烽火达淮扬。南京兵部尚书范景文、操江都御史王道直、总兵阳御（‘阳御’它书作‘杨御蕃’——引者注）分汛固守。安池道史可法亲率兵当贼冲，贼遂从间道犯安庆，连营百里。诏左良玉、马炌、刘良佐合兵往援，皆大破贼。贼走潜山、太湖山中。”傅恒等纂《御批历代通鉴辑览》卷一一五《明・庄烈帝》，《景印文渊阁四库全书》339，第668页a。

③ 乾隆《江南通志》卷一一六《职官志・名宦五・安庆府》，《景印文渊阁四库全书》510，第419页b。

④ 《明史》卷九一《志第六七・兵制三》，第2249页。

争夺。这时我们看到可以决定大局的人物是南京兵部尚书参赞机务、凤阳总督、操江诚意伯以及四大总兵：

> 北都既陷，庄烈帝殉社稷。四月己巳报至南京，人心惶惧。时参赞机务兵部尚书史可法方督师勤王，在浦口诸大臣议立君，而福王由崧与潞王常淓（穆宗孙潞简王翊镠之子）俱以避贼至淮安。……可法遂还南京。而凤阳总督马士英利福王昏庸，欲立之，密与操江诚意伯刘孔昭（基之十二世孙），总兵高杰、刘泽清、黄得功、刘良佐等结，而致书于可法，可法意未决。[1]

史可法尚为兵备道时，就多次与文武两操江打交道，即便其已升为兵部尚书，亦必须顾及操江的意见。于是，最后在“南京诸臣谒陵定议”之时，史可法“江上未归”，[2] 福王登基。南明特殊的军事形势也使操江权力的进一步膨胀成为必然。江防的重要程度此时超越海防，直至清军击败福王政权，海防才开始重新成为首要问题，此为明清易代与江、海防重要性升降之大势。

---

① 傅恒等纂《御批历代通鉴辑览》卷一一六《明·庄烈帝》，《景印文渊阁四库全书》339，第704页b~705页a。

② 东郊八十一老人：《明季甲乙汇编》卷一，《四库禁毁书丛刊》史部33，第646页a。

结　语

明代南直隶的军事防御体系，在嘉靖年间遭受“倭寇”的挑战之后，形成了卫所军与民兵分工布防和追击的局面。因为卫所军力不足，明朝不得不征调客兵和募练乡兵，这进一步推动了募兵制的发展。平定倭乱之后，募练的民兵，一部分裁减为民，一部分则作为国家正式军队，转变为营兵。

明中期南隶直海防的军、兵布局，在应对战争统一调度的过程中渐次发生变化。战争的进程使权力向监察和营兵系统方向强化，兵备道、海防道不断获得强化。募练乡兵也在兵备道、海防道等属于地方行政系统的职官，以及巡按、巡抚等既有监察之权，又有军事权力的“钦差”的权力体系下，获得进一步发展。与此同时，军事将领如参将、守备等，也从各地募练士兵。这些募兵，虽然从民户中招募，但为军将所率领，随处征战，兵将的结合趋于紧密。无论从海防部署看，还是从营兵和军饷的角度看，嘉靖以后防御的重心和主要防御力量都落在营兵系统，卫所系统的作用被进一步削弱或被取代。

从倭乱对明代国家海防的挑战出发，到明代的军、兵布局以及防御相关职官的职掌，再到南直隶境内的各处防御部署和隆庆以后的变化，可以看到从嘉靖时倭寇对明代海防的挑战开始，在保障留都和财赋之地、漕粮通道的迫切要求下，明政府迅速做出调整，并在这个过程中渐渐确立了较为严密的海防体系。这个海防体系从一开始就深深植根于军事系统和行政系统分野的旧制度中，植根于旧有的军、兵布局之中。

明代海防在嘉靖一开始遭受挑战时表现的不济，简单讲可归结为卫所军的窳败，或兵力和法令等各种限制导向的溃败，但从更高的层次看，则是由其军、兵布局的局限所决定的，是其在武装力量协调和调动方面的弱点所决定的。以南直隶海防为中心展开，我们可以看到两方面的发展。一是在原有军、兵布局下对军队系统、行政系统的调整和行政与军队系统的协调，以及基于这种统辖调动下募兵制的发展。兵备道指挥募兵和州县民兵作战，其主要负责的追剿重任必然对将领与士兵之间的关系和作战能力提出更高的要求，卫所军与募兵在布防和追剿主要任务上的分野使募兵在战斗过程中进一步发展，民兵和营兵都在一定程度上膨胀。客兵的出现可以是基于临时的紧急需求，而募练乡兵以代客兵，则是在客兵粮饷供给出现问题以及造成新的社会治安问题的情况下采取的有效补救措施。将当地募练的乡兵一部分裁减为民而一部分转变为营兵，是强化军事力量的必要举措。民兵在战争结束后以募兵的身份留在营兵系统中，进一步确立了营兵系统在兵制上的“主流”发展趋势。二是监察的强化和统辖、调动两大系统在制度上的保障，巡抚、操江和分巡道是最重要的三种职官设置。在南直隶这个特殊的行政区域，尽管存在更为复杂的权力制约，战争的进程却使权力向监察和营兵系统方向强化，并进一步对原有的军、兵布局产生重大影响。在军政分立的格局下，应对战争统一调度的需求，兵备道、海防道职权不断得到强化。从卫所军、客兵和乡兵的作战和关系、各层级职官的权责和关系、海防地理格局和布防以及营兵和军饷在隆庆以后的变化这四个方面分析，均能从不同角度看到兵制这一主线的变化过程。

在平定倭乱的过程中，无论是卫所军还是州县乡兵，或是由军方招募的营兵，军饷主要由各府县派解提供。隆庆以后，这些军饷整体上有很大裁减，但并未完全裁减，万历间几经调整，进一步确立了募兵的稳定支出。营兵制在南直隶地区江、海防中的作用也日益明显。崇明参将移驻金山变为金山参将，狼山副总兵统辖通州、周家桥一带水陆各参将、守备、把总，川沙堡、柘林堡、刘家河、京口、圌山、福山港、周家桥、东海等处嘉靖三十年代增设把总，较为合理的海防部署在战争中渐次形成。

通过研究明代南直隶海防所涉职官之设置、各层级配合与实际指挥的制度运作过程，本书揭示了明代南直隶海防格局、部署以及制度的调整和改变，展现了明代国家在各级制度运作上的一些困境和近代早期国家在制度操作层面的探索和演变。无论从行政区和地理看，还是从军政结构和组织看，南直隶的海防如何展开均值得探究。上述所论一定程度上推进了学界对南直隶海防力量的认识；对明代中期出现的由军、兵两个方面构成的“军政格局”有进一步的理解；有助于理解明代后期国家军事力量、政治局面的演变，也可增进对明代国家组织运作的理解。

附　录

表1　中军都督府在外直隶卫所

卫	所	卫	所	备注
洪武十三年(1380)		万历五年(1577)		
徐州卫				洪武十四年改隶新设中都留守司
留守左卫				
留守中卫				
怀远卫				
长淮卫				
皇陵卫				
凤阳中卫				
凤阳右卫				
凤阳左卫				
凤阳卫				
	信阳所			
	洪塘所			
淮安卫		淮安卫	盐城所	万历《淮安府志》卷七《兵防志》;《大明一统志》卷一三;嘉靖《南畿志》卷三二
			海州所	
			东海所	

续表

卫	所	卫	所	备注
大河卫		大河卫		万历《淮安府志》卷七《兵防志》
高邮卫	兴化所	高邮卫	兴化所	《太祖实录》卷二五、卷七〇、卷七六；嘉靖《惟扬志》卷一〇《军政志》
仪真卫①		仪真卫		万历《扬州府志》卷一三《兵防志上》
扬州卫	通州所	扬州卫	通州所	《太祖实录》卷二五、卷六三、卷七〇、卷一三三；嘉靖《惟扬志》卷一〇《军政志》
	泰州所		泰州所	
镇海卫		镇海卫		《太祖实录》卷二三；《江南经略》卷三下《太仓卫兵防考》；正德《姑苏志》卷二五《兵防》
太仓卫	崇明所	太仓卫	崇明所	《太祖实录》卷一二六；《江南经略》卷三下《太仓卫兵防考》；正德《姑苏志》卷二五《兵防》；万历《嘉定县志》卷一〇六《兵防下》
			吴淞江所	
			宝山所	
			刘河堡所	
苏州卫	嘉兴所	苏州卫	嘉兴所	正德《姑苏志》卷二五《兵防》；《大明一统志》卷八；《江南经略》卷二
		金山卫	青村所	洪武二十年置卫。《太祖实录》卷一八〇；《江南经略》卷四上《松江府守城官兵考》；正德《松江府志》卷一四《兵防》
			松江所	
			南汇嘴所	
	宿州所	宿州卫		《太祖实录》卷九二；成化《中都志》卷三；嘉靖《宿州志》卷四《兵志》
	安丰所	寿州卫		洪武十三年改寿州卫。《太祖实录》卷二一〇；嘉靖《寿州志》卷三《建置志》
	庐州所	庐州卫		《太祖实录》卷一五、卷四八、卷一三三
	六安所	六安卫		《太祖实录》卷一九六；万历《重修六安府志》

① 洪武八年置守御千户所，“（洪武）十三年秋，升卫”。见隆庆《仪真县志》卷一三，《天一阁藏明代方志选刊》15（1），第3页a。“乙巳，以大都督府经历陈瓘总制真州军事，自后行枢密院总制官皆罢，而扬州、高邮、仪真三卫径属中军都督府焉。”见万历《扬州府志》卷一三《兵防志上》，《北京图书馆古籍珍本丛刊》25，第2页b。

续表

卫	所	卫	所	备注
	徽州所	新安卫		洪武二十三年改为新安卫。弘治《徽州府志》卷五《兵卫》
	滁州所	滁州卫		《太祖实录》卷一七六;《大明一统志》卷一八
	镇江所	镇江卫		《太祖实录》卷一六七;《江南经略》卷六
沂州卫		沂州卫		中间经历过"沂州守御千户所"。《太祖实录》卷三二、卷七三;《大明一统志》卷二三;《皇明诏令》卷二
邳州卫		邳州卫		洪武十三年建。《太祖实录》卷一二九
泗州卫		泗州卫		洪武十三年建。《太祖实录》卷一二九
(和州卫)①				洪武十八年置,二十四年废除。《太祖实录》卷一七六
		安庆卫		洪武二十二年置,洪武中为中军都督府下在外直隶军卫。《太祖实录》卷一九六
		徐州左卫		宣德五年设。《宣宗实录》卷七二;嘉靖《南畿志》卷六一
			莒州所	嘉靖《山东通志》卷一一
	湖州所			原长兴卫、长兴守御千户所,洪武十四年湖州府改隶浙江。《大明一统志》卷四〇
宜兴卫				洪武十三年废。成化《重修毗陵志》卷一六《武备》;嘉靖《南畿志》卷二〇
常州卫				洪武三年废。《太祖实录》卷五一;成化《重修毗陵志》卷一六《武备》
	江阴所			洪武十三年废。《太祖实录》卷一三〇

① 《明史》卷九〇《志第六六·兵二》："后改为宁夏中屯卫，革。"（第2201页）

表 2　南京京卫水军千户所

京卫 （都督府+ 上直卫分）	左、右、中、 前、后千户所； 经历司；镇抚司	水军 千户所	千户所	千户所	指挥	千户	百户	吏旗军（校） （匠）余（妇） 吏舍水夫
1 留守中卫	√	√	神策门/仪凤门千户所	中千户所 中中千户所	10	29	40	1332
2 神策卫	√	√						
3 应天卫	√	√			14	21	57	793
4 留守左卫		√	聚宝门/通济门/太平门/朝阳门/正阳门千户所	中中千户所	7	22	29	1750
5 骁骑右卫	√	√			7	25	19	689
6 水军左卫	√	水军卫		中左千户所 中右千户所 中前千户所	7	30	35	1467
7 龙虎卫	√	√			9	15	34	999
8 留守右卫	√	√	三山门/石城门/清江门/定淮门千户所	右千户所 中中千户所	7	19	46	1900
9 水军右卫	√	水军卫		中左千户所 中前千户所	12	18	31	1441
10 虎贲左卫	√	√	六合屯千户所		12	38	51	990
11 虎贲右卫	√	√		中左千户所	9	27	36	902
12 武德卫	√	√			11	12	25	710

续表

京卫 （都督府+ 上直卫分）	左、右、中、 前、后千户所； 经历司；镇抚司	水军 千户所	千户所	千户所	指挥	千户	百户	吏旗军（校） （匠）余（妇） 吏舍水夫
13 龙骧卫	√	√	全椒屯田千户所		13	26	26	301
14 豹韬卫	√	√			6	13	22	677
15 天策卫	√	√	全椒屯田千户所		9	10	17	586
16 兴武卫	√	√			41	123	105	1341
17 鹰扬卫	√	√	乌江屯田千户所		72	108	102	1330
上直卫分								
18 锦衣卫	√	√	亲军/屯田/驯象千户所	中左千户所 中右千户所	28	37	79	2400 余
19 旗手卫	√	√			9	35	24	710
20 府军卫	√	√		中中千户所	8	27	30	787
21 府军左卫	√	√		中左千户所	12	44	17	1281
22 府军右卫	√	√			11	35	53	990
23 府军后卫	√	√			11	30	42	1245
24 羽林左卫	√	√			23	40	35	1698
25 羽林右卫	√	√		中左千户所	20	32	40	1136

续表

京卫 （都督府+ 上直卫分）	左、右、中、 前、后千户所； 经历司；镇抚司	水军 千户所	千户所	千户所	指挥	千户	百户	吏旗军（校） （匠）余（妇） 吏舍水夫
26 羽林前卫	√	√		左中千户所	24	45	32	457
27 金吾前卫	√	√		中右千户所	11	40	35	1835
28 金吾后卫	√	√			9	29	26	1077
29 济川卫（东门外）	√	水军卫			19	25		3798
30 江淮卫（大江北）	√	水军卫			11	22	镇抚 2	4239
31 横海卫		√	废					
32 江阴卫		√						
（附）南京营：南京龙江水兵营	“见操官目舵兵杂流家马丁”1530（天启二年增募 1200），沙唬船 80							

注：√表明该处有相应机构设置。另外，于志嘉先生指出“南京卫所的建置一直到宣德六年而后止。其间兴革不断，而史籍因成书时代不同，所载多有差异”，因此她制表以明各成书于不同时期的史料所载的卫所的一些差异，但是“表中呈现的错综现象实不易说明”。参见于志嘉《明代两京建都与卫所军户迁徙之关系》，《中央研究院历史语言研究所集刊》64 本第 1 分，1993 年，附录一。因此，此水军军卫千户所表反映的更多是成形稳定后的一个“断面”，并非一开始或者一直如此。

资料来源：据以下资料编制。不著撰人，陶承庆校正，叶时用增补《大明一统文武诸司衙门官制》卷一《南直隶》，《续修四库全书》748，影印北京图书馆藏明万历四十一年宝善堂刻本，第 453 页 b~455 页 a；《南京都察院志》卷一二《职掌五·操江职四》，《四库全书存目丛书补编》73，第 342 页 b~346 页 a。

表 3　巡江御史辖区①

上江巡江御史	道 4		徽安②			宁太			九江③		颍州④		
	府 8、直隶州 3	应天	徽州	安庆	池州	宁国	太平	广德州	九江	庐州		滁州	和州
	营 8		中平	安庆	池阳	宁安	荻港 采石		南湖	游兵			
	卫 8		新安	安庆		宣州	建阳		九江	庐州 六安		滁州	

① 目前已有的研究对大江南北江海防御的制度安排存在先入观念。本表的目的，在于揭示单纯的下江巡江御史所辖范围，已超越原来巡抚和操江分管、“江南”（金山总兵，崇明参将）和“江北”（狼山副总兵，徐州参将）分管的所谓“九卫十所”及各营配合的模式。更详细的一些设置参见《江南通志》卷九二至卷九四《武备志·兵制》、卷一〇三《职官志·文职五》。

② “徽安池兵备：驻扎池州，管辖徽州、安庆、池州三府及新安、建阳、宣州、安庆各卫所堤防、江贼、矿徒。”《南京都察院志》卷一二《职掌五·操江职四》，《四库全书存目丛书补编》73，第 351 页 b。

③ 九江府不属于南直隶，但由于江防的协调要求归属上江巡江御史管辖。

④ 凤阳并无江防信地，但颍州道属于上江巡江御史管辖。“淮安颍州兵备道驻颍（管理庐州、凤阳、滁州地方卫所，兼管江防事宜）。”《江南通志》卷九二《武备志·兵制》。

续表

下江巡江御史	道 4	苏松		常镇		淮徐②	扬州
	副总兵 2	吴淞（镇守江南副总兵）				狼山（提督狼山副总兵）	
	府 6	松江府	苏州府	常州府	镇江府	淮安府	扬州府③
	卫 11、守御千户所 15	金山卫 青村千户所 南汇千户所 松江千户所 【嘉兴千户所】①	苏州卫 太仓卫 镇海卫 宝山千户所 吴淞江千户所 刘河堡千户所 崇明沙千户所		镇江卫	淮安卫 大河卫 邳州卫 盐城千户所 东海中千户所 西海千户所④ 海州中前千户所	扬州卫 仪真卫 高邮卫 兴化千户所 泰州千户所 通州千户所

① 嘉兴千户所并不在松江府或苏州府境内，但属于苏松道管辖。

② 徐州没有江防信地，但下江巡江御史可管辖淮徐道。其下有“山东按察兵备副使治徐州”。嘉靖《南畿志》卷三《总志·志戎备》，《北京图书馆古籍珍本丛刊》24，第 151 页。

③ 嘉靖以前，扬州府境内的卫所连同淮安府境内的盐城千户所，都归仪真守备管辖：“守备仪真兼管扬州、高邮都指挥，军于仪真，仪真、扬州、高邮三卫，通州、泰州、兴化、盐城四所，巡江船五十只、哨船十四只。”仪真守备见隆庆《仪真志》卷一三《武备考》，第 6 页 a、7 页 a。其与“军于金山卫”的“总督备倭指挥”一道由巡下江都御史所辖。见嘉靖《南畿志》卷三《总志·志戎备》，《北京图书馆古籍珍本丛刊》24，第 149~150 页。

④ 康熙《海州志》：“守御西海千户所千户二员，镇抚一员，百户十员。”《筹海图编》和《武备志》皆不载此千户所。

续表

下江巡江御史	营(参、游、守、把)	江南副总兵标下中军把总(陆 2055① 水 162,船 10)				淮安军门标下 淮营 大营 淮徐道标营中军(【淮安标、大二营游击、中军官】4000) 庙湾营游击(900,船 30) 盐城营守备(420,船 10) 东海营把总 莺游营练兵 荻水营练兵 【沙洲安民练兵官(?)】(100)	扬州道标营中军 永生营参将(【永生洲北营参将④】1006,船 40) 扬州游击(陆 1000) 掘港守备(962,船 8) 瓜仪守备 瓜洲卫总(陆 262 水 652,船 48) 仪真营卫总(【仪真营守备】陆 101 水 600,船 42) 三江营把总(539,船 40) 周家桥把总(400,船 28) 大河口把总(403,船 11) 丁美舍领兵(陆 200) 廖角嘴领兵 徐哨领兵
				常镇道标下游击			
		金山参将(陆 1332 水 413,船 8 水 25) 金山水营练总 金山陆营练总 柘林把总(陆 547 水 52,船 4) 青村总练(陆 590 水 6,船 3) 南汇总练(陆 576 水 6,船 3) 川沙把总(陆 521 水 8,船 4)	【永生洲南营参将】(水 1006,船 40) 苏州军门游击 刘河游击(陆 1031 水 882,船 55) 吴淞水营把总(水 538,船 29) 吴淞陆营把总(【宝山营吴淞把总】陆 504② 水 8,船 4)	杨舍守备(陆 271 水 334,船 21) 常州陆营练总 孟河练总(陆 152 水 336,船 22) 江阴练总(陆 359 水 365,船 20) 靖江练总(陆 209 水 283,船 12) 永生哨领兵	镇江水营练总(【镇江巡江营总练】水 342,船 24) 镇江陆营总练(陆 866)③ 圌山把总(水 775,船 42) 永生哨练兵		

① 陆战官兵 1764+军余 291。以下数据，并见《南京都察院志》卷一二《职掌五·操江职四》，《四库全书存目丛书补编》73，第 346 页 b~349 页 a。

② 宝山陆营官兵 404，选锋军余 100。

③ 浙营官兵 471+土营官兵 395。

④ “永生洲参将部下，原属江南。”《南京都察院志》卷一二《职掌五·操江职四》，《四库全书存目丛书补编》73，第 348 页 a。

续表

<table>
<tr><td rowspan="3">下江巡江御史</td><td rowspan="3"></td><td></td><td>福山把总(陆 377 水 488,船 33)
崇明营把总(陆 988 水 731,船 46)
守港营把总
游兵营把总①(水 1105,船 66)</td><td></td><td></td><td></td><td>应天游兵营把总并信地各哨【泰州营海防道提调】(陆 564,船 4)</td></tr>
<tr><td colspan="4">太湖营练总②</td><td colspan="2" rowspan="2">【标下陆营守备】(陆 1000)
【标下水营把总】(水 900,船 51)</td></tr>
<tr><td colspan="2">奇兵营把总③(【奇兵营总练】水 288,船 13)
苏松道标营练总</td><td colspan="2"></td></tr>
</table>

① “分布苏宝、马迹、陈钱等山哨守，汛毕撤回。……沙唬船分派竹箔、稗沙防御盐寇。”《南京都察院志》卷一二《职掌五·操江职四》，《四库全书存目丛书补编》73，第 347 页 a。

② 太湖西北部马迹山水域属于常州辖区。

③ 奇兵营“专责苏松海洋巡缉盐盗”，但其隶属当视为在苏州境内。“陈于王，字丹衷，吴县人，世为苏州卫千户。既袭职，两举武乡试，授奇兵营守备。以捕获海盗功，迁都司佥书，守崇明蛇山。”见《明史》卷二六九《陈于王传》，第 6912 页。陈的事迹《苏州府志》亦载，但《明史》继承了《明纪北略》关于其“吴县人”的关键信息，故引而备存。

表 4　沿江府、卫、营防御点、范围和力量配置

府卫	分辖	信地	民壮 军舍	哨船 沙船 S 桨船 J	弓兵
安庆府	1. 巡捕同知	小孤巡检司~池口巡检司:230+120=350 里	88	4	
	2. 怀宁县巡捕县丞	洲头口~(雷港巡司接哨)	20	2	
	3. 观音港巡检	洲头口~竺家嘴(长枫夹巡司接哨)		2	44
	4. 长枫夹巡检	黄泥沟(观音港巡司接哨)~柘家湾(马踏石巡司接哨)		2	44
	5. 马踏石巡检	长枫夹巡检司~马船沟(源子港巡司接哨):60 里		2	43① (34)
	6. 源子港巡检	马船沟~老州湾:60 里		2	46
	7. 六百丈巡检	老州湾~石灰河:50 里		2	43 (34) <43>②
	8. 老洲头守把哨官	老洲头	20		
	9. 望江县巡捕主簿	朱福沟、毛湖洲(杨湾口巡司接哨)~(九江府彭泽县巡捕官兵会哨)	20	2	
	10. 杨湾口巡检	朱福沟、毛湖洲~黄家瑕(雷港巡司会哨)		2	33 (36) <33>
	11. 雷港巡检	黄家瑕(杨湾口巡司会哨)~新口镇(观音港巡司会哨)		2	25 (40) <25>

① 弓兵数各书有歧异，此处第一个数据来自成书于万历初年的《江防考》，下面( )中为天启三年序刊本《南京都察院志》数，虽然前书明显为后书的参考之一，但《南京都察院志》除了参考他书外，尚有多处根据实际形势变化对相应内容做出的修改，故两组数字都应该重视，有些可能体现了万历到天启年间防御力量的变化。另外有一些歧异的数据，则完全为《南京都察院志》前后不同部分记录的差异，或为修撰时参考来源不同所致。另，地名或有个别字词出入，因原史料书写不同，不强行统一。

② <>系《武备志》卷二二〇《占度载・江防二・信地一》数据，下同。

续表

府卫	分辖	信地	民壮军舍	哨船 沙船 S 桨船 J	弓兵
安庆府	12. 宿松县巡捕典史	湖口县～望江县：120 里；典史拨民壮、船，每月随阴阳官驾哨船驻守小孤江	30	1	
	13. 小孤巡检	杨家洲（泾江/港巡司接哨）～毛湖洲：35 里		1	50 （36）
	14. 泾江/港巡检	九江土嘴～小孤：100 里		1	22 （34）① <22>
	15. 归林巡检	湖口县～泾江/港巡检司：90 里		1	28 （24）
安庆卫	16. 上江总巡指挥	小孤巡检司～观音港巡检司：230 里	50	1S 1J	
	17. 上江千户	小孤巡检司～观音港巡检司：230 里	30	2	
	18. 上江百户	小孤巡检司～观音港巡检司：230 里	30	1 1	
	19. 下江总巡指挥	观音港巡检司～大通巡检司：200 里	50	1 1	
	20. 下江千户	观音港巡检司～大通巡检司：200 里	30	1J	
	21. 下江百户	观音港巡检司～大通巡检司：200 里	30	1J	
九江府	1. 德化县巡捕典史		118②	11③	
	2. 龙开河巡检	三班轮巡			28④ （20）

① 据《南京都察院志》卷一一《职掌四・操江职掌三》，《四库全书存目丛书补编》73，第 320 页 b，为 35 名。

② 江洋水巡 12 名+鄱阳湖女儿港把守 15 名+梅家洲把守 10 名+九江府江防、督粮、理刑三官跟随差遣 16 名+在县差操防守监库城池并走递迎送往来上司差使 65 名。

③ 装载官兵沿江巡守。

④ 兵巡道将其中 8 名改充标兵，实剩 20 名（《南京都察院志》所载即 20），7 名把守小江口，7 名把守本司各信地，6 名存司差使。

续表

府卫	分辖	信地	民壮 军舍	哨船 沙船 S 桨船 J	弓兵
九江府	3. 城子镇巡检	三班轮巡			35① (25)
	4. 南湖嘴巡检	三班轮巡			35② (27)
	5. 湖口县巡捕典史		119③		
	6. 湖口镇巡检	三班轮巡		7④	33⑤
	7. 茭石镇巡检	三班轮巡			33⑥
	8. 彭泽县巡捕典史		132⑦	8⑧	
	9. 马当镇巡检	三班轮巡			40⑨
宁国府 宣州卫	指挥、千户 53		操运军 舍 1145		
池州府	1. 池州府首领或李阳河巡检+贵池县巡捕或池口巡检	池口～怀宁县:120 里(上哨) 池口～铜陵县:120 里(下哨)	20+15 +20+ 15=70	1+1+ 1+1=4 (府 7)	
	2. 东流县典史	香口巡检司(望江县会哨)～雁汊(怀宁县会哨):40+90=130 里	12 <20>	4	

① 兵巡道将其中 10 名改充标兵，实剩 25 名（《南京都察院志》所载即 25），2 名改充水手，7 名把守严家洲，7 名把守城镇各信地，11 名存司差使。此数据似有误，据原文不改。

② 兵巡道将其中 8 名改充标兵，实剩 27 名（《南京都察院志》所载即 27），2 名改充水手，7 名把守王家洲，7 名把守本司各信地，11 名存司差使。

③ 江洋水巡 8 名+守铜钱湾 15 名+守杨家穴 10 名+九江府江防、理刑二官跟用防守监库 16 名+在县差操并走递迎送往来上司差使 70 名。

④ 装载官兵沿江巡守。

⑤ 兵巡道将其中 9 名改充标兵，实剩 24 名（《南京都察院志》所载即 24），2 名改充水手，10 名把守文昌洑，5 名把守八里江各信地，7 名存司差使。

⑥ 兵巡道将其中 9 名改充标兵，实剩 24 名（《南京都察院志》所载即 24），2 名改充水手，10 名把守黄茅潭，5 名把守八里江各信地，7 名存司差使。

⑦ 兵巡道将其中 10 名改充标兵，实剩 122 名。县前水巡 10 名+把守芒子由 15 名+把守小孤庙 10 名+把守茅湖夹 10 名+改充吹手走递 13 名+九江府防守监库 12 名+江防、理刑二官跟用 6 名+在县差操防守城池监军并走递迎送往来上司差使 46 名。

⑧ 装载官兵沿江巡守 7 名+兵管驾 1 名。

⑨ 兵巡道议革 10 名改充标兵，另 4 名改充把守池州信地，实剩 26 名（《南京都察院志》所载即 26），包括 10 名把守紫矶，10 名把守马当镇信地，6 名存司差使。

续表

府卫	分辖	信地	民壮军舍	哨船 沙船 S 桨船 J	弓兵
池州府	3. 铜陵县主簿	潢港(大通巡司兵船接哨)~新沟(老鹳嘴把隘官船接哨):20+15=35 里	12 <20>	4 <2>	
	4. <香口巡检>	<响水矶(马当巡司接哨)~稠林矶(吉阳巡司兵船接哨):20+30=50 里>		<2>	<19>
	5. 吉阳巡检	稠林矶(香口巡司接哨)~雁汊(李阳巡司兵船接哨)①:30+60=90 里		2	19
	6. 李阳巡检	雁汊(吉阳巡司兵船接哨)~乌沙夹(池口巡司兵船接哨):60+20=80 里		2	20
	7. 池口镇巡检	乌沙夹(李阳河巡司兵船接哨)~五埠沟(大通巡司兵船接哨):40+60=100 里		2	20
	8. 大通巡检	五埠沟(池口巡司兵船接哨)~潢港(铜陵县兵船接哨):20+20=40 里		2	20
	9. 险隘老鹳嘴义民官	新沟(铜陵县主簿兵船接哨)~烂泥滩(钱家湾官兵接哨):10+?=? 里		2	20
	10. 钱家湾义民官	烂泥滩(老鹳嘴官兵接哨)~王家沟(张湾潭官兵接哨):5+10=15 里		2	20
	11. 张<家>湾潭义民官	王家沟(钱家湾官兵接哨)~胭脂夹(获港巡司兵船接哨):5+10=15 里		2	20
				总 26 (25)	总 139 (281)

① 据《武备志》补。

续表

府卫	分辖	信地	民壮军舍	哨船 沙船S 桨船J	弓兵
太平府	1. 巡捕经历总统巡哨官	四合山大信巡检司～牛渚矶采石巡检司（县哨官接哨）：40里	20	2 （3） <3>	
	2. 当涂县巡捕县丞	四合山稀泥港～和尚港镰刀湾（和尚港委官接哨）：85里	28 <38>	2+巡船1=3	
	3. 大信巡检	稀泥港～青草沟（府哨委官接哨、采石巡司官兵接哨）：40里		4	34
	4. 采石巡检	青草沟～人头矶（哨官接应会哨）：25里		4	34 （24）
	5. 和尚港委官	人头矶（采石巡司接哨）～镰刀湾（对江浮沙巡司各官兵接哨）：20里	36	2	
	6. 芜湖县巡捕县丞	河口镇巡检司～四合山稀泥港（当涂县大信巡司官兵会哨）：40里	50	2+巡船4=6	
	7. 河口镇巡检	繁昌县螃蟹矶～河口镇（县巡捕官兵接哨） 带管杨夹沙：本沙～河口镇巡检司（三山巡司官兵会哨）		2+巡船1=3	34 （30）
	8. 繁昌县巡捕典史	驻扎宗三庙（荻港、三山二巡司接界）	26	2+巡船1=3	
	9. 荻港巡检	胭脂夹（铜陵县官兵接应）～宗三庙（三山巡司官兵接应）：40里		2+巡船1=3	35 （28） <35>
	10. 三山巡检	宗三庙（荻港巡司官兵接应）～芜湖县河口巡检司：40里		2+巡船1=3	34 （32） <34>
	11. 建阳卫指挥+上、下哨千户	繁昌县荻港巡检司（铜陵县主簿接哨）～芜湖县河口镇巡检司（下哨千户接哨）：100里； 河口镇巡检司（上哨千户并芜湖县巡捕官兵接哨）～当涂县和尚港（和尚港巡捕官兵接哨）：100里	75	2+巡船1=3	
				总36 （10）	总171 （106）

续表

府卫	分辖	信地	民壮 军舍	哨船 沙船 S 桨船 J	弓兵
庐州府	1. 无为州江防	桐城六百丈巡检司~和州裕溪河巡检司:230 里		2+2+ 2=6	
	2. 土桥镇巡检	六百丈巡检司~省潭湾(泥汊巡司):80 里; 二班巡哨;险要:杨山矶、石灰河、三江口		2	(38)
	3. 泥汊巡检	省潭湾(土桥镇巡司会哨)~薛家湾(奥龙河巡司会哨):70 里; 二班巡哨		2	(38)
	4. 奥龙巡检	薛家湾(泥汊巡司会哨)~裕溪巡检司:75 里; 二班巡哨		2	(38)
	5. 黄落河巡检	六百丈~裕溪河;二班总巡	48	4	
				总 16 (27)	总 (246)
和州	1. 巡捕同知(总巡)+上哨阴阳官 1+下哨阴阳官 1	恶江嘴~芝麻河:120 里(恶江嘴~新河口:60 里;姥下河口;新河口~芝麻河:60 里;芝麻河口)	24+10 +24+ 10=68	1(八桨船)+2 +1+2 +1=7	
	2. 裕溪河镇巡检	恶江嘴~上新河~田家沟(无为州奥龙、牛屯二巡司会哨)		3	30
	3. 牛屯巡检	张家沟~牛屯河、姥下河~太阳河(裕溪、浮沙、大信三巡司接哨)		4	46
	4. 浮沙门巡检	菱芒河~针鱼嘴、石跋河~芝麻河(牛屯、江淮二巡司、和尚港官兵接哨)		4	46
				总 18	总 122
应天府	1. <上元县巡捕官主簿下淳化镇巡检 1>	陆路。弓兵分作三班		原无 船只	<32>
	2. 秣陵镇巡检				33 <32>

续表

府卫	分辖	信地	民壮军舍	哨船 沙船 S 桨船 J	弓兵
应天府	3. 江东巡检	向水沟～草鞋夹：15+10=25 里		1	30 (41) <30>
	4. 江淮巡检	和州浮沙口巡检司～六合县瓜埠巡检司		2	40 (41) <40>
	5. 江宁县巡捕主簿下江宁马驿巡捕县丞	圭山（和尚港会哨）～黄沟口（大胜关弓兵会哨）：40+20=60 里； 三班（居守、水哨、陆哨）		1	30 (24)① <30>
	6. 句容县巡捕县丞下龙潭巡检司巡检+协守义民 1	罗家套接黄天荡瓜埠巡检司～老鹳嘴青山三江口：20+20=40 里；	20	2	36 <40>
	7. 斜沟把守义民 1	仪真旧江口～高资镇巡检司：35+40=75 里	20	民船	<40>
	8. 六合县巡捕官典史下瓜埠巡检司巡检+协守老人 1	唐家渡～西沟：20+20=40 里	35 (90)	巡船 2	45 (41) <45>
	9. <溧阳县巡捕县丞下上兴埠巡检 1>	陆路		原无巡船	<24>
	10. <溧水县巡捕县丞>	陆路		原无巡船	<40>
	11. <高淳县巡捕县丞下广通镇巡检 1>	陆路		原无巡船	<30>
	12. <江浦县巡捕官典史>	江淮巡检司管			
应天府宁安营	1. 宁太广兵备	驻扎宁国，辖宁国、太平二府，广德一州，句容等六县	303		

① 《南京都察院志》“江宁镇巡检司”下辖弓兵数。

续表

府卫	分辖	信地	民壮军舍	哨船 沙船 S 桨船 J	弓兵
扬州府军卫（扬州府属）	1. 把截义官	仪真东沟（瓜埠巡司会哨）~青山白茅墩（青山巡江官、龙潭巡司会哨）:45 里	40		
	2. 仪真守备部下官兵+仪真卫巡江指挥（旧江口）	青山（东沟把截会哨）~黄天荡~罗汉洲（旧江口巡司会哨）:80 里			
	3. 花园港把截百户	罗汉洲（仪真卫县巡司接哨）~旧江口（瓜洲镇巡江千户接哨）:8 里	30+ 40=70	1	骁勇鸟铳手 10
	4. 旧江口巡检	下江口~窑港:40 里 窑港~何家港（仪真县游兵 30）			20 <52>
	5. 千户	旧江口（把截百户接哨）~蒋八港（巡江千户接哨）:10 里	40	1	
	6. 巡江百户+瓜洲镇巡检	蒋八港（瓜洲镇千户接哨）~深港（万寿巡司接哨）:10 里		2	24
	7. 万寿巡检	深港（巡江百户接哨）~穿心港（归仁巡司及三江会口各营官兵接哨）:60 里			18 <50>
	8. 把总部下官兵+归仁巡检	瓜洲镇~三江会口~庙港:150 里 穿心港（万寿巡司会哨）~急水沟（口岸巡司会哨）:30 里			18 <50>
	9. 口岸巡检	急水沟（归仁巡司会哨）~李家港（印庄巡司会哨）:30 里			20 <30>
镇江府军卫（镇江府属）	1. 镇江府东、西二码头指挥 1	操江船二枝:泊守焦山以护东津;泊守晋三以护西津; 瓜洲、仪真（防江寇）~圌山、安港（防海寇）	<25+ 25= 50>		
	2. 镇江府陆操指挥 1+哨官千户 3、百户 1	春汛四枝: 千户 1 领驻大港;千户 1 领驻埤城;千户 1 领驻东津马头;百户 1 领驻西津马头	土兵 400		
	丹徒县		199		40+ 机兵 56 =96
	丹阳县		80		

续表

府卫	分辖	信地	民壮军舍	哨船沙船S桨船J	弓兵
镇江府军卫(镇江府属)	金坛县		100+快手49+军余82=231		
	3. 丹徒镇巡检	焦山(镇江府委千户会哨)~孩溪桥(姜家嘴巡司会哨):15+15=30里		雇船	28 <15>
	4. 高资港巡检	斜沟口(把截义民会哨)~西马头(镇江府巡江官军并府县操江把截、壮、快会哨):30+40=70里		雇船	28 <15>
	5. 安港巡检	姜家嘴巡检司~包港巡检司:20+30=50里		雇船	37 <15>
	6. 姜家嘴巡检	孩溪桥(丹徒巡司接哨)~顺江洲一号港(安港巡司接哨):50里		雇船	37 <15>
常州府	(武进县)陆营官兵民壮		606	27 仙船1	
	(无锡县)内河官兵民壮138		20	27	
	(宜兴县)关北内河官兵民壮120		253	21	
	(江阴县)水陆官操捕兵民壮284		42	沙船+唬船+划船=32	
	(靖江县)含捕快,水陆官耆捕舵兵壮786		20	沙船10	
苏州府	(吴县)		38(水陆官哨耆什舵兵壮786)	16	
	(长洲县)				
	(昆山县)水陆营官哨队兵		347	11	
	(吴江县)水陆营官哨队兵		310	88	

续表

营	分辖	《江防考》信地（里）		《南京都察院志》信地（里）	哨长	队长	船	官兵
南湖营（万历五年）	南湖营： 守备 1 中军千户 1	南	城子镇①～马当：295	下巢湖～马当河：325		3	12 <48>	474 <530 余>
	兵巡道门下标兵： 中军九江卫指挥 1 把总 5	北	龙坪～沙湾角：240	龙坪镇～沙湾角：240	4			250
	九江兵备道江防馆部下团练精兵				1	11		150 总 874 （2038）
九江卫	操江厅团练江兵： 总练兵操指挥 1 三班千、百户 3					6	18	740
	分拨沿江防守小池口、上嘴、鲟鱼嘴、沙湾角四处信地军兵： 指挥不祥							112
	防守鄱阳湖大矶山信地军兵： 百户 1							43
	四水巡兵： 总巡指挥 1 上巡、中巡、下巡千、百户 3						4	172
	旱巡军兵： 指挥 1							30
	南湖营与九江卫船共 60，其中有哨船 11（德化县）+7（湖口县）+8（彭泽县）							

① 善字号城子镇传烽兵船 1 艘，本司弓兵 10 人，每月更换 30 里至小江。

续表

营	分辖	《江防考》信地(里)		《南京都察院志》信地(里)	哨长	队长	船	官兵
安庆营（成化十三年）	守备1 总巡3 哨官4 耆长28	南	马当~池口:290	马当镇~池口:290			45 <41>	515 <500余>
		北	史家沟~老洲头:360	小孤山（史家沟）~老洲头:360				
荻港营（嘉靖三十八年）	把总1 哨官4 游巡2 耆队长30	南	池口~东梁山:350	池口~大信河:320(350)①			62 <36>	633 <528>
		北	老洲头~西梁山:300	老洲头~张家沟:290 老洲头~西梁山:300				
游兵营（嘉靖三十八年）	都司1 把总2(左右哨)+1=3② 中军指挥1	南	东梁山~高资港:340	大信河~天宁洲:350 东梁山~天宁洲:305③	10哨总×5=50		140 (60) <94>	119×10=1190 (1308)④ <1300余>
		北	西梁山~黄天荡:240	西梁山~黄天荡:240				
仪真水营（洪武初）	守备1 卫总1	南		天宁洲~高资港:35	26		42 <37>	513 (602) <455>
		北	黄天荡~瓜洲:140	东沟~何家港:95(100)				
仪真陆营	哨官1					2	48	101

① 据《南京都察院志》，《四库全书存目丛书补编》73，第326页b图，下同。

② 林为楷先生记把总1，当指“随营差遣名色把总一员”。见吴时来撰，王篆增补《江防考》卷二《官兵沿革》，《四库全书存目丛书》史部226，第126页a。

③ 据《南京都察院志》，《四库全书存目丛书补编》73，第331页a图。

④ 按《南京都察院志》对游兵营的记录，与该书其后记录又有不符。如信地范围“上自荻港，下至高□（资）”，尚属可调和，至“原额官、耆、捕、把、义、健、兵、识、家丁”2976员，则明显偏大。见《南京都察院志》，《四库全书存目丛书补编》73，第286页b。

续表

营	分辖	《江防考》信地(里)		《南京都察院志》信地(里)	哨长	队长	船	官兵
瓜洲水营	卫总 1 哨官 2	南			39		48 <36>	652 (原额 262) <580 余>
		北	花园港~深港:30	沙港~蔷薇港:60(10)①				
瓜洲陆营	卫总 1 哨官 1					8	48	262(182+军舍 80)②
三江营	把总 1 哨官 2	南			31		45 <44>	539 <705>
		北	瓜洲~庙港:140	沙河港~庙湾:135				
圌山营(嘉靖三十五年)	把总 1 哨官 2	南	高资港~包港:250	高资港~包港:250 高资~安港:10③	33		42 <41>	775 (1198)④ <740 余>
		北						
新江营(永乐五年)⑤							171(300)⑥	6755⑦
太平营(万历二十年)							14	519⑧
巡江营	把总 1 哨官 2				17		≥17	342

---

① 据《南京都察院志》,《四库全书存目丛书补编》73，第 334 页 b 图。

② 水陆营天启时募补 276 名。

③ 据《南京都察院志》,《四库全书存目丛书补编》73，第 336 页 b 图。

④ 原额 1845 名，1198 名为嘉靖四十三年数。隆庆时吴时来进行了裁革。

⑤ 王恕:《王端毅奏议》卷四《复议定襄伯乞增操江官军奏状》,《景印文渊阁四库全书》427，第 518 页 b。

⑥ 原额 401 艘，嘉靖十二年都御史潘真奏革 201 艘，后内外守备衙门题添沙船 100 艘，共 300 艘。

⑦ 万历四十八年查实之数。原额官军余 15815 人（事故 10569 人，见在 5246 人)。据《南畿志》，至少嘉靖时还有实在数 7800 余人。万历初年吴时来撰写《江防考》时，见在官军余 5600 余人，事故官军 10900 余人。

⑧ 亲兵 300 人，万历四十八年都御史孟养浩题增家兵 220 人。《南京都察院志》,《四库全书存目丛书补编》73，第 286 页 a。

表 5　南直隶巡检司、卫所、营堡、瞭台烽堠①

府	县(巡检司)	卫所	营堡	瞭台烽堠
应天府	上元县:淳化镇	孝陵卫(上元县东北钟山南)		
	江宁县:大胜关、江宁镇、秣陵关、江东、龙江关			
	句容县:龙潭			
	溧江县:上兴埠(废)			
	高淳县:广通镇			
	江浦县:浦子口、西江口	江淮卫(西江浦县东南)		
	六合县:瓜埠			
凤阳府	怀远县:洛河镇	凤阳卫、凤阳中卫、凤阳右卫、皇陵卫、留守左卫、留守中卫、长淮卫、怀远卫(中都留守司、凤阳县西南); 洪塘湖千户所(凤阳县东北)		
	五河县:上店			
	寿州:下蔡镇、北炉镇、正阳镇	寿州卫(寿州)		

① 《筹海图编》卷六;《武备志》卷二一六《占度载》。府以下地名的位置，以及营堡、瞭台烽堠位置，并见参考文献中各方志，不一一列举。

续表

府	县(巡检司)	卫所	营堡	瞭台烽堠
凤阳府	霍丘县:开顺镇、丁塔店、高唐店			
	盱台县:旧县			
	天长县:城门乡			
	灵壁县:固镇			
	颍州:沈丘镇			
	太和县:洪山、北原河			
	亳州:义门			
		飞熊卫、英武卫(定远县)		
		泗州卫(泗州)		
		宿州卫(宿州)		
淮安府	盐城县:清沟、喻口镇	盐城千户所(盐城县,旗军 203 员,屯军 882 员)	堡:沙沟寨①	
	山阳县:马逻乡、庙湾镇、羊寨乡	大河卫(山阳县北,军 1521 员)、淮安卫(山阳县,军 850 员)		
	清河县:洪泽、马头镇			
	安东县:东海、五港口、长乐镇、坝上	东海中千户所(安东县东,军 550 员)		
	桃源县:古城、三义镇			

① “在盐城县新一、二都”,见嘉靖《惟扬志》卷一〇《军政志》,《天一阁藏明代方志选刊》12,第 14 页 b。

续表

府	县(巡检司)	卫所	营堡	瞭台烽堠
淮安府	海州:惠泽(深)、高桥	海州中前千户所(海州,军 475 员) 西海千户所①		
	赣榆县:临洪镇、荻水镇			
	邳州:直河口、新安	邳州卫(邳州)		
	宿迁县:刘家庄			
扬州府	江都县:邵伯镇、万寿镇、上官桥、瓜洲镇、归仁镇	扬州卫(江都县,旗军 8960 员,屯军 4440 员)		烽堠:瓜洲 15②
	仪真县:旧江口	仪真卫(仪真县,军 4480 员)		烽堠:仪真 10③
	泰兴县:口岸镇、黄桥镇、印庄			
	高邮州:张家沟、时堡	高邮卫(高邮州,旗军 6720 员,屯军 4440 员)		
	宝应县:怀楼镇、衡阳			
	兴化县:安丰	兴化千户所(兴化县)		
	泰州:西溪镇、宁乡镇、海安镇	泰州千户所(泰州,旗军 203 员,屯军 882 员)	堡:刘庄、白驹、拼茶、角斜	烽堠:泰州 11;拼茶寨 4;角斜寨 2;白驹寨 1;刘家寨(刘庄寨)1

① 康熙《海州志》:“守御西海千户所千户二员，镇抚一员，百户十员。”《筹海图编》和《武备志》皆不载此千户所。

② 《筹海图编》不载。

③ 《筹海图编》不载。

续表

府	县(巡检司)	卫所	营堡	瞭台烽堠
扬州府	如皋县:石庄、掘港、西场		营堡:掘港东营、掘港西营; 堡:掘港场、李家堡	烽堠:掘港寨9;李家堡5①
	通州:狼山、石港	通州千户所(通州,旗军203员,屯军882员)	营堡:壮捷、壮武、镇远、轻忠、济武、登庸、平定、忠节、兴义、威武② 堡:石港寨③	烽堠:通州8
	海门县:吴陵、张港、安东坝上、白塔河		堡:料角嘴、徐稍港、大河口④	烽堠:海门县28
苏州府	吴县:木渎、东山、用头、横金	苏州卫(吴县)	营堡:九折村	
	长洲县:吴塔、陈墓、唐湖			
	吴江县:同里、平望、震泽、简村、汾湖、长桥、澜溪、因渎			

① 嘉靖《惟扬志》记录为“李家堡墩二座，掘港寨墩四座”，与《筹海图编》的记录出入较大。见嘉靖《惟扬志》卷一〇《军政志》，《天一阁藏明代方志选刊》12，第14页b。

② 嘉靖《惟扬志》卷一〇《军政志》，《天一阁藏明代方志选刊》12，第14页a~b。《筹海图编》和《武备志》仅记录了其中前九个（威武营不载），且无具体定位，《惟扬志》明确说“以上十营俱在通州治”。另外，“轻忠”《惟扬志》作“旌忠”。

③ “在通州西城乡”，嘉靖《惟扬志》卷一〇《军政志》，《天一阁藏明代方志选刊》12，第14页b。

④ 据嘉靖《惟扬志》，三者均为“寨”，“俱在海门县东”。

续表

府	县(巡检司)	卫所	营堡	瞭台烽堠
苏州府	昆山县:石浦、巴城			烽堠:五岳①
	常熟县:许浦、白茆港、黄泗、福山		营堡:白茆港、福山、双滨村②	敌台:白茆港 烽堠:大钱泾③、金泾、许浦、高浦、白茆港、崔浦、黄滨、福山、瓦浦、卢浦、奚浦、千步泾、三丈浦、西洋、海洋、耿泾、黄泗浦、新庄、唐浦、大陈浦、徐陆泾、小东浦、四马泾、乌沙港④、野漕
	嘉定县:江湾、顾泾、吴塘、南翔	宝山千户所(嘉定县东南)、吴淞江千户所(县东南,军兵1000员)、刘河堡千户所(县北)	堡:青浦寨2⑤	敌台:黄洼港 烽堠:宝山⑥、依有、西潜、生宇圩、周冢、马沙、吕家圩、东潜、月浦、採掏(涞掏)港、顾泾、练祁⑦

① 赵霖体《究治水利害状》:“崐山十有二:谓掘浦、下张浦、七丫浦、茜泾浦、杨林浦、六鹤浦、顾径浦、川沙浦、五岳浦、蔡浦、琅港浦。”引自正德《姑苏志》卷一二《水利下》,原文即仅列十一处。

② 双滨墩烽堠在常熟,见嘉靖《常熟县志》卷三《兵卫志·国朝》,第6页a。

③ 弘治《常熟县志》卷一《山川》:“大钱泾:在三十五都。”但钱泾墩为“甘草巡司所置”,见嘉靖《常熟县志》卷三《兵卫志·国朝》,第6页b。

④ 同治《苏州府志》卷二《疆域》:“常熟县:……北至乌沙港江阴县界。”

⑤ “洪武十九年镇海卫指挥朱永建堡。”顾炎武:《天下郡国利病书》第六册《苏松备录》,《续修四库全书》595,第752页a。

⑥ 《筹海图编》卷六《直隶倭变纪》:“收集余党,流突苏松,掠嘉定之宝山镇。”

⑦ 正德《姑苏志》卷二一《官署上》:“嘉定县治在春申乡练祁市。”

续表

府	县(巡检司)	卫所	营堡	瞭台烽堠
苏州府	太仓州:刘家港、甘草、唐茜泾口、茜泾	太仓卫(军余5786员,民壮、弓兵706员),太仓左、右、中、前、后所(太仓州)(嘉靖三十六年中千户所调守吴淞江、宝山一带,军1000员),镇海卫(州东海口,后移入卫城,军余5508员),镇海中、左、右、前、后所	营堡:七丫港、刘家港	敌台:七丫港 烽堠:七丫港、张浦、黄窑、新塘、唐茜泾、浪港、鹿鸣、双鸣
	崇明县:平阳沙、西沙、三沙	崇明沙千户所(崇明县,军兵2400员)	营堡:南沙、竹箔沙①	
松江府	华亭县:小贞村、泖桥、金山、南桥、陶宅、戚木泾②	金山卫,金山左、右、前千户所(华亭县东南,土客军1249员,守墩军余117员),后千户所(嘉靖调守柘林镇堡,军503员,军余176员),中千户所(嘉靖调守府城,军余789员),中前千户所(嘉靖调守青村城,军余1089员,守墩军余67员,哨报马车13员),中后千户所(嘉靖调守南汇城,军余1251员,守墩军余106员),青村(中、前)千户所(华亭县东南)	营:金山、独树、江门、大盘、小盘 堡:柘林、胡家港、蔡庙港③ 塘铺24	祭海台; 烽堠:(前所)横沥、蒢管、戚家、金山; (中前所)戚漴、宋家、西袁浦、大门、横林、焦树、东袁浦、头墩、二墩、三墩、旧四墩、新四墩、五墩、六墩 (后所)新庙、江门、葛逢 (左所)漴却、周公、陆鹤 (右所)西新、东新、胡家④

① “竹箔沙在县治东南七十余里，乃南沙之南尽处也。”郑若曾：《江南经略》卷三下《竹箔沙险要说》，《景印文渊阁四库全书》728，第229页b。

② 正德《松江府志》卷一一，《天一阁藏明代方志选刊续编》5，影印明正德七年刻本。另参见李默《吏部职掌》，戚木泾在华亭无疑。

③ 据郑若曾《江南经略》卷四上。

④ 此三所皆在金山卫前哨临海处，见崇祯《松江府志》卷一《图经》，《日本藏中国罕见地方志丛刊》6，影印明崇祯四年序刊本，第25页b图。

续表

府	县（巡检司）	卫所	营堡	瞭台烽堠
松江府	上海县：吴淞江、黄浦、三林庄、南跄	南汇嘴中、后千户所（上海县东南）	堡：川沙	烽堠：（中后所）南汇、头墩、二墩、三墩、四墩、五墩、六墩、七墩、八墩、九墩、十墩、十一墩、十二墩、十三墩、一四墩、十五墩、十六墩、十七墩、十八墩、擒虎墩
	青浦县：新经、殿山			
常州府	武进县：奔牛、小河、操江	魏村闸百户所（武进县西）		
	无锡县：高桥、望亭			
	宜兴县：下邾、钟溪、湖汊、张渚			
	江阴县：石头港、利港、范港			
	靖江县：新港			
镇江府	丹徒县：高资镇、安巷、丹徒镇、姜家嘴	镇江卫（军兵1019员）、递运所、湖泊所（丹徒县）		
	丹阳县：吕城镇、包港			
	金坛县：湖溪			
庐州府	合肥县：庐镇关	庐州卫（合肥县）		
	庐江县：冷水关			
	无为州：奥龙河镇、泥汊河镇、土桥河镇、黄洛河镇			

续表

府	县(巡检司)	卫所	营堡	瞭台烽堠
庐州府	巢县:集湖			
	六安州:麻埠、和尚滩	六安卫(六安州)①		
	霍山县:故埠镇、千罗畈、上土市			
安庆府	怀宁县:观音港、长风沙镇	安庆卫(怀宁县)		
	桐城县:六百丈、马踏石、源子港			
	潜山县:天堂寨			
	太湖县:南阳、白沙、小池、后部			
	宿松县:小姑山、归林滩、泾江口			
	望江县:雷港、杨湾镇			
太平府	当涂县:采石、大信			
	芜湖县:河口镇			
	繁昌县:三山、荻港			
池州府	贵池县:池口镇、李阳河			
	铜陵县:大通			
	建德县:永丰镇			
	东流县:香口镇			

① 《筹海图编》《武备志》均失载。

续表

府	县（巡检司）	卫所	营堡	瞭台烽堠
宁国府	宣城县：黄池镇、水阳镇	宣州卫（宣城县）①		
	南陵县：峨陵			
	泾县：茹麻岭			
	宁国县：岳山、胡乐			
	旌德县：乌岭、三溪			
	太平县：龙门山	建阳卫（当涂县）②		
徽州府	歙县：街口镇、王干寨	新安卫（歙县）		
	休宁县：黄竹岭、坑夏			
	婺源县：大镛岭、项村			
	祁门县：大共岭、良禾岭			
	绩溪县：西坑寨、濠寨			
徐州	徐州：吕梁洪	徐州卫（徐州）		
	萧县：赵家圈			
滁州	滁州：大枪岭	滁州卫（滁州）		
	来安县：白塔镇			
和州	和州：浮沙口、裕溪镇、牛屯河	和州卫（和州）		
广德州	广德州：广安、陈阳、杭村			
	建平县：梅渚、陈村			

① 《筹海图编》《武备志》均失载。

② 《筹海图编》《武备志》均失载。

表 6 南直隶府县民壮、弓兵、操江、江防、海防银数

单位：人，两

府	县	民壮	弓兵	A 民壮、弓兵折银①	B 饷银②	C 水手银	D 江防银	E 兑解海防银	江海防饷总数（B+C+D+E）
应天府	上元县	40	淳化镇 30	防守弓兵银 72	100				100
	江宁县	40	江宁镇 24		100	86.4+座船水手银 85.2			271.6
	句容县	266（县丞领 20，斜沟把守领 20）	龙潭 36	防守弓兵银 122	976			552.16268725③	1528.16268725
	溧阳县	200	上兴埠 24（革）	防守弓兵银 64.8	952		838	380.83	2170.83
	溧水县	242		民壮银 792（防守弓兵银 10）	160		302	2299.65	2761.65
	江浦县	66			100				100
	高淳县（新设）	124	广通镇 17	防守弓兵银 72	160		444	1644.6296499④	2248.6296499

① 吴时来撰，王篆增补《江防考》卷二《钱粮沿革》，《四库全书存目丛书》史部 226，第 133 页 a~b。南直隶原额 13042.26 两（弓兵银原额 2890 两），“嘉靖三十三年都御史史褒善题该兵部复准，于直隶各府、州、县民壮、弓兵内扣减名数征解。其安庆、镇江贮本府，余贮应天府，以备本院召募义勇工食之费”。

② 《南京都察院志》卷一〇《操江职掌二·军实》，《四库全书存目丛书补编》73，第 291 页 a~297 页 b。

③ 《南京都察院志》“兑解海防银”条目下却仅言“句容县海防银伍百伍拾贰两壹钱陆分零”。

④ 《南京都察院志》“兑解海防银”条目下却仅言“高淳县壹千陆百肆拾肆两陆钱零”。

续表

府	县	民壮	弓兵	A 民壮、弓兵折银	B 饷银	C 水手银	D 江防银	E 兑解海防银	江海防饷总数（B+C+D+E）
应天府	六合县	90(典史领35)	瓜埠41(45)	防守弓兵银72	160+靛税银39+提衣银3			251.928	453.928
			江淮41+江东41+秣陵镇33=115	456(防守弓兵银412.8)	(2836.4)(额收20204.368698)①	(171.6)	(1584)	(5135.20033715)	(9812.40033715)
和州	含山县	365(同知领68)	浮沙46+牛屯46+裕溪30=122	防守弓兵银144	617.2				
				防守弓兵银72	442.4				
				539.6(弓兵银216)					
宁国府	宣城县			防守弓兵银72	2290			选锋银34.434	
	宁国县			防守弓兵银72	545.2+柴菜银7.77				
	泾县			防守弓兵银24	485.2			选锋银9.839	
	太平县			防守弓兵银36	245			选锋银3.838	
	旌德县			防守弓兵银12	383.6			选锋银6.687	

① 此处数字差距过大，疑有误，依原文。

续表

府	县	民壮	弓兵	A 民壮、弓兵折银	B 饷银	C 水手银	D 江防银	E 兑解海防银	江海防饷总数（B+C+D+E）
宁国府	南陵县			防守弓兵银 36	850			选锋银 14.632	
		共 1300①	共 210②	弓兵银 252					
太平府	当涂县	296（县丞领 28，巡哨领 20）	采石 24 + 大信 34 = 58	防守弓兵银 96		地字号 115.2 谋字号 72		173.2283+ 选锋银 38.1	
	芜湖县	338（县丞领 50）	河口镇 30	防守弓兵银 48			62.394913	选锋银 22.86	
	繁昌县	173（典史领 26）	三山 32 + 荻港 28 = 60	防守弓兵银 84			41.3224962	选锋银 15.24	
				723.2（弓兵银 228）	3060	座船水手银 187.2			
广德州	建平县	295		308.4（防守弓兵银 216）	674.6			155.98555	
		160		防守弓兵银 144	237+273.8 = 510.8	扬州府通州月字号水手银 50.4+泰州地字号水手银 72	上巡江赃赎专备修船银 750	77.9927723	
				弓兵银 360	1185.4				
		106							

① 另外，宣城县芳山埠哨船 1 只，哨兵 10 名。

② “六县所属黄池、水阳、峩岭、桑坑、胡乐、岳山、三溪、宏潭八巡检司，共弓兵贰百壹拾名。”《南京都察院志》卷一二《职掌五 · 操江职掌四》，《四库全书存目丛书补编》73，第 350 页 b。

续表

府	县	民壮	弓兵	A 民壮、弓兵折银	B 饷银	C 水手银	D 江防银	E 兑解海防银	江海防饷总数（B+C+D+E）
徽州府	歙县	130			原派应天军饷379				
	休宁县	130			原派应天军饷379				
	婺源县	100			原派应天军饷259				
	祁门县	90			原派应天军饷253				
	黟县	70			原派应天军饷229				
	绩溪县	65			原派应天军饷310				
				276					
安庆府	怀宁县	126（同知领88）							
		200（县丞领20）+水手1	长枫夹44	防守弓兵银48	181.85+口粮银30+原派应天兵饷278.35			改回663.379166+选锋银60	

续表

府	县	民壮	弓兵	A 民壮、弓兵折银	B 饷银	C 水手银	D 江防银	E 兑解海防银	江海防饷总数（B+C+D+E）
安庆府	桐城县	210（老洲头守把领 20）+水手 1	六百丈 34	防守弓兵银 144	195.77+口粮银 40+原派应天兵饷 302.43			改回 710.4+选锋银 60	
	潜山县	210+水手 3		防守弓兵银 24	165.152+口粮银 30+原派应天兵饷 244.748			改回 604.1+选锋银 60	
	太湖县	210+水手 4		防守弓兵银 72	209.75+口粮银 40+原派应天兵饷 510.795			改回 762+选锋银 80	
	宿松县	157+水手 2	小孤 36+泾港 34+归林 24=94	防守弓兵银 72	204.346+口粮银 40+原派应天兵饷 559.454			改回 738.8+选锋银 80	
	望江县	107（主簿领 20）+水手 1	雷港 40+杨湾 36=76	防守弓兵银 48	123.177+口粮银 20+原派应天兵饷 288.223			改回 445.3+选锋银 60	
		水手 12		907.2（弓兵银 408）	（额收 6107.979166）	工食 86.4	修船银①	（改回 3923.97）	

① “其修船银原无预征，遇有损坏，行府通融酌派修造。”《南京都察院志》卷一〇《职掌三·操江职掌二》，《四库全书存目丛书补编》73，第 298 页 a。

续表

府	县	民壮	弓兵	A 民壮、弓兵折银	B 饷银	C 水手银	D 江防银	E 兑解海防银	江海防饷总数（B+C+D+E）
九江府	德化县		南湖嘴 27+龙开河 20 + 城子镇 25 = 72						
	湖口县		茭石 24 + 湖口 24 = 48						
	彭泽县		马当 26	防守弓兵银 40					
				弓兵银 40					
池州府	贵池县	300（府首领或县巡检领 70）	池口 20			座船水手银 36		选锋银 76.2	
		48	李阳河 20	防守弓兵银 36	原派应天军饷 1075.2			191.452237	
	青阳县	24（典史领 30）			原派应天军饷 650.5			128.5	
	铜陵县	60（主簿领 12）	大通 20		原派应天军饷 589.32			111.4	
	石埭县	27			原派应天军饷 315.7			46.5	
	建德县	21		防守弓兵银 36	原派应天军饷 276.85			50.5	

续表

府	县	民壮	弓兵	A 民壮、弓兵折银	B 饷银	C 水手银	D 江防银	E 兑解海防银	江海防饷总数（B+C+D+E）
池州府	东流县	55（典史领 12）	吉阳 19	防守弓兵银 24	原派应天军饷 213.24			37.1	
				359.82（弓兵银 116）	额收 9325.852237				
苏州府	吴县	200							
	长洲县	【330】①	24②						
	昆山县	347（水陆营官哨队兵）							
	吴江县	310（水陆营官哨队兵）							
				1712		操江水手银 120			

① 又有谓单长洲一县民壮，“嘉靖间所定赋役册，议设三百三十名，募民为之”。隆庆《长洲县志》卷九《兵防》，第 3 页 a。

② “弓兵：巡检司弓兵二十四名。”万历《长洲县志》卷九《国朝·民壮》，第 269 页。

续表

府	县	民壮	弓兵	A 民壮、弓兵折银	B 饷银	C 水手银	D 江防银	E 兑解海防银	江海防饷总数（B+C+D+E）
松江府	华亭县	20							
		20				36			
	上海县	20				24			
	青浦县	20				12			
				208		72+ 操江水手银 60			
常州府	武进县	606（陆营官兵民壮）						①	
		20（内河官兵民壮 138）						702	
	无锡县	253（关北内河官兵民壮 120）						702	
	宜兴县	42（水陆官操捕兵民壮 284）+水手 12				工食银 66.6	修船银 32	702	

① 兑解海防银：原额常州、镇江二府应解江防兵饷银 5129.2 两。“向解应天府库，听操院兵饷支销。应云府各县应解常州府库抚院海防军饷银两，彼此催办不便，于万历四十五年起该应天府申详都御史罗朝国，行常镇兵备道，复议互相抵解。”《南京都察院志》卷一〇《职掌三·操江职掌二》，《四库全书存目丛书补编》73，第 302 页 b。

续表

府	县	民壮	弓兵	A 民壮、弓兵折银	B 饷银	C 水手银	D 江防银	E 兑解海防银	江海防饷总数(B+C+D+E)
常州府	江阴县	20(含捕快,水陆官耆捕舵兵壮 786)						702	
	靖江县	38(水陆官哨耆什舵兵壮 786)						97.2	
				1633.2		操江水手银96+工食银133.2+健勇水手银 2669.2	62		
镇江府	丹徒县	总巡民壮 16(内河营官兵民壮127)							
		巡捕民壮 20(总199)+水手 8	安港 37+丹徒28+高资 28=93	圌山操江民壮银 885.6	2702.88+圌山把总供应银55.04+备用扣充兵饷银 600		巡江哨识廪粮银 31.2	健男银 518.4	

续表

府	县	民壮	弓兵	A 民壮、弓兵折银	B 饷银	C 水手银	D 江防银	E 兑解海防银	江海防饷总数（B+C+D+E）
镇江府	丹阳县	巡捕民壮 20（总 80）+水手 4	96	圌山操江民壮银 388.8	2702.344+圌山把总供应银 41.28+备用扣充兵饷银 550		巡江水兵银 561.6+巡江哨识廪粮银 31.2	健男银 518.4	
	金坛县	巡捕民壮 8（总 231）		圌山操江民壮银 388.8	2237.8696+圌山把总供应银 41.28+备用扣充兵饷银 550		巡江水兵银 442.8+巡江哨识廪粮银 31.2+下巡江赃赎专备修船银 750	健男银 518.4	
		水手 12	共 1006	872（弓兵银 504①）+操江民壮银 1663.2	额收 12241.782	操江水手银 90+工食银 82.4+健勇水手银 1620	修船银②		
								选锋银 100	

① 镇江和扬州二府“自万历四年起俱解应天府，与游兵营水兵一例支给。内扬州府照旧征解，其镇江府于四十五年改解常州府，抵兑句容等县应解应天巡抚海防兵饷”。《南京都察院志》卷一〇《职掌三·操江职掌二》，《四库全书存目丛书补编》73，第 302 页 a。

② “其修船银两系丹徒县条鞭银内通融类编，遇船损坏，行县修造。”见《南京都察院志》卷一〇《职掌三·操江职掌二》，《四库全书存目丛书补编》73，第 298 页 a。

续表

府	县	民壮	弓兵	A 民壮、弓兵折银	B 饷银	C 水手银	D 江防银	E 兑解海防银	江海防饷总数（B+C+D+E）
凤阳府	凤阳县	20							
		77			40				
	临淮县	85			40				
	怀远县	106			40				
	定远县	90			100				
	五河县	60			40				
	虹县	91			40				
	寿州	126			160				
	霍丘县	95			100				
	蒙城县	120			40				
	泗州	24			40				
	盱眙县	12			40				
	天长县	72			100				
	宿州	80			40				
	灵璧县	164			40				
	颍州	294			160				
	颍上县	107			40				
	太和县	162			40				
	亳州	169			160				

续表

府	县	民壮	弓兵	A 民壮、弓兵折银	B 饷银	C 水手银	D 江防银	E 兑解海防银	江海防饷总数（B+C+D+E）
庐州府	合肥县	350(民兵)			740				
	舒城县	240			470.4				
	庐江县	132			366				
	无为州	守城 225+沿江四处水哨 72(黄落河巡检领 48)	奥龙 38+泥汊 38+土桥 38=114	防守弓兵银 120	606.8				
	巢县	136			378				
	六安州	10			596				
	英山县	15			244				
	霍山县	104			222.4				
				1646.4					
滁州	全椒县	86		防守弓兵银 10	236				
		87		防守弓兵银 36	236				
	来安县	53		防守弓兵银 20	130				
				92(弓兵银 70)	602				

续表

府	县	民壮	弓兵	A 民壮、弓兵折银	B 饷银	C 水手银	D 江防银	E 兑解海防银	江海防饷总数（B+C+D+E）
扬州府						192		选锋银 400	592
	江都县	158（175）①（花园港百户领 40）（总 360，实 296）②	归仁 50 + 瓜洲 100+邵伯镇 60+万寿 100+上官桥 100 = 410（归仁+万寿+瓜洲 = 60）	弓兵银 200	瓜洲梁税 8000 余	151. 2+座船水手银 28. 8	1093. 6（7. 2×175 = 1260）		
	仪真县	120（把截义官领 40，旧江口千户 40）（总 100）	80（旧江口 20）		150+仪真梁税 2100 余	43. 2	84. 422		
	泰兴县	160（总 425，实 422）	黄桥 30 + 口岸 30（口岸 20）+印庄 30 = 90 120③			129. 6	1009		
	高邮州	173（总 420，实 310）	时家堡 90+张家沟 60 = 150			118. 8	185		

① 《重订赋役成规》：“又瓜洲操江民壮一百七十五名。”后裁撤至 80 名，“为守城巡缉之役”，见《续修四库全书》833，第 212 页 b～213 页 a。

② 嘉靖《惟扬志》卷一〇《军政志》，《天一阁藏明代方志选刊》12，第 5 页 a。以下几县民壮总额数和减至之实数同见第 5 页 a～b。

③ 光绪《泰兴县志》卷一五《经制志四 · 营伍》，第 4 页 a。

续表

府	县	民壮	弓兵	A 民壮、弓兵折银	B 饷银	C 水手银	D 江防银	E 兑解海防银	江海防饷总数（B+C+D+E）
扬州府	兴化县	95（总 297，实 200）	安丰 100			86.4	1827.178		
	宝应县	70（总 155，实 150）				54	500		
	泰州	184（总 350，实 300）	海安 30＋西溪 30+宁乡 30＝90			194.4	1919.2	水手抵选锋银 50.4	2617.6
	如皋县	120（总 200，实 150）	西场 40＋掘港 40＋石庄 60＝140			75.6	929.3		
	通州	173（总 300）	石港 40＋狼山 60＝100		乌铳银 40	118.8+座船水手银 7.2	1318.4		
	海门县	90（总 140）	吴陵 50＋张港 50＝100				222.7		
				1739.6（额派 1330.2）（弓兵银 240）	（额收 19643）① 操江饷银 9089.4②	操江水手银 60+座船水手银 72	9089.3		

① 另有门税 54.6795 两×4＝218.718 两（遇闰加 18.2265 两）、解脚杂行 438.242 两×4＝1752.968 两（遇闰加 60.4546 两）、芦柴行 10 两×4＝40 两（遇闰加 3.334）。

② 万历四年以前，额派民壮弓兵银 1332.2 两，操江水手银 60 两，添复军饷银 1300 两以上，共银 2692.2 两以上，续增银 6399.2 两。

续表

府	县	民壮	弓兵	A 民壮、弓兵折银	B 饷银	C 水手银	D 江防银	E 兑解海防银	江海防饷总数（B+C+D+E）
淮安府	山阳县	78							
	盐城县	100	清沟+喻口①						
	清河县	6							
	安东县	70							
	桃源县	12							
	沭阳县	118							
	海州	170							
	赣榆县	118							
	邳州	102							
	宿迁县	12							
	睢宁县	12							
				1392. 48					
徐州	萧县	76							
		57							
	砀山县	65							
	丰县	47							
	沛县	74							
				632. 38					

① 这两个巡检司“亦属扬州钤制”。见嘉靖《惟扬志》卷一〇《军政志》，《天一阁藏明代方志选刊》12，第 6 页 a。

表 7　历任南京都察院右都御史、副佥都御史（操江）及其著述①

时间	右都御史	字	籍贯	著述	副佥都御史（提督操江兼管巡江）	字	籍贯	著述
永乐二年					刘观（左副）		直隶雄县	
永乐七年					虞谦（右副）【“寻左”】	伯益	直隶金坛	玉雪斋稿②
永乐八年	陈德文（茔中）	文石	广东南雄保昌	（西域志）③				
永乐十一年					李庆（左副）④		顺天顺义	

① 操江都御史始设于永乐，故此表从永乐开始，时间和人名据雷礼《国朝列卿纪》卷七四《南京都察院左右都御史年表》、卷七五《国初都察院左右副都御史年表》、卷七六《都察院左右副都御史年表》；《南京都察院志》卷三《职官一·永乐七年以来南京都察院堂官年表》，《四库全书存目丛书补编》73，第 85 页 a~99 页 a。著述另据其他文献开列。

② 过庭训：《本朝分省人物考》卷二九。再，同一人著述仅列一次。

③ 《本朝分省人物考》卷一一二：“三十年，使西番撒马儿罕等国，开通西域，居十有二年，克举使职，不辱君命。永乐五年回京，凡所历之国，采访风俗，作为诗歌，归日进呈。成祖嘉之，擢佥都御史。诏内阁修《西域志》，多采其言。”

④ 《国朝列卿纪》同书一说永乐四年。

续表

时间	右都御史	字	籍贯	著述	副佥都御史（提督操江兼管巡江）	字	籍贯	著述
永乐十三年	刘观（左都）		直隶雄县					
永乐十五年					王彰（右副）①	文明	河南郑州	
					刘弘道（右副）		陕西凤翔	
永乐十八年	王彰（右都）	文明	河南郑州					
永乐十九年					虞谦（左都）	伯益	直隶金坛	
永乐二十二年	张本	致中	山东东阿		夏迪（右副）	廷简号霞轩	浙江天台	时思仪略②
	杜智（右都）		直隶芜湖		李素（右副）		顺天平谷	
					陈勉（左副）		江西宁都	
洪熙元年		向宝（右都）	克忠	江西进贤	戈谦（右副）	胡廙（右副）	山西代州	直隶广德州

① 《国朝列卿纪》同书又说“永乐十年以户部侍郎改右副都”。
② 徐象梅：《两浙名贤录》卷三二《德业》。

续表

时间	右都御史	字	籍贯	著述	副佥都御史（提督操江兼管巡江）	字	籍贯	著述
宣德二年	是年至正统十四年，俱副都掌院事，都御史只熊概一人							
宣德二年					李敏（右佥）		河南仪封	
宣德三年					严升（右佥） 邵玘（左副）	以先	直隶繁昌 浙江兰溪	
宣德四年	熊概（右都）	元节	江西吉水	芝山 公余①				
宣德五年					李珉（左佥）		河南陈州	
宣德五年					贾谅（右副）	子信②	山东峄县	
宣德五年					吴讷（左副）	敏德号思庵	直隶常熟	思庵先生文粹③ 思庵文集④

① 《本朝分省人物考》卷五七。

② 《本朝分省人物考》卷九五。

③ 叶盛：《菉竹堂稿》卷八《书思庵文粹后》；叶昌炽：《缘督庐日记抄》卷一六《八月》。

④ 高儒：《百川书志》卷一三《集·国朝》。

续表

时间	右都御史	字	籍贯	著述	副佥都御史（提督操江兼管巡江）	字	籍贯	著述
宣德十年	是年至天顺二年不设佥都				陈镒（右都）			
正统五年					朱与言（右副）	一谔	江西万安	
正统二十年					周诠（右副）		直隶怀远	
景泰元年	陈勉（右都）	希进	江西雩都		张纯（右佥）	志忠	湖广江陵	
景泰三年	张纯（右都）	志忠	湖广江陵					
景泰五年					轩輗（左副）	推行	河南鹿邑	
天顺元年	萧维祯（左都）		江西庐陵					
天顺三年					张楷（右佥）	式之	浙江慈溪	春秋糠秕 四书糠秕 明律解 律条撮要

续表

时间	右都御史	字	籍贯	著述	副佥都御史（提督操江兼管巡江）	字	籍贯	著述
天顺三年					张楷（右佥）	式之	浙江慈溪	理易 稽古正要 增广事务纪元 武经小学 陕西纪行集 轻侯集 介庵集 归田录 南台稿 百琴操① 和李杜诗②
天顺四年	石璞（左都）	仲玉	河南临彰					
天顺八年					李秉（右佥）	执中	山东曹州	

① 雍正《浙江通志·经籍》（卷二四一、卷二四二、卷二四四至卷二四七、卷二四九）。

② 范邦甸：《天一阁书目》卷四之一《集部·别集类》。

续表

时间	右都御史	字	籍贯	著述	副佥都御史(提督操江兼管巡江)	字	籍贯	著述
天顺八年					高明(右佥)	上达	江西贵溪	
成化二年					吴琛(右佥)	与璧	直隶繁昌	
成化六年					罗篪(右副) 张鹏(左佥)	应韶 腾霄	江西南昌 直隶溧水	知庵集①
成化八年					胡拱辰(右副)	共之	浙江淳安	
成化十年	林聪(右都)	季聪	福建宁德	少保林庄敏公奏议② 见庵集③				

① 《续文献通考》卷一八二《经籍考》。
② 孙能传:《内阁藏书目录》卷五《奏疏部》。
③ 《续文献通考》卷一八二《经籍考》。

续表

时间	右都御史	字	籍贯	著述	副佥都御史（提督操江兼管巡江）	字	籍贯	著述
成化十三年	王恕（右都）		陕西三原	王端毅公文集 王端毅奏议① 石梁意见 介菴奏议 经籍格言②	白昂（右佥）	廷仪	直隶武进	
成化二十年	李裕（左都）	咨德	江西丰城		虞瑶（右佥） 章律（右副）	邦琼 鸣凤	浙江缙云 直隶常熟	
成化二十三年	屠滽（右都）	朝宗	浙江鄞县					
弘治三年					李益（左副）	景贤	陕西长安	

① 《内阁藏书目录》卷五《奏疏部》。
② 《续文献通考·经籍考》卷一七九、卷一八二、卷一八三。

续表

时间	右都御史	字	籍贯	著述	副佥都御史(提督操江兼管巡江)	字	籍贯	著述
弘治四年					王轼(右佥)①	用敬	湖广公安	平蛮录②
弘治五年	黄绂(左都)	用章	河南封丘	(辑)忠义传				
弘治六年	张悦(右都)	时敏	直隶华亭	定菴集③				
弘治八年	邓廷瓒(右都)④	宗器	湖广巴陵		杨守随(右佥)	维桢	浙江鄞县	
弘治九年	翟瑄(右都)	廷瑞	河南洛阳		顾佐(左佥)	良弼	直隶临淮	
弘治十一年					吴珉(右副) 侯恂(左佥)	诚之	山西灵石 陕西白水	

① 《明史》系于三年，见第4604页。
② 祁承㸁：《澹生堂藏书目》。
③ 杨枢：《松故述·艺文籍》。
④ "弘治十四年，由总督两广左都御史召掌院事，以疾未任，卒，赠太子少保，谥襄敏。"《国朝列卿纪》卷七四《南京都察院左右都御史年表》。

续表

时间	右都御史	字	籍贯	著述	副佥都御史（提督操江兼管巡江）	字	籍贯	著述
弘治十三年	陈道（右都）	德修	直隶盱眙		陈璚（左副）	玉汝	直隶长洲	
					林俊（右佥）	大用	福建莆田	林贞肃公文集① 林贞肃集 贞肃奏议②
弘治十四年	张敷华（右都）	公实	江西安福		陈寿（左副）	本仁	江西新赣	
弘治十八年	金泽（右都）	德润	浙江鄞县（应天江宁籍）					
正德元年	高铨（右都）	宗选	直隶江宁					
正德二年	熊绣（右都）		湖广宁远卫		戈瑄（右副）	良玉	直隶景州	
正德三年	张鼐（右都）		山东历城		张恕（右佥）	希仁	顺天霸州	

① 《内阁藏书目录》卷三《集部》。

② 《续文献通考》卷一八二《经籍考》。

续表

时间	右都御史	字	籍贯	著述	副佥都御史（提督操江兼管巡江）	字	籍贯	著述
正德三年	洪钟（右都）				雍泰（右副）	世隆	陕西咸宁	奏议稿 正谊庵诗①
	王鉴之（右都）【未任】		浙江山阴		李善（右副）	宗元	陕西陇州	
	张泰（右都）	叔亨	广东顺德					
	吴文度（右都）	宪之	应天江宁		朱恩（右副）②	汝承	直隶华亭	
正德四年	张宪（右都）	廷式	江西德兴		李堂（右佥）	时升	浙江鄞县	
					陆完（右佥）（左佥）③	金卿	直隶长洲	
					王哲（右佥）		直隶吴县	

① 何景明：《雍大记》卷二九《志献》。

② 《南京都察院志》系于正德五年，此处据《武宗实录》卷四〇正德三年秋七月乙丑条（“升河南左布政使朱恩为南京都察院右副都御史提督操江”）及《国朝列卿纪》卷三〇《南京吏部左右侍郎行实》，定为三年。“三年升河南左布政使。时大学士焦芳、刘宇相继为太宰，俱为河南人。恩趋附结纳，以故不次升迁。本年升南院右副都御史，四年升南京吏部右侍郎，五年升南京礼部尚书。”

③ 据《国榷》卷四七，己巳正德四年：“（五月）丙午……提督操江右副都御史朱恩为南京吏部右侍郎，巡抚宣府试都察院右佥都御史陆完改提督操江……（十一月）己酉，广东按察使王哲为南京右佥都御史，提督操江右佥都御史陆完为左佥都御史。”陆完后即由右佥变为左佥。

续表

时间	右都御史	字	籍贯	著述	副佥都御史（提督操江兼管巡江）	字	籍贯	著述
正德五年	刘洪（右都）	希范	江西彭泽/钟祥（湖广安陆卫籍）		张凤（右佥）	应时	江西宜春	
正德六年					陈世良（右佥）	崇之	浙江临海	
					俞谏（右佥）	良佐	浙江桐庐①	
正德七年	戈瑄（右都）	良玉	直隶景州		俞谏（右副）	良佐	浙江桐庐	
正德八年					林廷玉（左佥）		福建侯官（陕西平凉卫籍）	
					张津（右佥）	广汉	广东博罗	
正德九年	黄珂（右都）	鸣玉	四川遂宁		欧阳旦（右副）	子相	江西安福	

① “正德六年擢右佥都御史，治水苏、杭诸府，修治圩塘，民享其利。寻进右副都御史，提督操江。”《明史》卷一八七《列传第七五·俞谏传》，第4963页。

续表

时间	右都御史	字	籍贯	著述	副佥都御史(提督操江兼管巡江)	字	籍贯	著述
正德十年	邓庠(右都)	宗周	湖广宜章		赵鉴(右副)	克正	山东寿光	
正德十一年	洪远(右都)	克毅	直隶歙县		任鉴(右副)	自明	河南临颍	
					范镛(右副)	鸣远	直隶华亭(陕西巩昌卫籍)	
正德十三年					萧翀(右佥)	凌汉	四川内江	
正德十四年	陈玉(右都)	德卿	直隶高邮州(直隶沂州卫籍)		邹文盛(右副)	时鸣	湖广公安	公安邹庄简公存稿①
					刘玉(右佥)	咸栗	江西万安	
正德十六年					王懋中(右副)	与时号心远	江西安福	

① 《内阁藏书目录》卷三《集部》。

续表

时间	右都御史	字	籍贯	著述	副佥都御史（提督操江兼管巡江）	字	籍贯	著述
正德十六年					毛理（右副）	贞父①	直隶吴县	
嘉靖元年	崔文奎（右都）	应宿	山东新泰		伍文定（左副）	时泰	湖广松滋	
嘉靖元年	王懋中（右都）	与时 号心远	江西安福		胡瓒（右副）	伯珩	直隶永年	禹贡备遗 泉河史 观音庵碑（万历三十一年）
嘉靖元年	杨旦（右都）【未任】		福建建安		胡瓒（右副）	伯珩	直隶永年	禹贡备遗 泉河史 观音庵碑（万历三十一年）
嘉靖二年	崔文奎		山东新泰		周季凤（右副）	公仪	江西宁州	
嘉靖二年	吴廷举（右都）		湖广嘉鱼（广西苍梧籍）	吴清惠公集 东湖奏疏 东湖吟稿	陈凤梧（右副）	文鸣	江西泰和	道统圣贤赞②

① 《本朝分省人物考》卷二一《毛理》及钱谷《吴都文粹续集》卷五一《诗词·丁未春试毕送吴中四进士归省》作“贞甫”。
② 嘉靖《江阴县志》卷七《学校记第五·庙学》。

续表

时间	右都御史	字	籍贯	著述	副佥都御史（提督操江兼管巡江）	字	籍贯	著述
嘉靖三年	邹文盛（右都）	时鸣	湖广公安	公安邹庄简公存稿	胡锭（右副）		直隶长垣	
嘉靖四年	聂贤（右都）	承之	四川长寿					
	张嵿（右都）	时俊	浙江萧山	苍榆馆近稿（《黄氏书目》）①				
嘉靖五年	张琮（右都）	廷献	苏州府吴县（应天府江宁县籍）		李承勋（右副）	立卿	湖广嘉鱼	名剑记 名马记 续名马记
					周伦（右副）	伯明	直隶昆山	
嘉靖六年					张九叙（右佥）	禹功	山东商河	
嘉靖七年					孙修（右副）	用吉号广原	直隶邯郸	
					蒋瑶（右副）	粹卿	浙江归安	

① 雍正《浙江通志》卷二四九《经籍》。

续表

时间	右都御史	字	籍贯	著述	副佥都御史（提督操江兼管巡江）	字	籍贯	著述
嘉靖八年	万镗（右都）	仕鸣	江西进贤		张浚（右佥）	仲齐	直隶晋州	
嘉靖十一年					潘珍（右副）	玉卿	直隶婺源	
嘉靖十二年	王轨（右都）		直隶江都		张衍庆（右副）	仲承	河南汲县	
					周叙（右副）	子厚	河南溪县（湖广九溪卫籍）	
嘉靖十三年	周用（右都）	行之	直隶吴江	周恭肃集①	王尧封（右副）	伯圻	直隶定兴	学惠斋稿②
嘉靖十五年					欧阳铎（右副）	崇道	江西泰和	欧阳恭简公文集（遗集二十二卷）苏瑾墓志（嘉靖十一年）

① 《续文献通考》卷一八二《经籍考》。

② 周念祖：《万历辛亥京察记事始末》卷四。

续表

时间	右都御史	字	籍贯	著述	副佥都御史（提督操江兼管巡江）	字	籍贯	著述
嘉靖十六年					简霄（右副）	腾芳	江西新喻	谒武穆词诗（嘉靖十五年）
嘉靖十七年	王炌（右都）	存均	浙江黄岩	南渠存稿①				
嘉靖十八年	胡训（右都）	诲之	江西南昌		王学夔（右副）	一卿	江西安福	
嘉靖二十年					柴经（右副）	季常	浙江鄞县	柴中丞集② 中丞松洲柴公遗稿
嘉靖二十二年	王以旗（右副）	士招 号石岗	直隶吴县 （应天江宁籍）	王襄敏公集	杨行中（右佥）	唯慎	顺天通州	嘉靖通州志略
嘉靖二十四年					傅炯（右佥）	朝晋	江西进贤	
					及宧（右副）	士显	直隶交河	

① 雍正《浙江通志》卷二五〇《经籍》。
② 雍正《浙江通志》卷二五〇《经籍》。

续表

时间	右都御史	字	籍贯	著述	副佥都御史（提督操江兼管巡江）	字	籍贯	著述
嘉靖二十五年	韩邦奇（右都）	汝节	陕西朝邑	苑洛志乐①				
嘉靖二十六年	刘讱（右都）	思存	河南鄢陵		周襗（右佥）	天吉	浙江山阴	
嘉靖二十七年					王守（右副）	履约	直隶吴县	
嘉靖二十八年					李遂（右佥）	邦良	江西丰城	御倭军事条款
嘉靖二十九年	欧阳必进（右都）	任夫	江西安福		赵汝濂（右副）	敦夫	云南太和	
					王学益（右佥）	虞卿	江西安抚	
嘉靖三十年	端廷赦（右都）	世恩	直隶当涂		庐勋（右佥）	汝立	浙江缙云	
嘉靖三十二年	周延（右都）	南乔	江西吉水		蔡克廉（右佥）	道卿	福建晋江	可泉先生文集

① 《内阁藏书目录》卷四《图经部》。

续表

时间	右都御史	字	籍贯	著述	副佥都御史（提督操江兼管巡江）	字	籍贯	著述
嘉靖三十二年					史褒善（右佥）	文直	直隶开州	沱村先生集六卷
嘉靖三十三年	吴鹏（右都）	万里	浙江秀水					
	王学益（右都）	虞卿	江西安福					
嘉靖三十四年	倪嵩（右都）	中卿	直隶当涂					
嘉靖三十五年					高捷（右佥）	渐卿	河南新郑	
嘉靖三十六年	蔡云程（右都）	亨之	浙江临海					
嘉靖三十七年					魏良贵（右副）	师保	江西新建	陈槐建入祠文移碑传
嘉靖三十八年	王钫（右都）	子宣	浙江奉化		傅镇（右副）	国鼎	福建永宁卫	
					赵孔韶（右佥）		直隶邢台	
嘉靖三十九年	庐勋（右都）	汝立	浙江缙云		喻时（右佥）	仲甫	河南光州	

续表

时间	右都御史	字	籍贯	著述	副佥都御史（提督操江兼管巡江）	字	籍贯	著述
嘉靖四十年	赵大佑（右都）	世胤 号方厓	浙江太平		万虞恺（右佥）	懋卿	江西南昌	
					间东（右佥）	启明	四川内江	
嘉靖四十二年	张舜臣（右都）	熙伯	山东章丘		王本固（右佥）	子民	直隶邢台	
嘉靖四十三年	孙植（右都）	斯立	浙江平湖					
嘉靖四十四年					洪朝选（右佥）	汝尹	福建同安	江防要览①
嘉靖四十五年					盛汝谦（右佥）	亨父（甫）②	直隶桐城	
隆庆元年	郭宗皋（右都）	君弼	山东福山		唐继禄（右佥）	子崇	直隶上海	
	林同云（林云同）（右都）	汝雨	福建莆田					

① 姜宸英：《湛园集》卷四《论》。
② 《江南通志》卷一四六《人物志·宦绩·安庆府八》。

续表

时间	右都御史	字	籍贯	著述	副佥都御史（提督操江兼管巡江）	字	籍贯	著述
隆庆二年					吴时来（右佥）	惟修号悟斋①	浙江仙居	江防考（六卷，缺卷一、卷四）
隆庆三年	曹邦辅（右都）	子忠	山东定陶					
隆庆四年	谢登之（右都）	汝学	湖广巴陵		陈道基（右佥）	以中	福建同安	
	刘自强（右都）		河南扶沟		陈省（右佥）	孔震	福建长乐	
	曹亨（右都）		河南新蔡					
隆庆五年	张瀚（右都）	子文	浙江仁和	松窗梦语八卷	张卤（右佥）	召和	河南仪封	浒东先生奏议②（辑）皇明制书
隆庆六年	魏学曾（右都）【未任】				董尧封（右佥）	叔（淑）化③	河南洛阳	
万历元年	傅颐（右都）	师正	湖广沔阳					

① 何三畏：《云间志略》卷三《司理悟斋吴公传》。
② 《内阁藏书目录》卷五《奏疏部》。
③ 《河南通志》卷五九《人物三·河南府》。

续表

时间	右都御史	字	籍贯	著述	副佥都御史(提督操江兼管巡江)	字	籍贯	著述
万历二年	赵锦(右都)	元朴	浙江余姚		何宽(右副)	汝肃	浙江临海	
万历三年	吴百朋(右都)	惟锡	浙江义乌					
	李幼滋(右都)		湖广应城					
万历四年					王篆(右佥)	汝文	湖广夷陵州	江防考(增补) 吏部职掌(续修)①
万历五年	汪宗伊(右都)	子衡	湖广崇阳		张岳(右佥)	汝宗②	浙江余姚	小山类稿
万历六年	王好问(右都)	裕卿	直隶乐亭		胡价(右佥)	士重	湖广宜城	
万历七年	曾省吾(右都)		江西彭泽					
万历八年	陈瑞(右都)		福建长乐		胡嘉谟(右佥)		陕西泾阳	

① 《四库全书总目》卷八〇《史部三十六·职官类存目》。

② 《江西通志》卷五八《名宦·统辖二·明二》。

续表

时间	右都御史	字	籍贯	著述	副佥都御史（提督操江兼管巡江）	字	籍贯	著述
万历八年	刘斯洁（右都）	原静	顺天易州	太仓考				
万历九年					吕藿（右佥）		湖广零陵	
万历十年	刘尧诲（右都）		湖广临武	苍梧总督军门志				
	郭应聘	君实	福建莆田	郭襄敬公遗集				
万历十一年	熊汝达（右都）		江西进贤		赵焕（右佥）		山东掖县	
	刘思问（右都）		河南孟县					
万历十二年	袁洪愈（右都）		直隶吴县					
万历十三年	辛自修（右都）		河南襄城		萧崇业（右佥）		云南临安	《使琉球录》①

① 与谢杰同撰，见《四库全书总目》卷五四。

续表

时间	右都御史	字	籍贯	著述	副佥都御史（提督操江兼管巡江）	字	籍贯	著述
万历十四年	海瑞（右都）	汝贤	广东琼山	淳安政事录① 备忘集	滕伯轮（右佥）		福建欧宁	
万历十五年					王用汲（右副）	号麟泉	福建晋江	
万历十六年	耿定向（右都）	在伦	湖广麻城	庸言奏疏 牍草应迹 硕辅宝鉴要览 先进遗风 敩学商求 小学新编 闺训礼纂 牧要编译异编 儒宗传大事译学 观生纪② 耿天台先生全书 权子				

① 雍正《浙江通志》卷二五四《经籍》。

② 《本朝分省人物考》卷七八《耿定向》。

续表

时间	右都御史	字	籍贯	著述	副佥都御史（提督操江兼管巡江）	字	籍贯	著述
万历十七年	孙丕扬	叔孝①	陕西平福	富平县志②	石应岳（右副）		福建龙岩	
万历十八年	衷贞吉（右都）		江西南昌		陈有年（右佥）		浙江余姚	陈恭介公文集③
万历十九年	朱天球（右都）		福建漳浦		邵仲禄（右副）		四川奉节	
万历二十年	陈有年（右都）		浙江余姚		蔡国珍（右副）		江西奉新	
					朱鸿谟（右佥）	文甫	山东益都	
万历二十一年					张养蒙（右佥）	号元冲	山西泽州	
万历二十二年	杨一魁（右都）	号后山	山西安邑		贾待问（右副）	春容	直隶威县	

① 《本朝分省人物考》卷一〇四《孙丕扬》。
② 《内阁藏书目录》卷六《志乘部》。
③ 雍正《浙江通志》卷二五〇《经籍十·集部三》。

续表

时间	右都御史	字	籍贯	著述	副佥都御史（提督操江兼管巡江）	字	籍贯	著述
万历二十三年	王樵（右都）		直隶金坛	方麓先生尚书日记①	陈荐（右佥）	号楚石	湖广祈阳	古今衷辨②
万历二十六年	赵焕（右都）	号吉亭	山东掖县		耿定力（右佥）	三台（子健）③	湖广麻城	天台先生语录④
万历三十二年					耿定力（右副）	三台	湖广麻城	
万历三十三年	孙矿（右都）	月峰	浙江余姚（锦衣卫官籍）	月峰居业 居业次编⑤				
万历三十四年					丁宾（右佥）	廷礼⑥ 号敬宇	浙江嘉善	丁清惠公遗集⑦

① 丁丙辑《善本书室藏书志》卷一《经部一》。
② 《湖广通志》卷五〇《乡贤志·长沙府》。
③ 《湖广通志》卷四八《乡贤志·黄州府》。
④ 《内阁藏书目录》卷五《理学部》。
⑤ 雍正《浙江通志》卷二五一《经籍》引《黄氏书目》；阮元：《文选楼藏书记》卷二。
⑥ 《江南通志》卷一一二《职官志·名宦》引《广舆记》。
⑦ 《善本书室藏书志》卷三七《集部十六》；姚觐元编《清代禁毁书目四种·应缴违碍书籍各种名目》。

续表

时间	右都御史	字	籍贯	著述	副佥都御史（提督操江兼管巡江）	字	籍贯	著述
万历四十一年					罗朝国（右佥）	维祯①号桂宇	江西新建	
万历四十三年	蔡应科（右都）	学质	福建龙溪					
万历四十五年					沈蒸（右佥）	号华东②	浙江桐乡	
万历四十六年	宋仕（右都）		山东平原		陈道亨（右副）	孟起③	江西新建	
泰昌元年	何熊祥（右都）	号玄谷	广东新会		孟养浩（右佥）	义甫④号五岑	湖广咸宁	

① 《江西通志》卷六九《人物四·南昌府四·明》。
② 《浙江通志》卷二三六《陵墓二·嘉兴府》谓华东其字。
③ 《江西通志》卷六九《人物四·南昌府四·明》。
④ 《湖广通志》卷四七《乡贤志·武昌府》。

续表

时间	右都御史	字	籍贯	著述	副佥都御史（提督操江兼管巡江）	字	籍贯	著述
天启元年					徐必达	德夫号玄仗	浙江秀水（浙江嘉兴县籍）	南州诗说（《经义考》载） 元经订注（《秀水县志》载） 光禄寺志（《经籍志》载）① 豫章全书（《千顷堂书目》） 南京都察院志②

① 以上三书据雍正《浙江通志·经籍》卷二四一、卷二四三、卷二四四，亦见《明史》卷九六《志第七二》、卷九七《志第七三》，第2357、2396页。

② 《千顷堂书目》卷九《职官类》。此书徐必达实未多参与，见《四库全书总目》卷八〇：“《南京都察院志》四十卷（两淮马裕家藏本），明施沛撰。沛始末未详。其修此书时，则为南京国子监生。时董其事者，为操江副都御史徐必达，亦天启初因修两朝实录而作也。”

续表

时间	右都御史	字	籍贯	著述	副佥都御史(提督操江兼管巡江)	字	籍贯	著述
天启二年	祁光宗①	伯裕 号念东	直隶滑县	南京都察院志 关中陵墓志② 余清馆集③				
天启五年					范济世(右佥)④			
崇祯十三年	王道直(左都)⑤	履之	湖广汉川	按吴疏稿⑥	郑二阳		河南鄢陵	史取⑦

① 《河南通志》卷四六《选举三·举人·明》:“原名光宗,以字行,滑县人。明万历戊子科见进士。”卷五八《人物二·归德府》:“因避庙号,以字行。”

② 《千顷堂书目》卷八《地理类下》。

③ 《千顷堂书目》卷二五《万历戊戌科》。

④ 《邪氛集》,天启五年四月条,清初抄本;万斯同:《明史》卷二二《本纪二二·熹宗》,清抄本。

⑤ 万斯同:《明史》卷二五《本纪二五·壮烈皇帝三》;《湖广通志》卷四七《乡贤志·武昌府》。

⑥ 《清代禁毁书四种》。

⑦ 孙奇逢:《孙征君日谱录存》卷一三,顺治十七年庚子七十七岁。

表 8　南直隶相关寇乱与防御年表

时间	变乱	防御	出处
洪武二年二月	倭寇崇明诸处	指挥翁德、朱文击败之（贼犯崇明，德督舟师御之于海门之上帮，斩获甚众。既而复寇吴淞江沿海一带，文亦破之，俘斩献捷）	《筹海重编·直隶倭变记》
洪武二年四月	先是，倭寇出没海岛中，数侵掠苏州、崇明，杀伤居民，夺财货	升太仓卫指挥佥事翁德为指挥副使 德时守太仓，率官军出海捕之，遂败其众，获倭寇九十二人，得其兵器海艘	《太祖实录》卷四一，四月戊子
	是年，倭寇复出没海岛中。数侵掠苏州、崇明，杀伤居民，劫夺货财，沿海皆受其患	太仓卫守御指挥佥事翁德帅官军出海捕之，遇于海门之上帮。及其未阵，麾众冲击之，所杀不可胜计，生获数百人，得其兵器海舟。奏至，诏以德有功，升本卫指挥副使。其官校赏绮帛白金有差，战溺死者加赐钱布米。仍命德往捕未尽倭寇。遣使祭东海神曰："予受命上穹，为中国主，惟图乂民，罔敢怠荒。蠢彼倭夷，屡肆劫寇，滨海州郡实被其殃。命将统率舟师，扬帆海岛，乘机征剿，以靖边民。特备牲醴，用告神知。"德被命复往捕之，倭寇皆畏惧，不复出，沿海遂宁	严从简《殊域周咨录》卷二《东夷》
洪武二年八月	倭人寇淮安	淮安镇抚吴祐等击败其众于天麻山，擒五十七人	《太祖实录》卷四四，八月乙亥；《武备志》卷二三〇《占度载·四夷》；《东西洋考》卷六《外纪考·日本》俱作"倭寇山东淮安"

续表

时间	变乱	防御	出处
洪武三年	【倭寇崇明】①		《筹海图编》卷六《直隶倭变纪》
洪武五年六月		命羽林卫指挥使毛骧、于显，指挥同知袁义等领兵捕逐苏、松、温、台濒海诸郡倭寇。毛骧败倭寇于温州下湖山，追至石塘大洋，获倭船十二艘，生擒一百三十余人。温州卫千户陈旺以追击海寇失机，诛之	《太祖实录》卷七四，六月己丑、癸卯
洪武七年七月	倭夷寇海州	百户何达率兵击之，斩二十四人	《太祖实录》卷九一，七月甲戌
洪武二十三年正月		镇海卫军士陈仁建言造海舟……上是其言，行之	《太祖实录》卷一九九，正月甲申；《续文献通考》卷一三二《兵考·舟师水战》
洪武二十七年三月		命魏国公徐辉祖、安陆侯吴杰往浙江训练沿海军士。时海上有倭寇之警，先命都督杨文节制沿海诸军备之，至是复命辉祖等往加训练	《太祖实录》卷二三二，三月辛丑
洪武二十七年六月		诏互徙浙江、福建沿海土军。初，闽浙滨海之民多为倭寇所害，以指挥方谦言于沿海筑城置卫，籍民丁多者为军以御之。而土人为军，反为乡里之害，至是有言于朝者，乃诏互徙之。既而以道远劳苦，止于各都司沿海卫所相近者，令互居之	《太祖实录》卷二三三，六月甲午

① 四库本无。以下《筹海图编》凡有【】即为据点校本补四库本所无者。

续表

时间	变乱	防御	出处
洪武二十七年八月		命安陆侯吴杰、永定侯张铨等率致仕武官往广东训练沿海卫所官军，以备倭寇①	《太祖实录》卷二三四，八月甲戌
永乐二年四月	对马岐倭寇苏松（贼掠浙江，穿山而来，转掠沿海。上命太监谕其国王源道义，源道义出师获渠魁以献）		《筹海重编·直隶倭变记》
永乐六年十二月		命丰城侯李彬充总兵官，都督费瓛充副总兵，统率官军，自淮安沙门岛缘海地方剿捕倭寇。命都指挥罗文光、总兵官指挥李敬充副总兵，统率官军，自苏州抵浙江等处缘海地方剿捕倭寇。如与丰城侯会合，听丰城侯调遣	《太宗实录》卷八六，十二月丙辰
永乐七年正月	上闻倭寇犯东海千户所，退依鹰游山	敕总兵官丰城侯李彬等曰：为将出奇制胜之道，在于临敌随机应变。此寇逗遛海滨，正授死之时，尔等宜乘机运谋，以立奇功。并敕都指挥罗文、李敬，皆用心堤备，乘机剿杀	《太宗实录》卷八七，正月壬子
永乐十四年五月	直隶金山卫奏，有倭船三十余艘，倭寇约三千余在海往来	敕辽东总兵官都督柳江及各都司缘海卫所，令护备及相机剿捕	《太宗实录》卷一七六，五月丁巳
永乐十四年六月		直隶崇明沙守御所户言：本所四面皆海，城之南垣递年风潮涌决，屡筑屡坏，徒费工力。崇明县南秦家符地势高广，置城为便。从之	《太宗实录》卷一七七，六月乙亥

① 安陆侯吴杰此前有籍土军的记录。“命安陆侯吴杰往湖广长沙府训练将士，籍其土军凡一万八千二十三人，分隶平坝、威清诸卫。”《太祖实录》卷二〇三，洪武二十三年七月乙卯。

续表

时间	变乱	防御	出处
永乐十四年		倭寇崇明（朝廷发镇江、镇海二卫百户十员，率军士千余御之。寇平，遂隶崇明守御所。其旧戍官军发属水寨。自是贼无至境者）	《筹海重编》卷六《直隶倭变记》
永乐十六年五月	金山卫奏，有倭船百艘，贼七千余人攻城劫掠	敕海道捕倭都指挥谷祥、张翥，令以兵策应。又令各卫所固守城池，贼至勿轻出战，有机可乘，亦不可失，务出万全	《太宗实录》卷二〇〇，五月癸丑
永乐十七年六月	以金山卫奏有倭船九十余艘在海往来故也	敕山东缘海卫所严兵备	《太宗实录》卷二一三，六月丁丑
洪熙元年十二月		辛未，金山卫指挥魏保奏千户萧旻日事酣饮，倭寇临境调遣不至，请治其罪 上谕行在刑部臣曰：军官职在御倭，寇至不应援，不可宥，即追至罪之。又曰：一人之言，或好恶不出于公，俟至必究其情实，而后加罪	《大明宣宗章皇帝宝训》卷五
宣德五年九月		增崇明沙戍兵。初，行在工科给事中彭璟言：崇明沙四面皆海，止有一千户所，先因倭寇为患，调镇海、镇江二卫军士千余人助守，民得以安。切见镇海卫滨海，当自为守；镇江卫相离稍远，往来不便，宜遣归。别于崇明县清出军士及苏州等卫邻近收操军士，选精壮者千人，增官统领，以固守备。上从之，遂令造崇明沙守御千户所印，增置戍兵一千一百二十人，除百户十人领之	《宣宗实录》卷七〇，九月辛亥
正统四年十月		巡按直隶监察御史萧启奏，太仓镇海卫边临海口，屡有官旗舍人假称巡捕，兴贩私盐继今。请令苏州备倭指挥千百户兼巡察之。仍移文巡盐御史严禁。奏下行在户部，复奏从之	《英宗实录》卷六〇，十月己亥

续表

时间	变乱	防御	出处
正统九年二月		增置松江府蔡庙港、胡家港二堡，摘金山卫屯田官军六百人分守，以备倭寇。从知府赵豫等奏请也	《英宗实录》卷一一三，二月壬寅
正统十一年九月		调南京府军后卫带俸都指挥佥事赵钢，于福建都司备倭	《英宗实录》卷一四五，九月丙子
正统十四年七月		命修直隶金山卫及守御青村、南汇觜二千户所城，从备倭都指挥使翁绍宗奏请也	《英宗实录》卷一八〇，七月己丑
正统十四年七月		备倭都指挥使翁绍宗言：直隶金山、太仓、镇海、苏州、扬州、高邮、淮安、大河八卫并守御青村等千户所，造青布响甲，地土□湿易坏，请如旧造青油铁甲，可以久用。从之①	《英宗实录》卷一八〇，七月壬辰
天顺中		白茆备倭寨：国初，倭寇尝乘东南风入寇海上。天顺中，总兵官翁绍宗奏置戍兵于白茆，岁遣指挥一员，千户一员，百户五员，兵五百，海舶五，以二月一日赴练，九月一日撤戍	嘉靖《常熟县志》卷三《兵卫志·国朝》
天顺八年三月		命总督扬州等处备倭都司佥事董寘会巡抚都御史王竑等修筑江北一带沿海墩台。自山阳县庙湾巡检司下滩墩至海州惠泽巡检司新坝墩，凡二十二座，每墩窝铺拨守瞭人夫以备倭寇	《宪宗实录》卷三，三月甲寅

① 翁绍宗还题请禁沿边军民下海为盗。“禁浙江并直隶缘海卫军民不许私造大船，纠集人众，携军器下海为盗。敢有违者，正犯处以极刑，家属发戍边卫。从备倭扬州等处都督佥事翁绍宗奏请也。”《英宗实录》卷三〇五，天顺三年七月辛巳。

续表

时间	变乱	防御	出处
成化元年三月		总督扬州等处备倭都督佥事董宦①奏:所辖大沥、双套等营凡十有五座,俱濒海要害,而岁久颓圮,请及时修筑。事下工部,请勘实修理。从之	《宪宗实录》卷一五,三月庚申
成化元年九月	户部会官议各处巡抚、漕运等官所陈事宜:……一各处逃军、逃囚、不逞之徒,私造遮洋大船兴贩私盐,每船聚百余人,张旗号,持军器,起自苏、扬,上至九江、湖广发卖。沿途但遇往来官民客商等船,辄肆劫掠。所在虽有巡检、巡捕官兵,俱寡弱不能敌	请敕南京守备、总兵等官,自镇江至九江等处差拨操江官军,自孟渎河至苏、松、通、泰等处差拨备倭官军巡捕,给以口粮,候贼徒屏息革罢②	《宪宗实录》卷二一,九月辛未

① 董后来“称疾还京”“欲求别用”。“署都指挥佥事薛瑛，初守备倒马关，忽自言右足折伤，请还京医治。兵部奏下巡关御史按验，征还闲住。逾年复言疾愈，欲出莅事。兵部因劾奏其罪，且言往时镇守陕西右都督白玉、备倭扬州都督佥事董宦皆称疾还京，未久辄言疾愈，欲求别用，有旨皆令闲住。今瑛进退情状正与此同，请付都察院按治，用为著令。于是都察院论瑛奏事不实，罪当徒。报可。”《宪宗实录》卷二一八，成化十七年八月壬子。

② 英宗时此问题已很明显。“敕总督备倭都指挥使李信及浙江三司巡海御史等曰：朕闻近年逃军、逃民与倭寇交通，或被其劫制，询我虚实，然后乃敢舍舟登岸，杀虏军民。尔等宜从长计议，凡海口港汊通贼去处，或开濠堑，或为吊桥，或城门可并者并之，或水边要害去处砌筑垣墙，置门出，不许居民临水开市，以诱贼寇及私下海泄漏声息，严督旗军轮流瞭望，若失瞭望致贼登岸者，必杀不赦。若贼登岸，令骁勇者从间道烧其舟楫，亦足致胜。尔等宜博采众议，区画方略，条奏以闻。”《英宗实录》卷九三，正统七年六月辛卯。

续表

时间	变乱	防御	出处
成化九年三月		命守备扬州、仪真等处署都指挥佥事都胜，总督扬州等处备倭	《宪宗实录》卷一一四，三月辛亥
成化二十年十一月		初，提督巡江右副都御史白昂言：大江南北地方，宜令都指挥郭鋐、指挥宋纲不妨备倭守备分管出巡。兵部移文勘处。至是，巡按御史张淮奏：昂议非便，宜如旧。扬州、镇江至苏、松盐徒，令鋐、纲各照地方督兵缉捕，鋐仍总督，而纲听其调度。自仪真至九江盐徒、盗贼，令南宁伯毛文、指挥陆宣分地缉捕。文仍总督，而宣与纲听其调度。而四人者，又俱听巡江都御史虞瑶提调。事下兵部复议，以为淮言，宜从。仍宜令鋐兼管镇江一卫，而纲以都指挥体统行事，俱更敕载之。又故事各处守臣更易，其同事及应受节制之官皆请换新敕，惟纲不请。兵部劾其罪，诏贷之，停其俸三月	《宪宗实录》卷二五八，十一月戊戌
成化二十二年二月	兵部尚书马文升等言：南直隶凤阳、庐州、淮安、扬州四府，徐、滁、和三州俱腹心重地，比年荒旱，人民缺食，流离转徙，村落成墟。近闻所在饥民聚众行劫。况通、泰濒海之处，盐徒巨盗出没不常，须倍加安辑，以备不虞	乞降敕三道：一令总督备倭署指挥同知郭鋐暂居通、泰、盐城以为海道防御；一与总督漕运兼巡抚凤阳等处左副都御史李敏；一与守备太监李棠严督所属，整饬兵饷，赈恤军民。凡弭盗备荒之策，许得便宜举行。从之	《宪宗实录》卷二七五，二月甲申
成化二十二年八月		命扬州总督备倭署都指挥同知郭鋐充参将，协同漕运	《宪宗实录》卷二八一，八月己亥

续表

时间	变乱	防御	出处
成化二十二年九月		命府军前卫带俸都指挥使吴瓒总督扬州等处备倭	《宪宗实录》卷二八二，九月甲辰
弘治元年五月	命刑部右侍郎彭韶巡视浙江。先是，嘉兴伯〔百〕户陈辅作乱，劫库放囚，杀吏民，将出海为盗	镇守太监张庆等以闻。兵部议：……今以尔有风力谋，为特命星驰前去彼处巡视。尔至彼即会同浙江、南直隶镇守巡抚、巡按等官，督同两处备倭并三司、府、卫分巡、分守、掌印、巡捕等官，各于平日惯藏盐徒湖泊山林处所，上紧设法缉捕	《孝宗实录》卷一四，五月丙寅
弘治六年五月		升守备归德等处武城中卫指挥使高瑛为署都指挥佥事，总督直隶扬州等处备倭	《孝宗实录》卷七五，五月壬午
弘治十一年二月		命扬州等处总督备倭武成中卫带俸署都指挥佥事高瑛充右参将，分守燕河营等处	《孝宗实录》卷一三四，二月戊寅
		升金吾右卫指挥使窦永为署都指挥佥事，总督扬州等处备倭	《孝宗实录》卷一三四，二月辛巳
弘治十二年七月		南京前军都督府闲住都督佥事都胜卒。胜初袭世职，南京羽林左卫指挥佥事、大教场把总操备，后改新江口操江兼巡捕。成化二年，管理南京锦衣等三十四卫粮储，升署都指挥佥事，守备仪真。八年，兼管扬州、高邮等处。九年，总督直隶扬州等处备倭	《孝宗实录》卷一五二，七月庚辰
弘治十三年十二月		命金山卫带俸署都指挥佥事西宁总督扬州等处备倭	《孝宗实录》卷一六九，十二月丁未
弘治十七年七月		命直隶徐州卫署都指挥佥事王宪总督扬州等处备倭	《孝宗实录》卷二一四，七月辛亥

续表

时间	变乱	防御	出处
弘治十八年二月		巡抚应天等府都御史魏绅等奏上处置海道事宜。谓海洋之民，习性贪悍，好斗轻生，中间为盗之徒，多起于争利。如崇明县半洋、钱营等沙，东涨西坍，无岁无之。旧坍者多是有粮之地，新涨者尽归有力之家，以致贫弱陪粮，富豪专利。始则仇讼，终则劫夺，习染成风，遂至啸聚。臣等欲于附近府分委官检阅，如某处先有而今坍，某处先无而今涨，必彼此通融，务使田粮相称，与夺适均。脱有强梗霸占不服处分者，官调边卫带俸差操，旗军舍余发边卫充军，民发口外为民。其沿海卫分，本为备倭捕盗而设，贴守之处，岁以二月往，十月还。今倭寇不复敢侵，而沿海盗贼多发于冬春之月，正以乘其不备故也。况附近卫所官子弟家人多贼党，与假名公差阴实为盗。其崇明一县，海势渺茫，虽有备御官军，然每遇贼盗，辄相推避。请行备倭都指挥王宪会捕盗①佥事胡瀛，将沿海卫所官军舍余，通行拣选，定立陆战水战机宜，以时操练。及将贴守官军照依京操事例，每年分作春秋两班，行粮照例支给，务使倭寇、海寇两不失备，仍各限以地界。脱有疏失，查照量治。仍禁卫所官不得纵容子弟、家人从贼为非，违者将犯人从重问遣，本官改调西北边卫带俸差操。上从之，命严督备倭捕盗等官，宜各悉心整理，毋或虚应故事	《孝宗实录》卷二二一，二月丙寅

① 郑樑生先生在此处断句，郑樑生编校《明代倭寇史料》（一），第142页。

续表

时间	变乱	防御	出处
弘治十八年十月		命武平卫指挥同知石玺驻扬州，协同备倭，以都指挥体统行事，以巡抚都御史张缙言总督备倭都指挥，常驻江南，若淮、扬有警，远莫能济故也	《武宗实录》卷六，十月乙卯
正德二年四月		升沈阳中屯卫署指挥使袁杰为署都指挥佥事，备倭于扬州	《武宗实录》卷二五，四月辛卯
正德七年六月	盗刘七等加船十三艘，自黄州下九江，经安庆、太平、仪真以达镇江，所过残掠	南京守臣奏乞增兵防御。兵部议：镇江四达之地，东南抵浙江，西北抵山东，逆流而上抵湖广，沿江沿海，俱宜防守。宜令彭泽、仇钺率兵自湖广而下，驻南京以东，陆完自山东、淮、扬而南，驻苏、常、浙江，便地督操江坐营。镇巡、巡视、备倭、巡海、兵备及三司府卫等官，募水工弩手，集盐船、沙船，随贼所往，水陆并进，务期殄灭。镇巡以上听其参奏，以下径自系治。若在军前，许斩首以徇。仍令山东、河南、北直隶镇巡官分守要害，以防穷寇北溃。诏如议	《武宗实录》卷八九，六月丁巳
正德七年八月	贼刘七、齐彦名自大江下孟渎河，有舟三十余，众六七百人	都御史陆完追至镇江，留总兵官仇钺驻守，令温恭以骑兵驻江北，刘晖、郤永等以舟师趋江阴。都指挥孙文、傅铠从完趋福山港。七月十八日，贼至通州。通判胡嵩、指挥刘葵等御之，贼不得登岸。其夜飓风大作，舟坏，乃奔保狼山。二十日，贼五舟为风所飘，至西洋港。文、铠败之。二十一日，完命同知罗土、□常等为乡导，夜引晖等登狼山列阵以战，贼败奔山顶，矢石交下，官军多伤者。晖与千总任玺自山北，□（水?）自山南，皆持盾自蔽，挥刃而上，彦名中枪死，贼党多坠崖者。刘七率其亲信数十人下山，欲夺小舟以逃。官军列岸滨齐射之，中箭溺水，余党歼焉。完等以捷闻	《武宗实录》卷九一，八月癸亥

续表

时间	变乱	防御	出处
正德七年八月		正德中，蓟盗刘六、刘七、齐彦明寇齐鲁间，转掠河南襄阳，所过屠城破邑，杀抚臣，遂率众浮江东下，泊狼山，欲自通泰登岸还。山东时总漕尚书张缙督兵扼淮口，贼不敢渡，乃自通州溯流至九江，又下南京，往返者三。操江兵愕眙无敢近，而兵侍郎陆完调沿边诸镇健卒讨之，尾贼行，驻福山，隔江而陈。仅移檄往来，通州城危甚。忽夜半海飓风大作，贼舟覆，溺死无算。完遣裨将袭其余党，尽歼之，以捷闻。遂奏凯献俘，勒碑铭狼山上。州人恧焉	万历《扬州府志》卷一三《兵防志上》；嘉庆《重修扬州府志》卷二三《兵志二·历代设兵》
正德八年二月		升锦衣卫带俸指挥佥事文恭为署都指挥佥事，总督扬州等处备倭	《武宗实录》卷九七，二月辛酉
正德十年三月		以署都指挥佥事张奎总督直隶、扬州等处备倭	《武宗实录》卷一二二，三月丁丑
正德十二年五月		命指挥使刘衡总督扬州等处备倭	《武宗实录》卷一四九，五月辛丑
正德十五年六月		命分守苏、松等处参将陈璠兼提督备倭，其原任备倭指挥使刘衡、太仓卫指挥佥事张虞臣俱逮问，以抚臣劾其征兵防御失事故也	《武宗实录》卷一八七，六月壬午
嘉靖元年	倭使争贡仇杀。给事中夏言上言，祸起于市舶。礼部遂请罢市舶。而不知所当罢者市舶太监，非市舶也。罢市舶而利孔在下，奸豪外交内讧，海上无宁日矣		《吾学编》；《殊域周咨录》卷三《东夷·日本国》。《世宗实录》卷二八，嘉靖二年六月甲寅条有详载

续表

时间	变乱	防御	出处
嘉靖八年七月	时浙江盘石卫有逃军四百余人，以扣支月粮倡乱，执缚主簿，胁逼通判。本府即动官银三千余两给散。巡按御史王化以闻。因言：先是江阴盗侯仲金之乱，杀官兵二百余人，支解主簿，杀百户一人，请罪诸失事者以为旷职之戒	兵部言：仲金之乱，守臣无言杀官者。盘石逃军之变，所系尤重，宜下所部竟其事。得旨：江阴盗情，令直隶巡按御史作速勘报，巡江都御史严督所司并力缉捕，似前怠慢坐视者以名闻。浙江巡按公同三司，查勘盘石卫逃军因何致变，必有主谋倡率之人，务访实拿究，不许滥及无辜。其守巡、府县掌印管粮、备倭把总等官，有无激变通同情由，一并追究	《世宗实录》卷一〇三，七月壬寅
嘉靖十九年六月	添设镇守江淮总兵官。初，嘉靖八年间，江洋大盗发。大学士夏言时为兵科都给事中，奏请专设镇守江淮总兵官督兵剿捕。未几贼平。兵部奏革，以其责任仍归操江武臣如故。凡江浙粮运，自苏、常里河取道者，从来由镇江京口闸抵仪真，其闸河土疏易淤，府县必岁时浚治，然后粮运无阻。是年，京口闸淤阻，漕粮咸拨民船出孟子河，多为海寇所掠，甚至执戮官吏	南京兵科给事中杨雷以其事闻，请治镇江知府张琺、丹阳知县周宁失时不浚河道之罪。诏下其疏都察院，令并参守土巡江诸臣。于是院参琺、宁及守备仪真都指挥解明道、总督金山备倭指挥童扬、苏松兵备副使王仪及水利巡司等官，宜行巡按御史提究。操江都御史王学夔、巡江御史胡宾宜罚治。得旨：琺、明道等俱如拟提问，夺宾俸两月，学夔一月。并诘兵部以先年所设江淮总兵官何因革罢。于是兵部具以兴革本末查复，因言：今江洋群盗连艘比舰，横行镇江、崇明诸域，盛陈兵甲，凶焰甚炽，不异嘉靖八年时。宜设总兵官给以旗牌、敕符，俾驻扎镇江，提督沿江上下兵防，西自九江、安庆，东及淮、扬、苏、常诸郡，凡备倭、守备、卫所及有司巡捕官悉节制之。报可。遂以原任分守柳庆、参将署都指挥佥事汤庆升左军都督府都督佥事①，充总兵官，提督江淮等处巡捕	《世宗实录》卷二三八，六月庚午

① 郑樑生先生此处作“遂以原任守柳庆、参将署都指挥佥事汤庆，升左军都督府都督佥事”。郑樑生编校《明代倭寇史料》（一），第174页。

续表

时间	变乱	防御	出处
嘉靖十九年六月		冯亮等复请重金山备倭仪真守备官事权,各加以将令之号,分任江南、江北地方。凡卫所掌印巡捕诸官,悉令服属,庶声势隆重,可以为总兵官裨辅。且参海盗充斥,而巡抚都御史夏邦谟不以上闻,玩寇费职,不宜置之不问。部复得旨,悉如拟,责邦谟令捕灭江盗,不许坐视误事。于是升大兴左卫署都指挥佥事李俊为浙江都司都指挥佥事总督扬州地方备倭,南京府军右卫指挥使路正为浙江都司署都指挥佥事守备仪真地方	
嘉靖二十年五月		初,兵科给事中冯亮等奏:金山原设总督备倭及仪真守备官,请各加将领之号,俾其分辖江南、江北,其各卫所掌印巡捕等官悉听节制。诏所司勘议。至是,操江都御史王学夔勘复,谓既有总兵居中调度,宜将江南金山备倭都指挥去总戎职衔,专备倭兼捕盐徒盗贼,自应山龙潭巡检司,直抵镇江、苏州、太仓、镇海、金山等卫,嘉兴、松江、吴淞江、崇明、南汇、青村等所皆属之。江北仪真守备都指挥专禁捕盐徒盗贼,亦兼备倭御①,自六合县至仪真、扬州、通州、狼山、海门及掘沟各营寨,高邮、盐城、海州、东海等卫所皆属之。其扬州府巡捕同知令专注瓜州、松江防捕,不得擅离职守。部复从之	《世宗实录》卷二四九,五月庚寅

① 郑樑生先生指出广本、抱本、嘉本作“衔”。郑樑生编校《明代倭寇史料》（一），第176页。若作“御”，则宜点断随下，“亦兼备倭，御自……”。

续表

时间	变乱	防御	出处
嘉靖二十六年十二月	福建海贼林成等流劫至南直隶界	苏松兵备副使魏良贵檄太仓州署印同知周凤岐等集兵捕之，擒斩三十余人	《嘉靖倭乱备钞》
嘉靖二十八年	按：海上之事初起于内地奸商王直、徐海等，常阑出中国财物与番客市易，皆主于余姚谢氏。久之，谢氏颇抑勒其值，诸奸索之急，谢氏度负多不能偿，则以言恐之曰：吾将首汝于官。诸奸既恨且惧，乃纠合徒党番客夜劫谢氏，火其居，杀男女数人，大掠而去	县官仓惶申闻上司，云倭贼入寇。巡抚纨下令捕贼甚急，又令并海居民有素与番人通者，皆得自首及相告言。于是人心汹汹，转相告引，或诬良善。而诸奸畏官兵搜捕，亦遂勾引岛夷及海中巨盗，所在劫掠，乘汛登岸。动以倭寇为名，其实真倭无几。是时海上承平日久，人不知兵，一闻贼至，即各鸟兽窜，室庐为空。官兵御之，望风奔溃。蔓延及于闽海浙直之间。调兵增饷，海内骚动，朝廷为之旰食。如此者六七年，至于竭东南之力仅乃胜之，盖患之所从起者微矣	《世宗实录》卷三五〇，七月壬申
嘉靖三十一年	壬子，遂破黄岩、象山诸邑，浙东骚动，蔓延苏松间。其党徐海屯松江柘林，始分掠江北		嘉庆《重修扬州府志》卷二三《兵志二·历代设兵》
嘉靖三十二年正月①	贼入福山港，登劫。知县王铁帅官兵击走之。十六日，贼船六只从东海而来，入福山港，登岸劫杀，至殿山桥而还。十七日，复自吴桥至刘菩萨堂焚劫，烟焰不绝	十八日，知县王铁先遣耆民徐泰等潜师劫营。十九日亲率主簿李宗昭、家丁兵勇与贼战于尚墅，贼大败走。宗昭家丁李安战殁于阵，主簿马希鸾复邀贼，于中途击败之。适长洲县县丞林锜承府檄率兵来援，分道追逐。二十一日，贼弃二舟遁	《江南经略》卷三上

① 郑樑生先生作“二月”，见《明史日本传正补》，第525页。

续表

时间	变乱	防御	出处
嘉靖三十二年闰三月	贼首王直犯嘉定（贼自烈港之败，以百余人自白马庙而来，收集余党，流突苏松，掠嘉定之宝山） 破南汇所（自望日而后七日，贼破城者再） 贼掠诸郁镇，贼首邓文俊、林碧川、沈南山等分踪出掠 贼首邓文俊等分掠县境 贼首林碧川等，分掠苏、淞郡县 复有倭船入金山卫	镇抚陈宪疑为盐盗，率轻兵追之，后知为直，不敢袭 同知任环、守备解明道败贼于吴淞江口（贼至刘家河，扬帆而西。明道与六合知县董邦政率兵迎击之…… 备倭指挥王世科、本府同知任环合兵捕之。命吴淞百户张治以五十人为前锋，治颇有斩。已而中枪死，众遂溃。环身被三矢。明日，贼缘海岸遁去	《筹海重编·直隶倭变记》；《江南经略》卷二下《长洲县巡司》、卷三上《常熟县倭患事迹》；《筹海图编》卷八上《嘉靖以来倭夷入寇总编年表》；万历《嘉定县志》卷一五《兵防考上》
嘉靖三十二年四月		兵备副使吴某调发镇江民兵陈宝等二百人，上海县快役三百人，使淞江通判刘本纪率领防御 王河，青村所百户也。壬子宝山之变，饥倭纵掠得志出海去，而沿海恬若无事，不修战备甲乘。癸丑三月二日，倭三十六人于青村所焦墩登岸，百户河以贼数寡，率队长陈九等御之。贼既越海，入必死地，舞刀奋击，我兵未及斗，而百户创死矣，队长亦死之，复杀数人，余众皆溃。而闰三月十九，保连华宾桥之战，统兵官沉于水际仅免。镇江民兵队长陈宝死之	嘉庆《松江府志》；同治《上海县志》；光绪《南汇县志》；张鼐：《宝日堂初集》卷二四《十忠传》

续表

时间	变乱	防御	出处
嘉靖三十二年四月	海寇犯太仓州,攻城不克,分众四掠,烧毁关厢卢〔庐〕舍。是时,有失舟倭四十人突至浙江乍浦,往来平湖、海盐、海宁之境,纵横肆掠,焚戮惨虐	官兵前后遇之皆败,凡杀把总一、指挥四、千户一、百户六、县丞一,所伤官兵无虑数百人。凡十有六日,竟徜徉夺舟而去	《世宗实录》卷三九七,四月戊子
	贼首萧显围太仓州	都御史蔡克廉击败之	《筹海图编》卷八上《嘉靖以来倭夷入寇总编年表》
	嘉靖壬子,……癸丑,寇松江太仓		万历《通州志》卷八《遗事》
	海寇破松江上海县		《世宗实录》卷三九七,四月癸巳
	海寇攻吴淞江所、南汇所,俱破之,分兵掠江阴		《世宗实录》卷三九七,四月丁酉
	江北倭掠海州,杀二百余人。浙江倭五百余攻破临山卫,乘胜西犯松、扬	知县罗拱宸督处州兵御□之。贼浮海走。参将俞大猷以舟师邀击,斩首六十九级	《世宗实录》卷三九七,四月庚子

续表

时间	变乱	防御	出处
嘉靖三十二年五月	五月二日，青村有贼四十二人，即前贼同伙。缘失风上青村海岸，不知前贼船已焚于吾盐。沿海觅船不得，由金家湾潜逾梁庄，至白马庙，匿黄姓民家，登屋哨望，坏壁开扉，以防不虞	指挥满朝率乍浦军数十人追及，遂围之。贼从屋上麾白旗招贼党出斗，朝开弓射毙之，贼窘甚，用门屏蔽出入处。朝逼之，不虞白马庙中更有贼突出，朝腹背受敌，奋勇砍杀，以兵寡难支，死焉。时有千户王继隆，百户朱堂、康绶俱被杀，官军死者二十人	《倭变事略》
	倭寇复入上海县，烧劫县市。知县喻显科逃匿，指挥武尚文及县丞宋鳌俱战死。贼屯县中七日，纵火焚官民廨宇，庐舍略尽		《世宗实录》卷三九八，五月癸丑
	贼破吴淞所，入据之。越十日，守御解明道复之 贼既破城，遂据为巢	明道袭破之，斩贼首百余级。贼酋三大王、六大王死焉，遂复所城。贼遁出海，复为州判金汝舟、千户杨循礼所败，擒斩八十有奇	《筹海图编》卷六《直隶倭变记》
	自宋家浜焚掠上海西境	六合知县董邦政追击于八围小湾	康熙《上海县志》；乾隆《江南通志》

续表

时间	变乱	防御	出处
嘉靖三十二年七月	巡抚应天都御史彭黯、巡视浙江都御史王忬各以倭寇出境、浮海东遁来。间倭自闰三月中登岸，至六月中始旋留内地，凡三月。若太仓、海盐、嘉定诸州县，金山、青山、钱仓诸卫所皆被焚掠，上海县，昌国卫，南汇、吴淞江、乍浦、山□、秦屿诸所皆为所攻陷。崇明、华亭、青浦、象山、嘉兴、平湖、海盐、临海、黄岩、慈溪、山阴、会稽、余姚等县乡镇焚荡略尽。向来所称江南繁盛安乐之区，骚然多故矣		《世宗实录》卷四〇〇，七月戊申
嘉靖三十二年八月	八月，劫金山卫，犯崇明及常熟、嘉定①	应天巡按御史陶承学、孙慎以倭寇既遁，详核地方失事颠末，因分别诸臣功罪以闻。谓备倭都指挥王世科、兵备副使吴相、知州熊桴、知县喻显科、指挥张弓等各有地方专责，寇至不能御，当罪。原任都指挥韩玺、守备解明道、太仓州判官金汝州等各有率兵追剿、擒斩、焚溺之功，当录。得旨：相停俸，戴罪管事。世科并弓、桴等付按臣提问具奏	《世宗实录》卷四〇一，八月丁丑

① 此亦《明史》总结。见卷三二二《列传第二一〇·外国三·日本》，第8353页。

续表

时间	变乱	防御	出处
嘉靖三十二年九月	总督粮储、巡抚应天侍郎彭黯以江南连年倭寇，兵饷不给，乞暂留布匹船料事例，折粮、民壮、弓兵银以济军兴。又言太仓、上海、嘉定被患特甚，宜破格优恤抚属，兑军粮米每于年终征完，俟兑而运船，多至次年三四月始至水次。时海潮风泛，事□可虞。乞敕漕运都御史将减存未运见在粮船先拨于上海、嘉定、昆山、海盐、常熟、江阴、丹徒诸处，于年终兑载。章下户部，言布匹船料事例，折粮银皆内府太仓急需，非所敢议。惟去年巡按御史徐落藉报苏、松、常、镇四府实在银二十八万两有奇，可备军饷。其优恤太仓、嘉定、上海及漕运兑载事宜请如黯识。报可		《世宗实录》卷四〇二，九月癸丑
嘉靖三十二年九月	倭贼百余，由华亭县漴缺登岸，流劫戚水泾、金山卫等处。自六月中大举，倭东遁，江南稍宁。惟崇明、南沙泊，失风，倭几三百人舟坏不能去	总兵汤克宽、佥事任寰列兵守之，日久未克。至是倭警又作，远近震恐	《世宗实录》卷四〇二，九月辛未
	是岁，贼首萧显等率五百人据南沙	官军焚其舟以绝归路。而南沙多积粟，欲困之，终不可得。副总兵汤克宽新受命讨贼。克宽父庆，□为总兵平秦播王良者也。既将家子，意颇轻贼。天未明发兵登岸。显先置伏于旁，兵半至伏起，我军前后不相应，遂大败，死者千余人。克宽收兵还。本府同知任环以民兵守之，贼不得走	万历《嘉定县志》卷一五《兵防考上》
	倭夷入寇……直抵青阳港	知县杨芷……复命兵快诱战	嘉靖《吴江县志》卷二〇《经略志二·武略》①

① 乾隆《震泽县志》卷三七《杂录一》、同治《苏州府志》卷七二《名宦五》皆收录。

续表

时间	变乱	防御	出处
嘉靖三十二年十月	戊子，漴缺倭移舟泊宝山	总兵汤克宽督邳、漳等兵击南山沙倭，败绩，亡卒四百余人	《世宗实录》卷四〇三，十月己卯
		总兵汤克宽引舟师追击之，及于高家嘴，毁其舟，斩首七十三级，生擒十四人	《世宗实录》卷四〇三，十月戊子
	海倭三百余人突犯上海县、太仓州等处，复入常熟县福山港	知县王铁①率民兵御之。倭乃引去	《世宗实录》卷四〇三，十月壬辰
嘉靖三十二年十月		改南京户部尚书张经为南京兵部尚书参赞机务	《世宗实录》卷四〇三，十月丁酉
嘉靖三十二年十一月	前犯常熟倭复由上海七灶洪登岸，流劫三林庄、南汇所、吴淞江所及嘉定县地方，至十九日始去		《世宗实录》卷四〇四，十一月乙巳
嘉靖三十二年	倭寇乱	知县应昂（江山举人）加筑□城，民益困，在仕三年黜。训导张文宪（晋江人）筑瓮城	嘉靖《新修靖江县志》卷四《职制四》
嘉靖三十二年	岁癸丑，倭寇由越入吴，首尾太仓，攻劫焚杀，势张甚。属久安备弛，屯卫将士望风奔北。而民且不习金革，督抚檄公御焉	公募民为兵，拊循教练，与同甘苦，用以击贼，必身先之。或一日数十战，或连月不解甲，若黄浦，若华桥，若宝山，若大洋，若太仓，若阴沙，若白沙，若南沙，若福山，若前马，若胜墩，诸大捷皆深捣贼垒，远涉鲸波。矢心捐躯，鼓舞士气，往往以少击众，歼渠获丑。虽戎帅星列，客兵云屯，然捷书亟至者，必任兵也	崇祯《吴县志》卷一九《祠庙上 · 王毂祥录功祠碑》

① 郑樑生先生误为“王铁”。《明史日本传正补》，第 524 页。

续表

时间	变乱	防御	出处
嘉靖三十三年正月	倭寇自太仓、南沙，溃围出海，转掠苏、松各州县	时贼据南沙五月余，官军列舰于海口，围之数重不能破。军中多疾疫，乃佯弃敝舟以遗之，开壁西南隅，贼遂得出	《世宗实录》卷四〇六，正月戊辰
	复趋江北，薄通、泰①		
	倭寇松江沿海地方，南祥、新城二镇尤甚，所获辎重尤多		《倭变事略》；《嘉靖东南平倭录》
	【贼首】萧显攻嘉定县	显自上年入寇上海而去，为官兵追迫，登据崇明之南沙。官兵围守且半载【，贼屡败】。值岁暮，守者懈，显得遁至黄洼，入攻县城，又分掠南翔等镇，参将汤克宽击败之	《筹海图编》卷六《直隶倭变纪》
	【贼】攻上海县。【萧】显自嘉定循海而南，攻围上海甚急。时城初筑未固，势且陷，官民汹汹	兵备佥事任环统民兵三百、僧兵八十往援。时贼船泊黄浦者以百计，而自吴淞江南行者不计焉。环追袭之于五里桥，贼败南奔。环追败之于习家坟，贼始惧。适浙江都御史王公忬遣都指挥卢镗来击，贼乃解围而南	
	【贼复据南沙，参将解明道击走之】		

① 此句系《明史》总结。见卷三二二《列传第二一〇·外国三·日本》，第8353页。

续表

时间	变乱	防御	出处
嘉靖三十三年二月	倭寇由上海黄浦逸出,攻松江府	官兵追战,败绩。县丞刘东阳死之	《世宗实录》卷四〇七,二月庚辰
	贼陷新城镇	直隶督府借兵于浙,卢参戎、丁总戎帅师往援。我卫骁兵选锋六百,又四百次之,尝留守城	《倭变事略》
嘉靖三十三年三月	南直隶续至寇二千余人,自南沙登岸,分掠苏松诸处。参将汤克宽帅兵击败之于采淘港,斩首百八十级		《世宗实录》卷四〇八,三月辛酉
		论南沙纵贼罪,革浙江提督海防副总兵汤克宽、备倭都指挥梁凤职,俱带罪立功。以通泰参将解明道代克宽,福建备倭都指挥卢镗代凤。初,贼自南沙出海,转掠嘉定、上海间。克宽等莫敢前,但伺贼入海,则督陆兵,登岸,则督水兵,故与贼相左,以观望塞责。于是,巡按御史孙慎奏请逮治。上以用人之际,姑薄罚之	《世宗实录》卷四〇八,三月癸丑
	苏松倭寇掠民舟入海,趋江北岸,薄通、泰等城,焚掠各盐场,余众有漂入青、徐界者①,山东、辽东俱震		《世宗实录》卷四〇八,三月乙丑

① 后概括为“乙丑，倭犯通、泰，余众入青、徐界”。见《明史》卷一八《本纪第一八·世宗二》，第 242 页。

续表

时间	变乱	防御	出处
嘉靖三十三年四月	十一日，松江流贼数百，自唐行掠。舟犯嘉善县，毁民居，劫库藏，进犯嘉兴 十二日，贼自松江来者二百十七人，经新行		《倭变事略》
	贼酋刘鉴入白茆港，据梅李镇为巢。先是，福山、三丈、浦许、浦金、泾唐浦，凡沿江港口，贼舟无处不充斥，官兵急于奔驰，收聚城下。十五日，贼酋刘鉴以巨舟七只直入白茆港，十八日遂进掠梅李，据为巢穴，分劫诸郡镇，无不遍者	贼酋刘鉴欲攻县城，先遣其徒伪充乞丐，以觇虚实。官兵擒之，因而戒严。二十二日，刘鉴自梅李进攻县之大东门，值兵备佥事任公环在县，与知县王铁出兵御之，贼大败而去。天晚，恐贼有伏，我兵不敢追，但屯城麓备不虞。夜漏下二十刻，贼果至，见官兵，大惊而走。二十四日，刘鉴复攻大东门，俄而攻小东门，复转而攻北旱门与北水门，铁皆随贼所至，敌而却之。贼死于矢石者甚众。二十六日，刘鉴复纠合福山之贼，分门攻围，日夜鏖战不绝。铁多方捍御，城得不破	《江南经略》卷三上
	二十一日，有三十六贼自松江来，匿大六汇民家。先是张参戎、乐把总前后与战，皆败		《倭变事略》

续表

时间	变乱	防御	出处
嘉靖三十三年五月	倭寇自崇明进薄苏州府城，大掠		《世宗实录》卷四一〇，五月壬寅
	（乙酉，浙江倭自嘉兴东掠入海，夜袭崇明，知县唐一岑死焉。）五月，进薄苏州府，大掠	于是都给事中王国祯、御史温景葵等疏言倭寇逼近留都，乞调兵给饷。简总督大臣重其事权，如往年征剿华林、麻阳故事。上从。部议命南京兵部尚书张经不妨原务，兼右副都御史，总督南直隶、浙江、山东、两广、福建等处。遣御史温景葵、兵部主事张四知往山东调民兵一枝，及青州等处水陆枪手共六千人。令参将李逢时、许国督赴扬州听用	《嘉靖大政类编》卷下《南倭》
嘉靖三十三年五月	初，通州三里河之役，贼兵仅百余人，盐徒及胁从者千余人	时参将解明道拥重兵居城中，扬州府同知朱裒、仪真守备张寿松军城外。凤阳巡抚郑晓议发兵往援，檄原任都指挥月轮将之。轮辞以非朝命不至。晓乃更檄两淮运判马仑、原任仪真守备陈津往会千户洪岱等合战。城内外兵无一策应者，岱等孤军败。岱与千户文昌龄、王烈皆死。至是，晓上疏言状，因请治明道等畏怯、轮推避之罪。得旨：洪岱、文昌龄、王烈俱赠指挥同知，子孙升袭。褫明道与寿松等职，各戴罪立功。轮令巡按御史逮至京问	《世宗实录》卷四一〇，五月戊申
	甲寅，犯如皋、通州、海州。时承平久，扬州俗日渐纷华，上下巽懦偷安，沿海备不复设。猝闻变，皆望风奔溃。贼卒不过数百人，所至焚烧斩戮，荼毒不可道。每战贼辄赤体提三尺刀奔舞而前，善设伏，能以寡击众，反劳佚主客而用之，远近相传，恐言贼有神，不可与战		嘉庆《重修扬州府志》卷二三《兵志二·历代设兵》

续表

时间	变乱	防御	出处
嘉靖三十三年五月	江北倭寇攻如皋县，不克		《世宗实录》卷四一〇，五月庚申
嘉靖三十三年六月	五日，倭寇烧劫阊门，至枫桥。八日，贼分兵南至横山，焚掠殆遍。阊门一带富室巨贾，蓄积纤悉无遗。逃之湖中山奥者，贼皆穷其所至	有求入城中者，恐混奸细，不许。兵备副使任环慼之时，启门盘诘而进，贼间窃入，即缚讯，咸骇以为神。所全活不可胜计。九日，贼回上津桥，环与总兵解明道出击之，杀二十余人，生擒一人。贼退至枫桥。十一日，贼将归柘林，惧东北兵阻，乃出石湖趋吴江	崇祯《吴县志》卷一一《祥异・本朝》
	寇已至枫桥，纵火，自六月六日至十二日，凡七昼夜	倭寇猖獗，屯角直客僧月空善用棍，倚以为重。时令募僧为兵，其出师，黄旗前导罗天大圣四字，众皆称念佛号，真如儿戏。望敌惊溃。初，积火器、火药及饼饵于娄门外接待寺，贮屋三楹。吏白火之，知府林懋举谕止，尽为贼有。城门昼闭，惟阊门时或一启，民争入。地窄，重足而立，气不得舒，挺而死者百七十人，哭声震地。兵备任环急命启门，全活数十万命	崇祯《吴县志》卷一一《祥异・本朝》
	十四日，太仓刘家河寇至，约千余，由官塘经昆山抵仪亭	巡抚都御史周珫、巡按御史孙慎登阊门城楼，酌酒观望，夜半遣吏缒城而下，取酱油于利济、石佛两寺中。时天暵旱，杀人盈野，血流成河，秽气闻数十里。掳掠财货、妇女百余艘，历南濠，过胥门，放石湖，如入无人之境。任环屡请出师，军门弗许。环竟率师追之，及于横塘，贼发炮不可当，环能随机应变，督战愈力。军门严令速回，听其自去。环唯付之太息而已	《倭变事略》

续表

时间	变乱	防御	出处
嘉靖三十三年六月	倭寇由吴江转掠嘉兴，署都指挥佥事夏光督兵御之，背王江泾而阵。贼众鼓噪而前，我兵大溃，光流矢死		《世宗实录》卷四一一，六月甲申
嘉靖三十三年六月	漕运侍郎郑晓奏倭寇类多中国人，其间有勇力智谋可用者，每苦资身无策，遂甘心从贼，为之向导，此非包荒含垢，早图区处，必为腹心忧。今议者一曰复市舶便，一曰严诛剿便。夫诸路军威未振，群贼惩创未深，即复市舶，恐非国家御夷之体。倭奴所残，既皆我良善官兵，所杀又皆我逋逃，必严诛剿，恐伤朝廷好生之德。臣愚欲乞圣明广收武勇，申命各抚按等官于军民白衣人中每岁查举素有膂力胆略智谋者十数人，以义勇名色，月给食米一石，令其无事率人捕盗，有事领兵杀贼，立有功劳，量议官职，奏请升授。若从文阶，则授试巡检；武阶则授试所镇抚。但许捕盗杀贼，不得经收钱粮，接理词讼。仍照文武官员事例考察考选。有犯者依律问罪。如此则片善寸长，皆沾斗食；暴夫悍卒，渐受络笼。不惟中国之人不为贼用，异日且有将材出于其间。其在今从贼者，特揭榜喻，许令归降，遣还故土。有擒斩贼徒者，如例给赏。才力可用愿报效者，委用别地立功赎罪，俟有劳绩，亦与叙迁。不然恐数年后，或有如卢循、孙恩、黄巢、王仙芝者，益至滋蔓难扑灭矣。臣又闻洪武中，倭奴数寇东南傍海州县。是时浙江一省既遣信国公汤和筑城，又遣魏国公徐辉祖、江阴侯吴高练兵。又遣都督商暠、杨文、刘德出战。又遣都督于显出海巡倭。此皆上公元侯，谋臣宿将，犹且迟之数年，未得宁息。复遣南雄侯赵雄招抚沿海渔丁岛人、盐徒蛋户，籍为水军，至数万人，又遣莱州府同知赵秩、礼部员外郎吕渊宣谕倭奴，迨至洪武二十五年之后，海夷始靖。则凡自今可以解散贼徒者，固宜敕下兵部，亟为议处，不得泄泄然付之无何而已。疏下，复部议，请以其奏下总督张经，酌宜行之。报可		《世宗实录》卷四一一，六月庚辰

续表

时间	变乱	防御	出处
嘉靖三十三年七月	苏州倭寇流劫至嘉善县，转趋松江出海	参将俞大猷击败之于吴淞所，擒七人，斩首二十三级	《世宗实录》卷四一三，八月辛巳
嘉靖三十三年八月	赠故崇明知县唐一岑为光禄寺寺丞，立祠祀之，并荫其子为国子生。初，崇明新城成，一岑决计徙居，而本所守城千户高才、翟钦者阻之。未几，倭寇突入旧城，一岑且战且骂诸将梗议误事，者遂为乱军所害。以阵亡计于抚按官，久之，其事始露云		《世宗实录》卷四一二，七月丙午
嘉靖三十三年八月	倭寇自嘉兴还屯柘林等处，进薄嘉定县城	会募兵，参将李逢时、许国以山东民枪手六千人至，与贼遇于新泾桥。逢时率其麾下先进败之。贼退据罗店镇。官军追及之，擒斩八十余人	《世宗实录》卷四一三，八月癸未
		山东兵复追击倭寇至采淘港，乘胜深入，伏起，我兵大溃，溺水死者千人。指挥刘勇等死之。初，新泾之捷，李逢时功最，许国恨逢时与之同事，而不先约己，乃别从间道袭贼，欲以分逢时功。会暮大雨，刘勇等兵先陷没，诸军继之，皆仓卒不整，遂大败	《世宗实录》卷四一三，八月庚寅

续表

时间	变乱	防御	出处
嘉靖三十三年九月	倭寇七十余人犯海门县，焚舟登岸。淮扬兵备副使张景贤亟引兵御之，战于吕四场，尽歼其众		《世宗实录》卷四一四，九月乙卯
		论五月中倭寇犯苏州、昆山等县诸臣夫事罪。令原任副总兵解明道、指挥张成已等各戴罪杀贼。夺佥事任环、知府林懋举、同知张子瑫等俸一月。升死事百户刘爱臣等子孙，各一级世袭	《世宗实录》卷四一四，九月甲辰
嘉靖三十三年十月	倭寇三千余人，由金山突至西海口，登岸分掠		《世宗实录》卷四一五，十月壬辰
嘉靖三十三年十一月	倭寇犯松江青村所等处		《世宗实录》卷四一六，十一月甲寅
嘉靖三十三年十二月		命调永顺宣慰司彭明辅、保靖宣慰司彭荩臣，各帅所部土兵三千人前赴苏、松剿贼。先是，总督张经议调广西狼兵及湖广民兵，尚未至，而苏、松自十月后，新倭继至者又万余人，经至是告急，因复以调兵请。许之	《世宗实录》卷四一七，十二月甲戌
嘉靖三十三年十二月	兵部尚书聂豹等言：国家财赋，大半仰给东南。比者倭寇作难，调兵选将，设官增备，三年于兹，始设提督于浙江等处，继加提督于苏松巡抚。又设总督兼理将官，自副、参、守、把而下，增置二十余员。调募客兵，近自徐、邳、山东，远至广西、湖广，所费各不下巨万。又起原任总兵沈希仪、何卿各带家丁、打手一千，自是大兵四集，灭贼有期，顾在督抚诸臣协谋共济耳。臣闻御夷之道，守备为先，攻战次之。故唐臣陆贽谓中国与夷狄各有所长，不可勉于所短，而敌其长，宜用所长，以乘其短。是以修封疆、守要害、堑蹊隧、垒军营、谨禁防、明斥堠，务农以足力，练卒以蓄威。寇小至则遏其冲，大至则		《世宗实录》卷四一七，十二月丁亥

续表

时间	变乱	防御	出处
嘉靖三十三年十二月		邀其归，据险以乘之，多方以误之，使其勇无所施，众无所用，掠则靡获，攻则不能，进有腹背受敌之虞，退有首尾难救之患，此万全之术也。今江南州县既鲜城郭，村居又缺墩堡，则封疆不修；各通海地方守卫官军名存实亡，则要害不守；江南居民散处水滨，依江海者鼓楫可至，依腹里者舍舟可通，则蹊隧未堑。各卫军卒兵甲朽钝，遇敌则奔，则军营未垒；通番下海，律有明条，今闽浙势豪私造巨舟与贼交易，稍一厉禁，怨讟朋兴，自巡抚朱纨不得其死，法网遂撤，则禁防不谨。三壤虽存，鞠为茂草，孤村相望，几绝炊烟，则民不得务农，进退无纪，功罪不明，则军不蓄威，三四倭奴梃刃而至，官兵数百相顾披靡，而苏松沿海居民，又每负货，贼所以觊厚利，是民借寇以生，而寇反资粮于我，安望能遏其冲，与邀其归耶？又开贼据崇明诸沙，反据险待我。贼在月浦交战，彼且设伏出奇，多方误我。又将虏去丁壮髡黥入党，绝其归路，而各州县又不能为之招谕处分，中间毙于矢石之下、含冤江海之中者，不知其几。凡此数者，皆我失其所长，而贼顾乘我所短也。自非大加惩创，亟图扑灭，臣恐后患益甚。况苏松密迩留都，襟带江淮，万一摇动梗塞，为患不细。乞申饬督抚，严行守令，预筑城堡、掘坑堑，整军置械，固守要害，团练土著，招抚胁从。其与各副、参、守、把等官明赏罚之条，厉交通之禁，两司及府州县官可用者留之，不可用者调之、去之，甚者以军法从事	《世宗实录》卷四一七，十二月丁亥
嘉靖三十三年十二月	倭寇陷青村所		《世宗实录》卷四一七，十二月庚寅

续表

时间	变乱	防御	出处
	倭寇入东台河垛、拼茶等场，越海安镇		崇祯《泰州志》卷七《方外志 · 灾祥》
嘉靖三十三年（嘉靖三十八年、万历十九年）		倭寇犯顺。添设海防兵备道驻扎本州岛，随设中军官一员、哨官一十八员，兵增至一千八百名。后因倭警少息，每年汰去。止中军官一员、哨官五员、兵五百九十四名。近又以边防宜密，中军厅新添兵三百名，忠义营召募家丁四百名 如皋掘港营距海大洋五十里，东、南、北三面环海，惟西一路接如皋，为倭寇首犯要地。旧设土堡，每岁汛期，委扬州卫指挥一员，领军一千三百名守堡防御。天顺间，挑选精壮入卫京师，止存军五百五十名。嘉靖三十三年，倭大举入寇，再被蹂躏。巡抚郑晓奏设把总。三十八年，巡抚李燧奏改守备，统东西二营，召募民兵三千余名，设战船一百余只。后经承平，渐加减汰，尚存水陆官兵六百余。万历十九年，倭犯朝鲜，沿海增备，复召精勇千余，设战船六十只，增置马步军五百六十有奇。事平旋罢。见存水陆营兵五百名，沙船八只，战马二十二匹，所辖信地南至石港，北接丁美舍，西达如皋，东抵大海洋	崇祯《泰州志》卷二《建置志 · 兵戎》
嘉靖三十三年	倭寇入境，杀掠甚众	募兵，增民壮，新科倍于旧额	嘉靖《新修靖江县志》卷四《职制四》

续表

时间	变乱	防御	出处
嘉靖三十三年	甲寅，犯如皋、通州、海门。时承平□久，扬俗日渐于纷革。上下巽愞偷安，沿海备不复设，猝闻变，皆望风奔溃。贼率不过数百人，所至焚烧斩戮，荼毒不可道。每战，倭辄赤体提三尺刀舞而前。善设伏，能以寡击众，反劳逸客主而用之。远近传相恐，言贼有神，不可与战。率蒲伏受戮。而县无城守者，毒尤惨	先是，操江臣以倭患棘，势不能兼理海防军务，朝议于江南、北设二巡抚，与提督操江画地而守。扬州三江会口以上，操江统之，周家桥以下，江北抚臣统之。而都御史郑公晓始以巡抚兼海防。知府吴桂芳为言，自倭犯并海郡县，有城则守，无城则残，城之为利必矣。使寇逾廖角而漂北海，犯盐场而南，则如皋弗城为可虞；道南江而西，舍舟而北犯口岸，则泰兴弗城为可虞；风帆西下，直抵西市，则瓜洲弗城为可虞。况海门僻处东偏，为海寇必由之所，弗城安恃乎？抚臣然。其议始奏。筑如皇、海门、泰州、瓜洲四城，逾年城成，民稍恃无恐	万历《扬州府志》卷一三《兵防志上》
嘉靖三十四年正月		兵部复应天巡抚周珫、巡按周如斗等奏：去年十月，倭贼犯上海、护塘、马家浜等处。把总娄宇、镇抚陈习、佥事黄邦政御之，颇有斩获，功当录。十一月，倭复寇横泾，陷青村所，欲窥松江，备御指挥徐承宗等出战不利，参将汤克宽猝遇贼于嘉湖，战复败绩，当罪	《世宗实录》卷四一八，正月乙丑
嘉靖三十四年三月		苏松兵备任环督参将解明道等以舟师与倭战于南沙野茅洪，败之，斩首一百八级	《世宗实录》卷四二〇，三月甲寅
		三十四年乙卯，三月辛丑，总督张经以田州瓦氏兵属总兵俞大猷守金山	《金山倭变小志》

续表

时间	变乱	防御	出处
嘉靖三十四年四月	工部侍郎赵文华至松江祭海神。是时，倭据川沙洼、柘林为巢，经冬涉春，新倭复日有至者	地方甚恐，及闻狼兵至，人心稍安。总兵俞大猷遣游击白泫等将狼兵数队往来哨贼，乘隙邀击舍把田銮等，稍有斩获。文华因谓狼兵果可用，厚犒之，激使进剿。至漕泾遇倭数百人，与战，不胜。头目钟富、黄维等十四人俱死，兵众失亡甚众。于是贼知狼兵不足畏，复肆掠如故矣	《世宗实录》卷四二一，四月辛未
	倭犯江北淮扬等处，前后由通州之余东场、海门之东夹港地方登岸，流劫狼山、利河等镇，吕四、余西等场		《世宗实录》卷四二一，四月乙亥
	江北倭突入通州南门，烧民屋二十余间而去		《世宗实录》卷四二一，四月丙子
		永顺宣慰司官舍彭翼、南保靖宣慰使彭荩臣各统土兵三千名，及致仕宣慰彭明、辅官生彭守中等报效兵二千名，俱至松江	《世宗实录》卷四二一，四月癸未
	柘林巢贼分众三千余，过金山卫	总兵俞大猷督游击白泫及田州瓦氏兵遮击之。贼鼓众来冲，我兵大溃，死亡无算。贼遂奔犯浙江	《世宗实录》卷四二一，四月甲申
	江北倭犯淮安盐城县		《世宗实录》卷四二一，四月乙酉
		兵备任环督保靖土兵千余，及知县王铁指挥孔焘分统官民兵三千，攻其巢破之，斩首百五十余级，烧贼船二十七只。余贼奔江阴	《世宗实录》卷四二一，四月戊子
	三丈浦倭贼分众掠常熟、江阴村镇	淮扬海防参政张景贤督兵御倭于狼山，败之	《世宗实录》卷四二一，四月癸巳

续表

时间	变乱	防御	出处
嘉靖三十四年四月	再抵城下，烟焱蔽天，伏尸载道。方贼东在娄门，民争西趋阊门以入，相蹂躏死闉阇者几三百人，积骸如丘。上官大恐，后至者闭门拒却	公提兵来援，传令开胥门以纳。有司以奸黠，乘间为虑，公厉色曰：失事之罪，吾自当之，不尔反也。乃命女妇先入，立道右，男子后入，由道左，各携其妻孥以去，计全二万余人，无一颠踣者。民大感悦，保御增固。贼畏公而退。六月复集大众，三道并进，至维亭，距苏城三十里所。公以所集诸路兵次于娄之陆泾坝，分阵以待。处兵于田，沙兵于水，邳兵、苗兵各于要害，而钩刀手者，最号勇锐，阵于正路。贼厚阵来冲，莫能动，退而悔曰：正路必劲兵，田中旗帜皆疑兵也。明日，其趋田中乎。公谍知之，夜半蓐食，密令钩刀手易田中兵，而旗帜不易。诘旦，贼前锋百人与路兵接，少合即趋田中。钩刀手佯却，开壁诱之人，尽歼之。复整列以待。诸贼掩至，公又密令沙兵飞棹出贼后，呼曰：贼已败，我民胁从者，其释刃自明。贼气遽夺。会天雨，公麾兵急进。有枭贼三百余，裸体舞刀而前，钩刀手与合，又尽歼之。而沙兵亦就水中斩首百余级，余众悉溃。雨甚不能穷追，乃班师入城。男女老稚，焚香以迎师者塞路	崇祯《吴县志》卷一九《祠庙上·王毂祥录功祠碑》
	贼入福山港，遂犯县城 十二日，江北张泾之贼至福山港，掳耆民船二十余只 十三日，贼船至者尤众，官兵不能支，皆散走 十四日，贼薄县城，流矢毙其剧酋二人，遂去	兵备副使任公环大败三丈浦之贼。先是，贼屯三丈浦者势甚猖獗，且以官军不为备。兵备任公环阴部署主客官兵以进。保靖兵素骁勇，为贼所忌，公命应袭彭守忠为中哨，易衣帜，贼不知也。太仓沙耆民为右翼，知县王铁为左翼，公躬擐甲胄，激励三军，我兵皆踊跃思奋，争先进攻，贼遂大败。逐北至奚浦，斩首二百三十五级，生擒五十余人，其舟二十七艘，而我兵不损一人。自用兵以来，陆战全捷，未有若此者也	《江南经略》卷三上

续表

时间	变乱	防御	出处
嘉靖三十四年五月	五月九日，倭贼至枫桥，分一支往木渎西山等处烧劫。十三日，兵备任环与总兵汤克宽等提兵至木渎，贼入太湖，与吴江兵战于湖中。焚劫洞庭两山。一艅为团长徐术等阻截，自黄麻门从冲山漫山而下，一艅为耆舵周瓒等所追至独山，从无锡境去，遇官兵不得进，还入太湖。二十六日，贼进胥口，次日由阊门、齐门、常熟而去。十月十三日，流倭五十三人，先自余姚渡钱塘，历徽、宁、芜湖抵南京，历溧水、宜兴、无锡，欲北至常熟沿海，以趋柘林。转战三千余里，所向无敌。至是，突至浒墅。巡抚都御史曹邦辅召官属令曰：所不戮力灭贼，俾出境者斩首以狥。复戒府县官贼灭而后进城，闻者股栗。是夜，官兵射死五贼，贼畏官兵难犯，从间道沿山夜行，擒	二十七日，邦辅亲督副使王崇古、海防佥事董邦政、知府林懋举、参将娄宇、通判畬玄、知县康世耀合兵击贼，贼殊死战，我兵亦奋勇。严家兵父子五人当其前锋，斩二十七贼。指挥张大纲、昆山生员陈淮皆战死。贼夜遁之黄墅沙，欲渡湖。巡船阻之。奔杨家桥，仅存二十二贼，伏田野中。官兵追逼，武生车梁独以兵张两翼，鼓噪索之。贼遂出，梁招官兵还击，贼遗金帛，诱我兵陷一绝巷中。官兵围之，矢炮丛发。贼灭无遗	崇祯《吴县志》卷一一《祥异・本朝》

续表

时间	变乱	防御	出处
嘉靖三十四年五月	二人,欲导出海。二人故导之过阊门,谓城上曰:吾往绝地,可来击之。遂引至宝带桥郭巷,三面阻水,官兵围困。贼忿,脔二人。十六日夜,溃围,过五龙桥,奔梅湾。二十日奔灵岩山。二十一日,官兵搜伏斩首七级。贼夜奔凤凰池。二十五日,奔木渎,复奔前马桥		崇祯《吴县志》卷一一《祥异·本朝》
		当嘉靖乙卯,倭寇五十三人自浙之南京,至尝州,又及苏。苏城外水道并断桥阻之,寇迷失道,掳二人为乡导。二人窃计曰:贼欲至柘林,不知向往,我二人何难舍生误之,以纾民患?给至绝地,三日无所得食,腹既馁,且面水不可涉,乃发忿脔二人,号呼甚惨。自是官兵渐合,寇遂灭。惜其姓名不传	崇祯《吴县志》卷四九《人物·十三狭义》
	十一日,镇江贼五六千,北沙贼五千,合犯苏门,毁掠数日,用饼船渡太湖,据洞庭山。军门移文各地戒严		《倭变事略》
	柘林倭合新倭四千余人,突犯嘉兴	总督张经分遣参将卢镗等督狼土等兵水陆击之。保靖宣慰使彭荩臣与贼遇于石塘湾,大战,败之,贼遂北走平望。副总兵俞大猷以永顺宣慰司官舍彭翼南兵邀击之,贼奔回王江泾。保靖兵复击急其后,贼之大溃,诸军共擒斩首功凡一千九百八十人有奇,溺水及走死者甚众。余贼不及数百,奔归柘林。自有倭患来,东南用兵,未有得志者,此其第一切云	《世宗实录》卷四二二,五月甲午

续表

时间	变乱	防御	出处
嘉靖三十四年五月	原屯川沙洼倭贼，获突犯关(闸)港、周浦、车蒲等处，夺舟过浦，分掠泗泾北簳山	佥事董邦政、游击周藩引兵追击，遇贼于唐行。我兵惊溃，藩被创死，军士死伤者几三百人。贼遂屯驻古塘桥，流劫昆山县、石浦等镇	《世宗实录》卷四二二，五月戊戌
	倭掠苏州		《世宗实录》卷四二二，五月壬寅
	倭寇五十余人自山东日照县流劫安东卫，至淮安赣榆县。是日，吕四场有倭舟突犯沿劫东团等处	该场副使李政督率耆、灶奋锐攻之，斩首四十五级，尽歼其众	《世宗实录》卷四二二，五月甲辰
	倭舟三十余艘，众约千余人，自海洋突犯苏州青村所，攻城不克，遂纵火自焚其舟，登岸肆劫。是时，新倭复大至，自青村外，若南沙小乌口、浪港诸处悉有贼。至泊岸即焚舟，散劫官兵，稍稍逼之，乃合势犯苏州陆泾坝及娄门	南京都督周于德引兵来援，一战而败。镇抚孙宪臣被杀，贼遂中分其众为二：一由齐门北马头而北，转掠浒墅关长洲五等都；一由胥门木渎而南，转掠吴县横塘等镇，延蔓常熟、江阴、无锡之境，出入太湖，莫能御者	《世宗实录》卷四二二，五月乙巳
		参将卢镗督百户上江等兵，及宣慰彭荩臣土兵、四川指挥陈元正蜀兵攻倭于张庄。贼见兵众，闭垒不敢出。元正以兵挑之，贼出战，诸军四面攻击，纵火焚其垒，贼奔逊，我兵追击之，及于后港，贼反军迎击，诸军皆溃	《世宗实录》卷四二二，五月庚戌
	柘林倭贼纵火自焚其巢，驾舟二百余艘出海东遁		《世宗实录》卷四二二，五月甲寅

续表

时间	变乱	防御	出处
嘉靖三十四年五月		察视浙直军务侍郎赵文华上疏报捷，谓前月倭犯嘉兴城，御史胡宗宪先中以药酒，击败之。俞大猷率永顺宣慰彭翼南等又败之于王江泾，擒斩千余人。参政任环又败之于常熟，斩首一百五十级，焚其舟二十七。而金山卫等处斩获亦不下二百。贼众荡平有期矣。兵部言：据此捷奏，兵威稍扬，人心正奋。然在浙江，则余党未遁，在松江，则旧巢犹在，宜乘胜逐北，以靖地方。请先赏将士用命者。上命赏永顺宣慰彭翼南等四人银各二十两，纻丝二表里，余令军门颁赏	《世宗实录》卷四二二，五月丙辰
	倭寇常熟县	知县王铁率兵乘城御之。贼屡攻不克，移舟治三里桥。铁及乡宦参政钱泮率耆民、家丁追贼，及于上沧港，为贼所掩击，俱死。其民丁仅有脱者。巡按御史金浙上其事。上悯二臣死事，诏赠铁为太仆寺少卿，泮光禄寺卿，各荫一子锦衣卫，世袭百户，赐祭一坛，立祠死所，有司岁时享祭	《世宗实录》卷四二二，五月丁巳

续表

时间	变乱	防御	出处
嘉靖三十四年五月		诏锦衣卫遣官校逮总督南直隶浙福军务右都御史张经及参将汤克宽,械系来京,问以侍郎赵文华劾其畏巽失机、玩寇殃民故也。倭自去岁据松江柘林、川沙洼二处为巢,纵横肆掠,周回数百里间,焚屠殆遍,水陆兵无敢近者。本年三月初,广西田州土官妇瓦氏及东兰、南丹、那地、归顺等州狼兵六千余名承经调治,狼兵轻慓嗜利,闻倭富有财货,亟欲取之。居民亦苦倭寇暴,朝夕冀幸一战。文华既至嘉兴,屡趣经亟檄狼兵剿贼。经曰:贼狡且众,今檄召四方兵,独狼兵先至耳。此兵勇进而易溃,万一失利,即骇远近观听,姑俟保靖、永顺土兵至,合力夹攻,庶保万全。文华再三宫〔言?〕,经终守便宜不听。文华乃疏言经养寇糜财,屡失进兵机宜,惑于参将汤克宽谬言,欲俟倭饱载出洋,以水兵掠余贼报功塞责耳,宜亟治以纾东南大祸。疏至,上以问大学士严嵩,嵩对具如文华言,且谓苏松人怨经,不可复留,宜与克宽俱逮京鞫讯,以惩欺怠。经、克宽遂并得罪。寻升巡抚应天右佥都御史周珫为兵部右侍郎,仍兼原职代经总督	《世宗实录》卷四二二,五月己酉

续表

时间	变乱	防御	出处
	三丈浦倭贼驾舟出海	总兵俞大猷引舟师遮洋击之，斩首一百三十有奇，冲沉贼舟七艘。贼遁泊海洋三板沙	《世宗实录》卷四二三，六月甲戌
嘉靖三十四年六月	巡按直隶御史周如斗疏报：苏、松旧倭去者未尽绝，新倭来者益众，节犯黄浦等处，杀游击周藩，请治诸臣失事罪	因言佥事董邦政寡谋轻进，遂致偾师，罪宜百论。把总娄宇望风奔溃，同知郁文奎、洪以业防守疏虞，总督张经、提督周琉、操江史褒善均有兵戎之任，不能御寇，门庭皆属有罪。副总兵俞大猷既逸寇于金山，复慢防于越浦，虽有平望王江之捷，难赎其辜。备倭都指挥刘恩至要害不守，武备素弛，皆当量罚。因言新旧之寇，势合而益张，主客之兵力分而益寡。请更调发精兵协济军饷，责诸臣以讨贼必放。仍录游击周藩死事之忠，以作士气。兵部计已被遣诸臣不议，请令督抚周琉遵前议，增调两广及湖广精兵，仍令卢镗亲诣处州选兵，更于四川松潘等处选官民、乡勇、羌土诸兵并赴浙直军门，并力破贼。上曰：近日江南调至粮土诸兵不为不多，督抚官迟疑观望不能进剿，养寇贻患，以致新贼继至，合势愈炽。又欲增调各兵，不过假此迁延时月，奚有实心平贼之忠？今姑从所拟施行，若又师久无功，琉等罪不赦，夺巡抚史褒善俸三月，褫把总娄宇、都指挥刘恩至职，令戴罪杀贼。下同知郁文奎、洪以业于按臣问，赠游击周蒲都督佥事，录其子袭升三级	《世宗实录》卷四二三，六月乙亥

续表

时间	变乱	防御	出处
嘉靖三十四年六月	倭进据江阴蔡泾闸，分众犯唐头。知县钱錞统狼、民兵御之，遇贼于九里山。时已薄暮，雷雨大作，贼伏兵四起，狼兵悉奔，惟余錞及民兵八人，尽死于贼	巡按御史周如斗上具〔其?〕事，诏赠錞为光禄寺少卿，荫一子国子生，赐祭一坛，立祀死所，有司岁时享祀	《世宗实录》卷四二三，六月丙子
	原犯浙江倭还侵吴江	参政任环、总兵俞大猷督水陆官兵游击于莺洹湖、平望等处，斩首七十九级，生擒贼五人，余贼奔还嘉兴	《世宗实录》卷四二三，六月戊寅
	三板沙倭贼抢民船出洋	参政任环、总兵俞大猷引舟师追击于马迹山，擒倭首滩舍卖及后贼五十七人，斩有九十三级。是日，倭舟有被海风飘回者，舟坏，余贼五十人屯嘉定县民家。参政任环以耆兵攻之，不克，伤亡几三百人。乃投火民宅爇之，贼尽死	《世宗实录》卷四二三，六月庚辰
	蔡泾闸倭至夏港镇，副使王崇古督水陆兵夹击之。贼遂出港泊浅沙，分舟南犯。至靖江陈公港登岸	我兵急击之，斩首四十有奇，余贼走入民家，我军焚而歼之①	《世宗实录》卷四二三，六月乙酉

① 这类贼据民宅而官军采用焚烧策略的例子似乎很普遍。如嘉靖三十四年十一月，“壬子，倭贼八十余人驾舟泊浙江海盐县秦之驻山，登岸劫掠。提督都御史胡宗宪遣指挥徐行健等率兵御之。贼走入民家拒守，官兵纵火焚之。贼悉殄”。见《世宗实录》卷四二八。

续表

时间	变乱	防御	出处
嘉靖三十四年七月	高埠逃倭自杭州西掠者，沿途伤亡。至严州淳安县，仅六十余人。以浙兵副息，由濠岭盘山突入歙县黄柏源口	徽州府守隘官民兵壮五百余人见贼悉奔溃，贼遂流劫绩溪，至旌德，典使蔡尧佐率兵千余御之，不克。贼遂叩县南门，纵火屠掠。过泾县，知县丘时庸引兵追击，于埤塘败绩，贼乃趋南陵。县丞莫逞以三百人守分界山，见贼悉奔窜，贼遂入县城，纵火焚居民房屋。于是，建阳卫指挥缪印、当涂县丞郭映郊、芜湖县丞陈一道、太平府知事郭樟各承檄以兵来援，与贼遇于县东门。印等引弓射之，贼悉手接其矢，诸军相顾愕眙，遂俱溃。一道所率皆芜湖骁健，乃麾众独进，为贼所杀。一道义男子义横身□贼刃，亦死	《世宗实录》卷四二四，七月乙巳
	癸丑，江南金泾、许浦、白茆港诸倭俱载舟出海	总兵俞大猷督各水兵把总刘堂大、雷余昂等引舟师追及于茶山，纵火焚具五舟，余贼走马迹山、三板沙。我兵复追击之，坏其三舟，几斩贼首六十七级，生擒四十二人。是时，江阴蔡港倭亦引舟出洋，我兵分击于马迹、马图、宝山等处，共擒斩九十余贼。值飓风大作，贼舟多溺，官兵船坏损者亦众，次日柘林倭亦载舟出洋，为我兵冲击，及海风簸荡，沉没二十余舟。余贼复回泊海港，登岸劫掠	《世宗实录》卷四二四，七月癸丑

续表

时间	变乱	防御	出处
嘉靖三十四年七月	南京兵部尚书张时彻等言倭夷侵迫畿辅,而京军远戍口非计,乞掣回坊〔防?〕守。从之。南陵倭流劫至芜湖,纵火烧南岸,突渡北岸入市。各商民义勇登屋,以瓦石灰罐击之,贼多伤者,遂奔去。各商兵下屋,生缚二倭,斩首十级。贼趋太平府。是时,操江都御史褒善驻太平,遣千户曾辰等督乡兵义勇、杀虎手等兵御之于马厂,大败。贼遂进逼府城,城中人断河桥防守,贼引而东犯。江宁镇指挥朱襄、蒋升率众迎拒,不能御。襄战死,升被创堕马,官兵死者三百余人。贼遂直趋南京,其酋衣红乘马张黄盖,整众犯大安德门。我兵自城上以火铳击之,贼沿外城小安德门、夹冈等门往来窥觇。		《世宗实录》卷四二四,七月丙辰

续表

时间	变乱	防御	出处
嘉靖三十四年七月	会城中获其所遣谍者，贼乃引众由铺岗趋秣陵关而去①		《世宗实录》卷四二四，七月丙辰
		提督京城巡捕参将任俊申明巡捕事宜。一，专责任。五城地方把总并各城兵马怠惰不职，听本官参呈送问。一，慎考察。置立文簿备造各地方把总官履历功过，年终填注考语，送部考察。一，补额马。原额设捕盗马五千六百四十一匹。今熊桴督福、沙兵船追击之，沉贼舟七，俘贼一人，斩首一百三十余级。文有原犯江北倭舟十，流突嘉定、吴松〔淞〕江，把总刘堂引舟师击于外洋，俘贼五十七人，斩首九十三级。请告庙献俘，并叙录。桴及嘉定知县杨旦、参政任环欲将环敛降官衔如武职之任，以桴补佥事董邦政缺，旦重知升赏。兵部复言：任环忠勇，屡立奇功，武职无前例，请如大同知府王诰例，荫子邦政在任。桴宜别处以地方之职。余功以次论叙	《世宗实录》卷四二四，七月丁巳

① “嘉靖中年，倭寇发海上，五十余人耳，转掠十余府，至应天门外，而四十八卫者无一人出撄其锋，卒见夷于淮扬民兵之手，此其明验也。然臣非谓尽去腹内之兵，谓既名以兵，当责以实，欲责以实，当试以战，欲试以战，当限以轮番戍守之法。彼其或远而不可使，或弱而不愿戍，则优其身以自便，而移其食以解边。有事则按籍而征之，而馈饷一出于官；无事则任其自便，而耕商无异于民。要之无事时多，有事时少也。而名籍屯牧、住居部署固在也。”《穆宗实录》卷四二，隆庆四年二月丙寅；《典故纪闻》卷一八。

续表

时间	变乱	防御	出处
嘉靖三十四年七月	总督直隶浙福军务右都御史张经、浙西参将汤克宽逮系至京，诏下法司议罪。经上疏自理，曰臣自昨岁十二月受总督之任，于时倭方盘据柘林、川沙洼，其众且二万余。吴会民兵脆弱，无可制御，臣乃奏调由州东兰、那地、南丹、归顺等州狼兵五千名，永顺、保靖二宣慰司土六千名，盖欲合力并势为必胜之算尔。今岁三月初，田州土官妇瓦氏及东兰等州官舍各兵继至，臣从宜分布，以瓦氏其配总兵俞大猷屯金山卫，为捣巢西路；以东兰、那地、南丹三州兵配游击邹继芳，屯闵行为捣巢北路；以归顺兵及募至思恩兵、广东东莞打手配参将汤克宽，屯乍浦为西路右哨，各令相机战守。及三月末，侍郎赵文华至松江，大赉诸将，趣令进讨。然远调之兵、新至之将，贼情地利皆所未谙，游击白泫以田州兵千余往探陆哨，遇贼伏卒，杀其头目钟富，损兵大半，则狼兵之不宜骤用明矣。及四月二十日，永顺、保靖兵至，具日巢倭四千余突犯嘉兴，臣即委参将卢镗督保靖兵援嘉兴，委俞大猷督永顺兵由抑湖间道趋平望，以扼贼路。令汤克宽引舟师从中击之，一战而胜，凡斩馘一千九百有奇。焚溺死者无算，贼气遂馁。此臣日夜苦心，审几虏胜，岂有一毫怠事之念哉？自臣莅任方半年，前后俘斩且以五千计，惟是智略浅短，不能使积年剧寇，俄顷扫荡。此则臣之罪也。疏入不报。经、克宽竟论死系狱		《世宗实录》卷四二四，七月丁巳
嘉靖三十四年八月	倭自南京至秣陵关，应天推官罗节卿、指挥徐承宗率兵千人守关，望风奔溃。贼遂过关至溧水县。杨林桥典史林文景率兵迎过，不能御。署县县丞赵珠臣弃城走。贼遂由小北门入城，宴饮民家，信宿乃去		《世宗实录》卷四二五，八月癸亥
		整饬太仓兵备参政任环有亲丧，例当回籍。巡按御史周如斗以倭寇未平，请留之。诏夺情，任事如故	《世宗实录》卷四二五，八月甲子
	柘林倭贼载舟出海	佥事董邦政、总兵俞大猷各督所部水兵分哨击之，斩首七十有奇，获船九艘。邦政复以嘉定兵击贼于宝山，斩首九十八级	《世宗实录》卷四二五，八月辛未

续表

时间	变乱	防御	出处
嘉靖三十四年八月	溧水倭流劫溧阳，趋宜兴，至屺亭，闻官兵自大湖出，取道官路桥、黄土，越武进县境，抵无锡慧山寺。一昼夜奔一百八十余里，我兵追及，急击之，贼疲走望亭，次日至浒墅关	都御史曹邦辅督各官兵围之	《世宗实录》卷四二五，八月甲戌
	柘林开洋贼遭风坏三舟，余贼三百有奇，自蔡庙港登岸，流至华亭县陶宅镇据之		《世宗实录》卷四二五，八月乙亥
	此贼自绍兴高埠奔窜，不过六七十人，流劫杭、严、徽、宁、太平，至犯留都，经行数千里，杀戮及战伤无虑四五千人，凡杀一御史、一县丞、二指挥、二把总，入二县，历八十余日始灭	苏松巡抚曹邦辅檄佥事董邦政、把总娄宇以沙兵击浒墅关倭寇，歼之。初，贼自宜兴奔苏州，会柘林贼为风飘旋者三百余进据陶宅港，邦辅虑一贼合且为大患，乃亲督副使王崇古会集各部兵，扼其东路，四面蹙之。贼逃至五龙桥，复至梅湾山，我兵随地与竞，颇有斩获。太仓卫指挥张大纲被杀，兵卒伤亡亦众。时邦政、宇督沙兵守陶宅，邦辅计陶宅贼据险且众，未可进兵，乃召邦政、宇以沙兵助巢〔剿〕，一战斩首十九级，贼以惧奔吴舍，欲潜走太湖。我兵觉之，追及于杨林桥，尽殪其众	《世宗实录》卷四二五，八月壬辰

续表

时间	变乱	防御	出处
嘉靖三十四年九月	浙江杭嘉湖兵备副使刘焘督兵五千余，分三道攻陶宅倭巢。倭二百余来迎敌，诸军望见皆散走。焘与家丁陆本高等二十余人各引满射之，贼不敢逼。焘以仅身免	督察军务侍郎赵文华大集浙、直兵夹功倭于陶宅。贼分众迎敌，我兵大败，浙江领兵指挥邵昇、姚泓，直隶领兵千户刘勋俱死。是时，文华以苏寇之捷己不得与为恨。见调兵四集，谓陶宅寇乃柘林余孽，可取。浙江巡抚胡宗宪因大言寇不足平，以怂其意。遂悉简浙兵精锐，得四千人，文华、宗宪亲将之，营于松江之砖桥固，约应天巡抚曹邦辅以直隶兵会剿。定期浙兵分三道，直兵分四道，东西并进，贼悉锐冲，浙江诸营皆溃，我兵挤沉于水及自蹂践，死者甚众，损失军士凡一千余人。直兵亦陷贼伏中，死者二百余人，由是贼势益炽	《世宗实录》卷四二六，九月乙未 《世宗实录》卷四二四，九月甲寅
嘉靖三十四年十月	陶宅倭见我兵四集，夜走周浦，屯永定寺中。我兵追围之。是时，柘林开洋，贼舟九只复回登岸，为巢于川沙洼		《世宗实录》卷四二七，十月癸亥
	巡抚应天都御史曹邦辅以剿灭坝州、浒墅关倭寇闻。且言连年倭患，其来必纠连大众，多者数千，少亦千不下数百。其登岸劫掠，近则百里，至远不过千里，未有以五六十余之贼，深入内地转战数千里，直瞰都门无所顾忌若	总督浙直侍郎杨宜亦报捷，如邦辅言。复参邦政虽有斩馘功，然实故违节制，当罪。督察侍郎赵文华之言柘林余贼复巢陶宅，臣同浙江巡抚胡宗宪督兵四千来松江会剿，而应天巡抚曹邦辅、佥事董邦政不协力进兵，顾乃避难趋易，侥幸功捷，乞加惩究。疏俱下兵部，部复文华所谓趋易，盖指苏州之寇而言，所谓避难，盖指陶先〔宅〕之寇而言。窃计二寇多寡虽殊，此〔比〕量声势，不宜分难易论。若使合而为一，以流劫者之慓悍，济屯聚者之蓄众，未免益复滋蔓	《世宗实录》卷四二四，十月丙子

续表

时间	变乱	防御	出处
嘉靖三十四年十月	此贼者。且所过屠戮极其惨烈，使不即殄灭，得以遁归，彼已习之内地虚实，将来招引丑类为祸，殆永可量。所据佥事董邦政闻命，疾趋躬履，行陈横犯鲸鲵之众，不旬日而芟刈之，慎可谓奇功也。请亟加褒录	难图。乃今苏州之寇剿灭无遗，陶定之寇自然势孤气沮，驱除为易。今第宜令董邦政戴罪自效，务将陶贼之寇亟行殄绝，俟事平之后总较功罪，然后赏罚可得施也。诏下，邦政于总督都御史逮问。初，文华闻苏寇且灭，趣赴苏欲攘其功，比至，则邦辅业已先奏捷矣。文华遂大怒，乃以陶宅寇患委罪邦辅、邦政，参之。复嗾宜排邦政，宜心之〔知〕邦政功而重，失文华意，故矛盾若此	《世宗实录》卷四二四，十月丙子
		应天巡抚曹邦辅亲督水、陆兵分五哨，攻倭于周浦城。迎敌四哨俱奔溃，溺水死者数百人。独中哨以邦辅在焉，且阻水，得不溃	《世宗实录》卷四二七，十月丁丑
嘉靖三十四年十一月	有倭二千余人，自海洋驾舟四十余艘，先后入川沙洼，与旧贼合势登岸，沿浦东一带焚劫肆团、八灶等处	上令邦辅策励供职，与杨宜协心平贼，毋误事机。巡按直隶御史周如斗亦言陶宅及川沙洼倭寇亟宜剿灭，缓则合而为一，益复滋蔓。因劾苏松参将乔基、把总金汉宜罢黜，而荐都指挥娄宇可代基、指挥佥事陈习可代汉	《世宗实录》卷四二八，十一月丙申、辛丑

续表

时间	变乱	防御	出处
嘉靖三十四年闰十一月	周浦等倭以官兵攻围日急，于初二日夜悉众东北奔。统领川兵游击曹克新邀击之，斩首一百三十余。贼遂入川沙洼，与巢贼合。四川、山东诸兵日夕伺击之，贼乃焚巢载舟出海。副总兵俞大猷、兵备王崇古合兵入洋追之，及于老鹳嘴，斩首一百七十余级，生擒四十七人，冲毁贼巨舟八艘，余贼奔上海浦东	川兵游击曹克新击倭于嘉定之高桥，斩首二十八级，鏖战自辰及未，酉阳兵先溃，诸军遂败。越二日，克新复督蜀中土、汉兵，分三哨追剿：左哨天全土兵及�连弩手奋统冲贼，迎斩七十余级；右哨酉阳、邑梅等兵复溃，我军遂乱，为贼所乘，杀大渡河千户李灿、成都卫百户郑彦昇。川兵伤亡及溺死十四，诸军夺气。是时，调至客兵，大名督抚率无长略，不能以恩威驾驭，诸兵遂恣睢暴肆，不复奉约束。川兵初典山东兵关，参将尚允绍几被杀。至于出战，阶自为进退，酋赐兵既败，即大噪，夺舟径归，至苏州，赵文华犒慰谕留之，不敢诘也	《世宗实录》卷四二九，闰十一月己巳、癸酉
嘉靖三十四年十二月	兵部复巡按直隶御史张云路、徐敦，应天巡抚曹邦辅，提督操江史褒善勘明倭寇自浙江流劫徽、宁、太平，直犯南京，转掠至苏州剿灭经过、地方诸臣功罪	失事如新安卫指挥焦桐等四十六人，各有统兵巡捕之责，不能防御，应究治。知府宁国朱大器、徽州来有孚、太平任有龄应罚。治旌德知县岑恕、南陵县丞郭惟翰、太平知事郭樟。地方创甚，应重究芜湖知县潘铨、宁国通判周尚忠、应天推官罗节卿、泾县知县丘时庸提兵损失应并究。有功如常镇兵备王崇古，苏州知府林懋举，同知李敏德、熊桴，通判余玄，吴县知县康世耀，江阴主簿曹廷慧，乡官原任吏部主事史际宜论录。婺典源〔源典〕史孙邦显等之擒斩、徽州把持朱顶鹤等之死，事宜犒恤。至于芜湖县丞陈一道力战剧贼，其义勇陈子义婴刃捍父，宜各赠一内外职衔冠带。其子其应尹汪宗元宜宽其罚。得旨：焦桐等巡按御史提问，朱大器等各夺俸五月。岑恕等革任闲住。潘铨降二级，管事如故。周尚忠等赴部改用。	《世宗实录》卷四三〇，十二月己亥

续表

时间	变乱	防御	出处
嘉靖三十四年十二月		王崇右、林懋举、史际各赏银二十两，纻丝二表里。李敏德等各十两，孙邦显等、朱顶鹤等巡抚衙门分别犒恤。陈一道赠应天府通判，仍荫一子为国子生。陈子义赠府经历。汪宗元姑夺俸二月。初，是贼自南京转趋苏州也，佥事董邦政方督所募沙兵防守陶宅，巡抚曹邦辅乃檄邦政与把总娄宇引兵遮剿之。当时二寇不得合，而此残党竟火□替于苏者，本邦辅用此二人力也。至是各臣奏勘功罪甚明，以侍郎赵文华恶此二人，赏竟弗及	《世宗实录》卷四三〇，十二月己亥
嘉靖三十四年	乙卯，三十四年，倭寇临城，杀掳二千余人。币货无算，烧毁民庐及千		嘉靖《新修靖江县志》卷四《职制四》
（嘉靖三十五年	乙卯，倭猝薄扬州城，民避不及，被杀及溺死者数千人。焚掠大东门外尽，烧毁盐堆而去。府同知朱裒及高邮卫经历晏锐以率兵御贼死焉……淮南北大震	于时卫所军无所用，而各州县乡团民兵，或时时扼杀倭，及婴城时击杀之。始策东关建新城	嘉庆《重修扬州府志》卷二三《兵志二·历代设兵》
（嘉靖三十六年）		其明年，参将王完伯率所部徐兖精锐兵守扬州，设伏于铁盘厂，先引弱兵转战，至伏所，麾骑兵冲击，大破之，贼稍戢。又刘显击破之泗州而遁。明年，都御史李遂抚江北，以土兵、客兵俱脆弱，疏调山西边兵三千戍如皋	万历《扬州府志》卷一三《兵防志上》

续表

时间	变乱	防御	出处
嘉靖三十五年正月	松江新场倭袭败官军于四桥。参将尚允绍等死之，亡其卒四百余人		《世宗实录》卷四三一，正月壬午
嘉靖三十五年二月	罢总督南直隶浙福军务南京兵部右侍郎杨宜。先是，三十四年十二月，苏松兵备任环、都司李经、守备杨缙率永顺、保靖土兵追剿新场倭寇。时贼众二千人，皆伏不出，而诈令人举火于数里外，若将引去者。保靖土舍彭翅引军先入，□之不见一人，于是永顺头目田菑、田丰年等争入。伏起，我军四面为贼所围，翅等与其所部俱死之	御史邵惟中以闻，因言旬月之内，酉阳永顺兵再战再北，皆由督抚经略失宜，将领观望畏怯所致。乞饬宜与都御史曹邦辅，俾无再误。而究治环及经缙，并褒恤翅、菑、丰年等。得旨，宜调兵万余，不能平贼，屡失机宜，今又多所亡失，大负委任，姑革任回籍闲住。邦辅、环、经俱夺俸戴罪剿贼。翅等各赠一官，仍赐以棺殓具。宜暗浅无大略，不足应变。时海警甚炽，征川、广、湖、贵及闽、浙、河南、山东之兵，毕集宜袖，手无一策，且惩于张经之败，谄奉赵文华，极其卑惯。故文华虽厌薄之，然而不怒也。时文华与胡宗宪私厚，亟欲以宗宪易宜。正月中，文华入京，上谕大学士严嵩，问文华南寇始末，文华即昌言寇起时苦无兵，今征兵四集，所苦督抚非人，不能调度。请罢宜，以宗宪代之。上深以为然，谓嵩曰：宜当急更，再岁月之延，不无误事。会惟中疏至，部复请戒谕，宜令图后效。特诏罢之	《世宗实录》卷四三二，二月己亥
	二十三日，贼船泊金山海口，桅樯一望如密竹。明日，沙贼出巢，南次金山		《倭变事略》
嘉靖三十五年三月	倭船四十余艘，至乍浦登岸，流劫松江、嘉兴等处		《世宗实录》卷四三三，三月丙戌

续表

时间	变乱	防御	出处
嘉靖三十五年四月	南直隶续寇倭三千余人犯镇江、瓜洲、仪真等处		《世宗实录》卷四三四，四月辛丑
		江北倭寇流劫至圌山山北港。无为州同知齐恩率舟师迎战，败之，斩首百余级。恩长子尚文，次子嵩叔、仲实，弟宝荣，侄慎、寅，友良大卿，孙童俱在行。嵩年十八，骁勇善射，独前追，侄至安港恩等从之。会伏发，贼四面围合，恩等及其家丁钱凤等二十一人力战皆死之，独嵩、慎、寅三人等得脱，贼乘胜遂至金山，杀镇江千户沈宗玉、王世臣于江中	《世宗实录》卷四三四，四月甲辰
	倭寇犯直隶西庵、沈庄、清水崖等处。总兵官俞大猷、苏松海防佥事董邦政帅兵击之，斩首三百五十余级。贼遁陶山		《世宗实录》卷四三四，四月庚戌
	贼掠沿江村市。初九日，贼舟二十一，自通州入福山港，四散流劫杨巷、方桥、王巷、花庄。西至杨舍一带地方，无不被祸。而福山之贼为尤甚		《江南经略》卷三上
		巡抚应天都御史张景贤奏：四月中，福山港水兵叛降倭寇，引入内地劫掠。因劾把总指挥姜旦贪残激变等罪，诏巡按御史逮旦至京问	《世宗实录》卷四三七，七月戊午
	以四月倭寇掠瓜州，烧漕粮三万四千余石，夺总兵官署都督佥事方恩俸三月。下把总指挥千百户等官于御史问		《世宗实录》卷四三八，八月壬辰

续表

时间	变乱	防御	出处
嘉靖三十五年五月		南京兵部尚书张鏊、巡抚凤阳都御史陈儒各奏倭寇突入淮阳，焚运船、民舍，渐逼南都，乞速调客兵应援。兵部议复，从之	《世宗实录》卷四三五，五月壬戌
嘉靖三十五年六月		勒提督操江都御史史褒善闲住。初，褒善驻芜湖，闻有倭自浙西突至，即以是日驰往徽宁避之	《世宗实录》卷四三六，六月戊子
	贼度江阴、过狼山，直抵瓜州，至扬州、宝应城大掠，皆江防地，官军无能御者		
		于是南科给事中张师载论劾褒善选愞失职，遂坐免	
	苏松倭寇自黄浦及七丫港遁出海	总兵俞大猷督水兵追战，大败之，斩首三百余级	《世宗实录》卷四三六，六月丙申
	倭寇犯丹阳。介等督兵追至孟河，贼移泊桃花等港口，登岸焚劫。介迎战，败之。珏等俱有斩获功。至是，总督尚书赵文华以闻，故有是命	升吕城守备王介为游击将军，仍领兵杀贼，以总兵徐珏，参将左颙、唐玉，中军朱仁俱付军门犒赏	《世宗实录》卷四三七，七月癸未
嘉靖三十五年十二月		提督操江都御史高捷奏狼、福二山乃倭寇出没之处，请增募水兵万人，福、苍、沙船三百艘，分发参将等官操练。兵部复议，从之	《世宗实录》卷四四二，十二月癸丑
嘉靖三十五年	倭寇掠境，邑人败之，获七十级		嘉靖《新修靖江县志》卷四《职制四》

续表

时间	变乱	防御	出处
嘉靖三十五年		瓜洲故无城。……丙辰，以倭变复筑。首事者为操江都御史褒公，某巡抚都御史郑公晓、巡按御史刘公世魁、巡盐御史莫公如士、知府吴公桂芳、江防同知唐公钺	万历《江都县志》卷七《建置志二》
嘉靖三十六年三月	提督操江都御史高捷疏陈江防事宜。一，补额军。原额江操官军一万七千余名，今缺少大半，宜行南京锦衣等卫所照数匀补，毋得营改别差，避重投轻。一，择将领。新江口操江把总、哨总、卫总等官，旧规俱守备衙门推委官之，贤否岂能尽知？宜令操江会同选补。一，重责成。江海水面原无限隔，虽经分屯把守，逐节会哨，若使拘信地不相应援，亦难防贼。宜将兵分正奇，南北内外，互相援剿。有功失事，各视主客通论。一，悬异赏。倭寇新来之船中无所有，及其满载而后尾击，其地方已受害甚矣。请以迎击来船之赏列之遮击去船之上，去船止论首功，来船兼论船只。兵部议复，报允		《世宗实录》卷四四五，三月辛巳
嘉靖三十六年四月	倭寇五十余人自衢山登岸	浙江海道副使王询诱而擒之	《世宗实录》卷四四六，四月戊戌
	江北倭寇大至，自海洋二洲、掘港吕四场等处登岸，凡二千余人，流劫海门县		《世宗实录》卷四四六，四月庚子
	倭至通州，攻城不克，遂分二路西行，犯如皋、泰兴。是日复有倭舟七艘，自金沙登岸		《世宗实录》卷四四六，四月壬寅
		犯如皋之倭，陈家庄为副使马慎所败，数日后倭至扬州营，于湾头镇数日，遂犯高邮	《皇明嘉隆两朝闻见纪》
	倭至扬州营，于湾头镇数日，遂犯高邮。是时，金沙倭复犯如皋，至泰州		《世宗实录》卷四四六，四月己酉

续表

时间	变乱	防御	出处
嘉靖三十六年五月	高邮倭入宝应县，信宿而去，突犯淮安府，掠船四十余艘，旋复入宝应县，烧毁官民廨舍		《世宗实录》卷四四七，五月庚申
	扬州倭自淮子沙进犯天长县	都司沃田、把总岳君宠御之，皆败死，亡其卒一百七十余人。贼遂入县治，劫掠已，乃由石梁趋盱眙县，复攻入之，遂突犯泗州，攻城不克	《世宗实录》卷四四七，五月辛未
	宝应倭掘县北土坝，泄上河水入，乃驾舟溯东乡，由盐城至庙湾入海，居数日，开洋东遁		《世宗实录》卷四四七，五月壬申
	泗州倭分众犯清河，攻入县治，纵火焚劫而去，遂侵淮安府		《世宗实录》卷四四七，五月丙子
	倭入安东县，进屯县治，纵火劫掠		《世宗实录》卷四四七，五月辛巳
嘉靖三十六年六月	贼众披靡，诸军鼓噪继进，贼走争舟，我水陆兵夹击之，斩首百余级，贼多焚溺死者，余众乃驾舟奔遁，退泊于云梯关，寻自刀门港遁	淮扬兵备副使于德昌督水陆兵击倭于安东县。参将刘愿率苗兵直前冲贼，亲斩其渠首 南京科道等官刘尧诲等言，倭寇攻掠扬州高邮，势且侵及天长、六合，去留都不数舍。夫淮扬为运道要冲，则当为国家血脉之虑；留都系陵寝所在，则当为国家根本之图。惟陛下速敕诸臣刻期剿灭，仍当重究参将黑孟阳等，以严失事之罚。上以为然，命南京兵部抚操官及各督抚诸臣亟调兵驱剿，不得怠缓。仍拟黑孟阳死罪，革把总韩德祯、备倭王表职，俱令立功自赎	《世宗实录》卷四四八，六月乙酉

续表

时间	变乱	防御	出处
嘉靖三十六年六月		升京营参将徐珏、升万全都司夏时为游击，分统其众，往淮扬剿除倭寇	《世宗实录》卷四四八，六月甲午
	有折桅倭舟一艘，飘泊海州东陬山，居数日，夺舟而去		《世宗实录》卷四四八，六月辛丑
嘉靖三十七年四月		巡按直隶御史马斯臧勘上三十六年夏倭寇淮杨〔扬〕各文武职官功次，请录有功：徐州兵备副使于德昌、颍州兵备副使卢镒、扬州府知府石茂华、指挥伍维统等恤□□人事。百户刘魁、许勇、邵宗智、王价等。会总督胡宗宪亦疏言江北之役，将官则卢镗、刘显，土兵则张空、周官、彭志显，按臣则马斯臧、张九功、邵惟中，并宜录。而斯臧督战泗州，劳绩尤多，章并下兵部。兵部复：镗、显以升秩，余当先叙督抚功，以次行赏	《世宗实录》卷四五八，四月壬辰
嘉靖三十七年	于是倭入丁堰镇，趋如皋，游击邱升击败之。已又犯海安镇，副使刘景韶率邱升兵追剿，尽殲之。贼果不敢西掠，而折循富安，并海堤东出。李遂夜提师至淮城，适所调青、兖、曹、邳兵并集，贼猝见官兵众盛，大骇，遂麾突骑横搏，斩贼首十余级，贼退据庙湾，夜乘风窃舟去。无何，	明年，贼大举，万众分道入，（李）遂与海防副使及诸将约曰：贼业入海门，必入如皋。夫江淮根本在凤泗，贼若越泰州宜陵窥江都，则天长以北震，是唯遂自督御，咎弗在将吏。瓜仪漕挽津汇，南北襟吭，又陪都之屏辅。贼若压黄桥，奔泰兴西扰，即诸重地危。海道游击任之二路，既抗贼，宜却出富安，并海岸东驰。我振旅淮安，出其不意，贼成禽矣。画既定，部置诸将，令声援，相犄角 自是沿海增置营戍，设将领。通州有副总兵及水营把总，掘港有守备，大河、周桥有把总【各有守备一】，扬州有参将，而仪真守备及三江口把总、瓜洲营卫总隶操江如故。所统兵，或招募土著，或以义乌、东阳习水战者充之。自江达海，各分汛地。列战舰，严会哨，	万历《扬州府志》卷一三《兵防志上》；嘉庆《重修扬州府志》卷二三《兵志二·历代设兵》

续表

时间	变乱	防御	出处
嘉靖三十七年	江南倭据三沙者千五百，余辈忽北犯通州，邱升战殁，民悼痛甚。会副总兵刘显以御江南倭失利，乃渡江赴援，请自赎。诸将欲拒弗纳，李遂令予卒助攻。显感奋，乃首斫入贼垒，壮士乘之，贼溃围走。追攻之白驹场，又追及之七灶、茅家墩，先后斩六百余级，夺器物无数。贼逸窜海堧，为土兵格杀殆尽，与三沙贼并殄散无遗类，而江淮靖焉	所在褴属棋布，而倭以入犯鲜生还，寂不窥海者几三十年。其后营兵制复浸坏，凡土著兵率豪有力者，所诡寄以势要挟，将领无敢诘，临阅期则雇丁壮习技者虚应；或多蓄佣奴，居恒为作百役，使时嘱免。其操戍当散饷，则尽括以肥己，而什三给之。其力能修舱官船，及以私船应募者，为耆民捕盗，诸水兵皆听役属，率没其月饷之半，为治船费。稍违咈，则擅榜掠驱逐，或更为募补，弗以白于主将，弗敢问也。浙兵性骄悍，与土著不相能，时时扰闾左细民，急之则亡，匿去难控御。盖自戎政圮，而将官非纳贿夤缘无由进，多者费千余金，势不得不取之营伍以偿借贷（语云债帅）。又岁有赂遗，交际诸当道，主文胥吏有常例，偏裨将月廪几何，势不得不克取之兵。人克取则惧丛怨，则又于队伍中逃亡。阙者诡寓其十之一，借虚兵粮为用度，而自哨、队、伍长以下，转相仿效，以彼此挟恐相制，毋敢发。其有律己严厚、绳下以法，则众喙蜂涌为蜚语，以闻于廉访者，无何，而挂弹劾，若影响甚则连名赎具诉众为证，而互讦之将官，或坐褫职，及以飞□抵罪【或坐飞赃抵法】，后来者益蓄缩畏懦，以营伍为传舍，苟得利以图，复为夤缘，安望桓桓不二心之臣，缓急为国家出死力者乎	万历《扬州府志》卷一三《兵防志上》；嘉庆《重修扬州府志》卷二三《兵志二·历代设兵》
嘉靖三十八年三月	倭犯江南崇明县，泊舟三沙地方，登岸烧劫		《世宗实录》卷四七〇，三月辛丑

续表

时间	变乱	防御	出处
嘉靖三十八年四月	倭船数百艘，转掠江北扬州、海门等处		《世宗实录》卷四七一，四月壬寅
	题为仰仗天威官军出海邀贼鏖战克获奇功事。副总兵官卢镗报：贼得本职亲统游兵都司杨尚英等兵船出哨北洋，四月初九日哨至三片沙，适遇新到大倭船二十余只，并随带小船，俱收本沙，约贼二千余众	随该本职分布各哨，官兵船只四路埋伏。初十日早，各船奋勇齐进，举放佛郎机、鸟铳、喷筒、火箭，并力攻打，犁翻贼船三只，打破四只，生擒真倭一名，共斩真倭首级一百一十三颗，倭器、倭衣共三百四十六件，溺水死者不计其数	《玥经世文编》卷二五九《三沙报捷疏（平倭）》
嘉靖三十八年四月	江北倭趋通州。总兵邓城遣兵御之，败绩。指挥张谷死之。倭进据白蒲镇		《世宗实录》卷四七一，四月丙午
	北洋有倭二千余艘。副总兵卢镗引兵出哨遇之，倭舟泊三片沙	我兵急攻之，斩首一百二十三级，生擒一人。倭敛入三沙不出	《世宗实录》卷四七一，四月辛亥
		先是，江北海道副使刘景韶以游击丘升等兵击原驻白蒲倭，一战于丁堰，再战于如皋东，三战于海安，皆捷，共斩首百余级。至是，贼大聚其众，谋西犯扬州。景韶复督升等兵击败之，斩首八十级，焚死一百七十九人。贼奔入潘家庄。景韶督诸兵尽锐攻之，复斩首一百二十八级。初自南沙登岸犯，通州之倭至是剿绝	《世宗实录》卷四七一，四月丁巳

续表

时间	变乱	防御	出处
嘉靖三十八年四月	庙湾倭合众来攻淮安。巡抚李遂亲督参将曹克新等御之，大战于姚家荡。自寅至申，贼大败，斩首四百七十八级。贼遁入姚庄，我兵纵火焚庄，贼死者二百七十余徒。余贼奔陈庄，我兵复追斩七十四级，贼以残众，退保庙湾		《世宗实录》卷四七一，四月庚申
		海道副使刘景韶督兵击倭于印庄，斩首四十五级。贼西走。次日，复战于新洲，斩首七十八级，贼奔新河口，遁入民庄。我兵以火攻之，复斩首二百十六级，贼悉焚死，无一人得脱者。是时，江北流劫之倭悉殄，唯庙湾大夥据险固守不出，我水陆兵环其四面攻之	《世宗实录》卷四七一，四月丙寅
		巡抚凤阳都御史李遂言，倭寇前结艘扬帆，直入杨树港登岸焚劫。次日，径犯狼山，泊芦潭港，遂过通州海门，至白蒲焚烧庐舍，劫掠民财。副总兵邓城募造兵船，战具无不完备，足堪防剿。乃骄玩迟疑，致贼猖獗。乞正其罪。得旨：城怯懦纵寇，法当逮治，姑革去职级，充为事官，领兵杀贼，事宁奏处。李遂严督将士，戮力剿平，毋得怠视。已，巡按直隶御史江北李廷龙等复言邓城玩寇殃民，及参将朱仁、指挥丁为谷等俱属有罪。上命按臣械城并仁、为谷，俱至京鞫治	《世宗实录》卷四七一，四月丁卯

续表

时间	变乱	防御	出处
嘉靖三十八年四月	兵部复巡抚凤阳都御史李遂奏剿平倭寇诸臣功次。言本年江北倭前后四起：一自杨树港、撇港、卢潭港登岸；一自周灶港登岸，俱并为一夥，约三千余人，自白蒲挫败，由沿海流至姚家荡，追杀殆尽，其残孽四五百余又在庙湾节次杀伤，死亡过半，所余不及三百，乘雨逃遁；一自廖角嘴山港登岸，约三四百人，至曹家堡潘家庄，剿杀尽绝；一自青墩港登岸，约六百余人至新河口，亦剿杀尽绝。以四月初一日闻警，至五月二十三日荡平，仅止五旬		《世宗实录》卷四七六，九月乙亥

续表

时间	变乱	防御	出处
嘉靖三十八年五月		总督漕运都御史傅颐等言:淮扬之间倭寇方炽,盐场运道俱当防护。高邮重地未设戍兵,适总督胡宗宪所募山东兵二千五百人由淮赴浙,乞暂留为备,俟寇息遣之。报可	《世宗实录》卷四七二,五月甲戌
	崇明县三片沙倭贼合艅踵至	官军出海邀击,斩首一百余颗	《世宗实录》卷四七二,五月己丑
		庙湾倭被围日久,我兵水陆迭攻,百计挑战,贼不出。副使刘景韶乃督卒填壕堑,夷树水,严兵逼垒而阵,贼终不出。乃令水兵载苇焚其舟,贼争救舟,我兵乃撤其所营西街墙屋,贼撮营东街,致死敌杀伤甚众。其垒益固。于是,景韶约二十四日水陆进击之。日夜大雨,倭乃潜遁入舟,我兵进据其巢,追奔至虾子港,颇有斩获。余倭无几,不能战,因乘风之便,开洋而去。于是江北倭寇尽以平之	《世宗实录》卷四七二,五月甲午
		李遂,字邦良,丰城人。嘉靖进士。……明年四月,倭数百艘寇海门,遂语诸将曰:贼趋如皋,其众必合,合则侵犯之路有三,由泰州逼天长、凤、泗,陵寝惊矣;由黄桥逼瓜、仪,以摇南都,运道梗矣;若从富安沿海,东至庙湾,则绝地也。乃命副使刘景韶、游击邱升扼如皋,而身驰泰州当其冲。贼知如皋有备,将犯泰州,遂急檄景韶、升遏贼,连战丁堰、海安、通州皆捷。贼沿海东掠,遂喜曰:贼无能为矣。令景韶升尾之,而致贼于庙湾。贼据险不出,攻之月余,不克。遂令景韶塞堑夸木压垒阵,火焚其舟。贼乘夜雨潜遁。江北倭悉平。玺书奖励。贼驻崇明三沙者,将犯阳州。景韶战连胜,围之刘庄。会副总邱显来援,遂檄诸军尽属显,攻破其巢,追奔白驹场	康熙《江西通志》卷六九《人物四·南昌府四》

续表

时间	变乱	防御	出处
嘉靖三十八年六月	倭众别部二十余艘屯崇明三川沙	总督胡宗宪檄总兵卢镗帅师攻破之，前后斩首百余，遁去。宗宪以捷闻，兼言唐顺之赞画功，擢佥都御史	谷应泰：《明史纪事本末》卷五五《沿海倭乱》
	巡按直隶御史陈志勘上：三十八年倭犯江北，自六月初三日起至八月二十七日止	该提督都御史李遂督发主客兵将，前后二十余战，斩首三千七百八十有奇。诸获功人员百二十二人，请分别升赏	《世宗实录》卷四八八，九月丙子
嘉靖三十八年七月	原屯三沙倭贼突犯江北，由海门县七星港登岸		《世宗实录》卷四七四，七月丙戌
	江北七星港倭流劫过金沙、西亭，将犯扬州	海道副使刘景韶督参将丘升等兵并力御之，战于邓家庄，斩首六十九级。贼败走仲家园，我兵纵火急攻，斩首二百八十余级，贼宵遁	《世宗实录》卷四七四，七月丙申
		江北诸军追倭至锅团。参将丘升轻骑先进，贼觇无后继，尽锐来冲。升马蹶被杀。已而我兵大至，贼惧奔十灶。升，山西骁将，今岁江北之捷，率升为军锋。狃于屡胜，轻敌致败，诸军无不惜之	《世宗实录》卷四七四，七月戊戌
嘉靖三十八年八月	江北倭自邓庄败后，沿海觅舟不得。我兵自后击急，及于小海，围刘家桥、白驹沙等处，各有斩获。贼营馁困顿。会雨，乃奔入刘家庄就食	我兵四面围之。值总督胡宗宪遣江南副总兵刘显以锐卒千余来援，江北将士谓功在垂成，虑为显所攘，啧啧有言。都御史李遂恐士众不和，乃檄江北之兵尽属之。显军政既一，遂克期进兵。显率所部先登各营，选锋继进，纵火急冲击，自辰至酉，贼巢始破，共斩首三百一十四级。贼奔白驹场，我兵追击，又败之于七灶及茅花墩，共斩首四百余级，贼众尽殄	《世宗实录》卷四七五，八月己未

续表

时间	变乱	防御	出处
嘉靖三十八年八月		凤阳抚、按李遂、陈志等各上言:三沙之贼,自蹈死地,久困之余,成擒无难。而总兵卢镗师老财费,乃与阴相缔结,资以舟粮,令往江北地方,祸延邻境。其余将领,若副总兵刘显、曹克新,把总□应魁、守备卢相等均属有罪,乞赐重治。上命革镗职,戴罪任事。略寇事抚按官查奏,应魁、相褫职,付按臣逮问,显等令住俸杀贼	《世宗实录》卷四七五,八月壬戌
嘉靖三十九年二月		以江北倭寇未宁,添设水兵把总一员于狼山,民兵把总二员于曹、沂二道。命原任大同参将朱云汉、宣府游击郝英、四海冶守备岳嵒各□□山隽□家丁赴淮扬待用。从巡抚都御史唐顺之奏也	《世宗实录》卷四八一,二月壬寅
嘉靖三十九年三月		兵科都给事中王文炳言:迩者浙、直倭患稍宁,而闽、广警报踵至,苏、松、淮、杨〔扬〕间博徒悍卒,所在驿骚	《世宗实录》卷四八三,三月丙戌
嘉靖四十四年四月	倭寇犯通州吕四场等处。官军御之,贼败遁,转掠至江南三沙	副总兵郭成等,即舟师迎击之于海中,沉其舟,斩首百十三级	《世宗实录》卷五四五,四月甲申
嘉靖四十五年十月		原任南京兵部尚书李遂卒,赠太子少保,赐祭葬如例。遂,江西丰城人。嘉靖丙戌进士,授行人,累官礼部郎中。以事忤尚书夏言,左迁湖州府同知,寻入为南京礼部郎中,累升都察院右佥都御史,提督操江。会庚戌虏变,召赴关,至则失大学士严嵩意,罢废家居。久之,用荐,起提督淮扬军务。平庙湾倭寇,进南京兵部右侍郎。召提督京营,已复升南京兵部尚书。会病乞归,卒于家。遂姿貌瑰伟,博学有才谞,尤长于用兵机秘,计往往出人意表,故能随试辄效。初南京振武兵变,赖遂指麾镇定之,嗣事者控制失宜,诸叛卒乃益骜悍无状,几于决裂。比遂往典留枢,即寂然就羁馽,益其戡定之略如此	《世宗实录》卷五六三,十月癸酉

续表

时间	变乱	防御	出处
隆庆元年六月	兵部复巡应天都御史谢登之奏。往者大江南北以倭寇故，募兵增饷万非得已。今地方稍宁，宜将水陆军兵量为汰革，岁省粮费八万有奇。其常、镇二府各设重兵，无所统辖，宜令清军同知改注海防，分地驻守，兼理清军事。从之		《穆宗实录》卷九，六月壬子
隆庆二年十月	提督操江都御史吴时来奏：国初江防惟有水操京军，比因倭患，又增募水兵六千余人，所费兵饷以七万余计。今倭寇已靖，宜汰简以苏民困。拟量留一千七百余名分守要害，余悉罢遣。诸郡县旧额兵饷银两并免编派。兵部议复：沿江水兵冗滥殊甚，今倭寇已息，时来所请宜即允行。但冗兵既汰，而中军把总等冗员亦当查革，乞再查议以闻。上是之		《穆宗实录》卷二五，十月己亥
万历二十一年七月	南京兵部尚书衷贞吉题京口当运道咽喉，顷倭报旁午，科臣台臣建议复设总兵。先年，盐徒秦蕃、王艮之乱，添设镇江总兵，事平裁革。续因倭寇入犯，议设江南副总兵，驻扎吴淞，居中调度，金山、京口俱在所辖。若京口复添总兵，一柄两操不便。今巡抚都御史朱鸿谟、都御史操江张养蒙等酌议，省总兵，添兵道，每当春汛，即调备倭都督统率水陆兵赴守镇江，似为得策。合无除平时将陆兵驻守留都江岸要区，水兵分防江关紧要外，每岁春汛备倭都督统率陆兵三千前赴镇江、京口防汛，一应官兵廪费行粮支给，既无本项公帑加派，必至扰民。应行该巡抚查议处给，或将解京银两量留支用，候汛毕官兵即行撤回。庶京口、留都各保无虞矣。下所司议		《神宗实录》卷二六二，七月辛未
万历三十五年十月	漕运总督李三才以扬州等处、天鸣、和州一带地震，清桃、来安等处俱有盐徒屯聚强盗流剽，虽渐已解散，而北方大水，流民载道，占者咸恐有兵，请以扬州参将孙绳祖补狼山副总兵，以防倭寇并弹压诸盐徒。事下兵部		《神宗实录》卷四三九，十月癸亥

续表

时间	变乱	防御	出处
万历四十五年五月		兵部署部事左侍郎崔景荣复应天巡抚王应麟条议七款。 一,议水营以制险夷。据称吴淞江海道咽喉、三吴门户,其外有行泊沙,又属吴淞之门户。国初海运特筑宝山,其山外有李家浜,新为海潮冲啮,议以吴淞水营把总移驻宝山,原设总练兵听其节制。水陆互应,内外协防。其上流稗草沙,仍拨尤兵哨驻,轮月更代。出汛即以奇兵营官兵尽数替守。 一,添水兵以备缓急。谓沿海地方处处皆冲,而青村、南汇对峙羊山,倭夷东风瞬息可至。青村向有军选六百名,南汇军选五百六十六名,画地分防,循塘拒守,足资捍卫。旧各有唬船三只,俱招民兵管驾,向因汰革民夫,止存船只,汛时则抽选锋三十六名驾使。不习风涛,易至偾事。议子奇兵营不时调取合操。 一,增船兵以壮敌忾。金山卫介于柘林、乍浦之间,为浙、直要冲,而本卫水营兵夫日渐汰减,见在沙船十五只,每只捕柁兵夫十八名,唬船十只,每只十四名。唬船差小,已难撑驾,而沙船尤惜以冲犁贼舟、堵拒倭寇者,兵少则驾使,尚不能前,何暇冲锋陷阵耶?查得海防旧例,每沙船一只,用兵夫二十五名,又有遇汛则选军贴驾兵十名军伍之说。有谓军不惯海,以应得月粮酌扣,在官另募壮勇,务足二十五额数,始堪实用。 一,分信地以便责成。先年,于吴淞总督标下选奇兵一枝,专令上下海洋,平时则巡缉盐盗,冲击大艘,有警则陷阵扼险,随敌堵剿。今议将奇兵部下船兵三百八十八名,除分发各营一百零二名外,尚存兵二百八十六名,沙船八只,每只见存兵二十五名,唬船五只,每只存兵十六名,余存六名,充为识字等项。汛时调往稗草沙,该代尤兵防守,汛毕驻扎烂沙头信地,督捕盐盗。仍与各水营轮番羊山哨守。是昔以正为奇,兹复变奇为正,惟调度责成有裨戎务耳。 一,更信守以固内地。谓杨舍堡守备所分信地专守谷渎港,其堡外江中有平宁沙,例拨浙兵三十名守之。今渐长至三十余里,可为盗贼窟穴。而谷渎港日就污塞,则险已移平宁矣。议将官兵专守平宁,以浙兵守谷渎,则移易就险,诚为得策。	《神宗实录》卷五五七,五月己卯

续表

时间	变乱	防御	出处
万历四十五年五月		一，集沙船以备缓急。沿海民多造沙船，始贾装运之利，继为通夷之谋。酿衅招尤，启岛酋叵测之大患，闽浙屡屡见告。今议借其船以为冲突，借其人以资捍御，编号立甲，刻字给由。无事听其内地贸易，有事收为海上折冲，诚官民两便至计。第禁例宜严，作何稽查盘验，以觉察奸宄，销弭患萌。 一，革掾史以祛冗费。吴淞总镇衙门旧有京拨掾史一名，日资廪饩。岁多犒赏，徒縻军实，宜议裁革。第掾史之为妒，不独吴淞一处，其各镇省之额设者，蚕食路将，剥削官军，营伍侧目，莫敢谁何。相应一体汰革，诚节冗祛蠹之一端也	《神宗实录》卷五五七，五月己卯
万历六年十月		江北海门县余东场地方，生擒倭贼十人，斩获首级一十八颗	《神宗实录》卷八十，十月丁未

参考文献

史料

不著撰人：《大明一统文武诸司衙门官制》，《续修四库全书》748，上海古籍出版社，2002。

不著撰人：《嘉靖倭乱备钞》不分卷，《续修四库全书》434，上海古籍出版社，2002。

不著撰人：《明纪碎言》不分卷，清钞本。

采九德：《倭变事略》，上海书店，1982。

陈全之：《蓬窗日录》，《续修四库全书》1125，上海古籍出版社，2002。

陈仁锡：《皇明世法录》，《中国史学丛书》（8），台湾学生书局，1966。

陈子龙等选辑《明经世文编》，中华书局，1962。

邓钟：《筹海重编》，《四库全书存目丛书》史部227，齐鲁书社，1997。

丁宾：《丁清惠公遗集》，《四库禁毁书丛刊》集部44，北京出版社，1997。

东郊八十一老人：《明季甲乙汇编》，《四库禁毁书丛刊》史部33，北京出版社，1997。

杜臻：《海防述略》，《四库全书存目丛书》史部 227，齐鲁书社，1997。

费宏：《太保费文宪公摘稿》，《续修四库全书》1331，上海古籍出版社，2002。

冯时可：《冯元成选集》，《四库禁毁书丛刊补编》63，北京出版社，1997。

傅恒等纂《御批历代通鉴辑览》，《景印文渊阁四库全书》335~339，台湾商务印书馆，1986。

谷应泰：《明史纪事本末》，中华书局，1977。

顾梦圭：《疣赘录》，《四库全书存目丛书》集部 83，齐鲁书社，1997。

顾炎武：《天下郡国利病书》，《续修四库全书》596~597，上海古籍出版社，2002。

顾祖禹：《读史方舆纪要》，《续修四库全书》598~612，上海古籍出版社，2002。

归有光：《震川集》，《景印文渊阁四库全书》1289，台湾商务印书馆，1986。

海瑞：《备忘集》，《景印文渊阁四库全书》1286，台湾商务印书馆，1986。

何三畏：《云间志略》，《四库禁毁书丛刊》史部 8，北京出版社，1997。

黄凤翔：《嘉靖大政类编》，《四库全书存目丛书》史部 55，齐鲁书社，1997。

嵇璜等：《钦定续文献通考》，《景印文渊阁四库全书》626~631，台湾商务印书馆，1986。

姜宸英：《江防总论》《海防总论》，《四库全书存目丛书》史部 227，齐鲁书社，1996。

雷礼：《皇明大政纪》，《续修四库全书》353~354，上海古籍出版社，2002。

雷礼：《南京太仆寺志》，《四库全书存目丛书》史部257，齐鲁书社，1997。

李贤等：《明一统志》，三秦出版社，1990。

龙文彬：《明会要》，中华书局，1956。

马文升：《端肃奏议》，《景印文渊阁四库全书》427，台湾商务印书馆，1986。

毛伯温：《毛东塘集》，《明代基本史料丛刊·奏折卷》73，线装书局，2005。

茅元仪：《武备志》，《四库禁毁书丛刊》子部23~26，北京出版社，1997；《续修四库全书》963~966，上海古籍出版社，2002。

潘季驯：《潘司空奏疏》，《景印文渊阁四库全书》430，台湾商务印书馆，1986。

申时行等：万历《明会典》，江苏广陵古籍刻印社，1989；《续修四库全书》789~792，上海古籍出版社，2002。

施沛、祁伯裕：《南京都察院志》，《四库全书存目丛书补编》73，齐鲁书社，2001。

史继偕：《兵制志》，载《皇明修文备史》，《北京图书馆古籍珍本丛刊》8，书目文献出版社，1998。

舒化等：《新修问刑条例》，《大明律附例（附）》，北京大学图书馆藏，版本不详。

孙懋：《孙毅庵奏议》，《景印文渊阁四库全书》429，台湾商务印书馆，1986。

唐顺之：《重刊荆川先生文集》（新刊《外集》三卷），《四部丛刊》初编本，商务印书馆，1919。

王家彦：《王忠端公文集》，《四库禁毁书丛刊》集部162，北京出版社，1997。

王圻：《续文献通考》，万历三十年松江府刻本，现代出版社，1986。

王琼：《王晋溪本兵敷奏》，《续修四库全书》476，上海古籍出版社，2002。

王士骐：《皇明驭倭录》，《四库全书存目丛书》史部53，齐鲁书社，1996。

王世贞：《弇州史料》，《四库禁毁书丛刊》史部48~50，北京出版社，1997。

王恕：《王端毅公文集》，《四库全书存目丛书》集部36，齐鲁书社，1997。

王恕：《王端毅奏议》，《景印文渊阁四库全书》427，台湾商务印书馆，1986。

王在晋：《海防纂要》，《四库禁毁书丛刊》史部17，北京出版社，1997；《续修四库全书》739~740，上海古籍出版社，2002。

吴时来：《江防考》，《四库全书存目丛书》史部226，齐鲁书社，1996。

徐恪：《徐司空疏》，《明代基本史料丛刊·奏折卷》68，线装书局，2005。

徐溥、李东阳等：正德《明会典》，《景印文渊阁四库全书》617~618，台湾商务印书馆，1986；正德《大明会典》，山根幸夫解题，东京：汲古书院，1989。

徐学聚：《国朝典汇》，北京大学出版社，1993。

杨博：《杨襄毅公本兵疏议》，《四库全书存目丛书》史部227，齐鲁书社，1997。

杨时乔：《马政纪》，《景印文渊阁四库全书》663，台湾商务印书馆，1986；正中书局，1981。

杨时乔：《新刻杨端洁公文集》，《四库全书存目丛书》集部139，齐鲁书社，1997。

张国维：《抚吴疏草》，《四库禁毁书丛刊》史部39，北京出版社，1997。

张鼐:《宝日堂初集》,《四库禁毁书丛刊》集部76~77,北京出版社,1997。

张廷玉等:《明史》,中华书局,1974。

张萱辑《西园闻见录》,《中华文史丛书》42;《续修四库全书》1168~1170,上海古籍出版社,2002。

张永明:《张庄僖文集》,《景印文渊阁四库全书》1277,台湾商务印书馆,1986。

章潢:《图书编》,《景印文渊阁四库全书》968~972,台湾商务印书馆,1986。

郑大郁:《经国雄略》,《美国哈佛大学哈佛燕京图书馆藏中文善本汇刊》19~20,商务印书馆、广西师范大学出版社,2007。

郑若曾:《筹海图编》,李致中点校,中华书局,2007。

郑若曾:《海防论·江防论·湖防论》,《中国史学丛书》三编30,台湾学生书局,1987。

郑若曾:《江南经略》,《景印文渊阁四库全书》728,台湾商务印书馆,1986。

郑若曾:《郑开阳杂著》,《景印文渊阁四库全书》584,台湾商务印书馆,1986。

郑晓:《端简郑公文集》,《四库全书存目丛书》集部85,齐鲁书社,1997。

郑履淳:《郑端简公年谱》,《四库全书存目丛书》史部83,齐鲁书社,1996。

中研院历史语言研究所、黄彰健编校《明实录》(附校勘记),中研院历史语言研究所,1962。

周思兼:《周叔夜先生集》,《四库全书存目丛书》集部114,齐鲁书社,1997。

正德《江宁县志》,《北京图书馆古籍珍本丛刊》24,书目文献出版社,1998。

嘉靖《南畿志》，《北京图书馆古籍珍本丛刊》24，书目文献出版社，1998。

崇祯《南枢志》，成文出版社，1983。

弘治《句容县志》，《天一阁藏明代方志选刊》11，上海古籍书店，1964。

万历《江浦县志》，《天一阁藏明代方志选刊续编》7，上海古籍书店，1990。

嘉靖《六合县志》，《天一阁藏明代方志选刊续编》7，上海古籍书店，1990。

万历《六合县志》，明万历四十三年刊本。

洪武《苏州府志》，成文出版社，1983。

正德《姑苏志》，《天一阁藏明代方志选刊续编》11~14，成文出版社，1983；《北京图书馆古籍珍本丛刊》26~27，书目文献出版社，1998。

弘治《吴江志》，《中国史学丛书》三编（44），台湾学生书局，1987。

嘉靖《吴邑志》，《天一阁藏明代方志选刊续编》10，上海古籍书店，1990。

崇祯《吴县志》，《天一阁藏明代方志选刊续编》15~19，成文出版社，1983。

隆庆《长洲县志》，《天一阁藏明代方志选刊续编》23，成文出版社，1983。

万历《长洲县志》，《稀见中国地方志汇刊》11，中国书店，1992；《中国史学丛书》三编49，台湾学生书局，1987。

万历《新修崇明县志》，《孤本旧方志选编》16，线装书局，2004。

弘治《太仓州志》，《日本藏中国罕见地方志丛刊续编》3，国家图书馆，2003。

嘉靖《太仓州志》，《天一阁藏明代方志选刊续编》20，成文出版社，1983。

嘉靖《吴江县志》，《中国史学丛书》三编50，台湾学生书局，1987。

嘉靖《昆山县志》，《天一阁藏明代方志选刊》9，上海古籍出版社，1964。

万历《重修昆山县志》，《中国史学丛书》三编（42），台湾学生书局，1987。

成化《重修毗陵志》，《天一阁藏明代方志选刊续编》21~22，上海古籍书店，1990；《中国史学丛书》三编45，台湾学生书局，1987。

正德《常州府志续集》，《天一阁藏明代方志选刊续编》21，上海古籍书店，1990；《中国史学丛书》三编41，台湾学生书局，1987。

万历《重修常州府志》，《南京图书馆孤本善本丛刊》第1辑《明代孤本方志专辑》，线装书局，2003。

弘治《无锡县志》，《南京图书馆孤本善本丛刊》第1辑《明代孤本方志专辑》，线装书局，2003。

万历《无锡县志》，清康熙二十九年刻本。

弘治《常熟县志》，《四库全书存目丛书》史部185，齐鲁书社，1996。

嘉靖《常熟县志》，《北京图书馆古籍珍本丛刊》27，书目文献出版社，1998。

万历《嘉定县志》，《中国史学丛书》三编43，台湾学生书局，1987；成文出版社，1983；《四库全书存目丛书》史部208~209，齐鲁书社，1996。

光绪《宝山县志》，清光绪八年刻本。

正德《松江府志》，《天一阁藏明代方志选刊续编》5~6，成文出版社，1983。

崇祯《松江府志》，《日本藏中国罕见地方志丛刊》6，书目文献出版社，1991；“中国华东文献丛书”第1辑《华东稀见方志文献》，学苑出版社，2010。

嘉庆《松江府志》，《续修四库全书》687~689，上海古籍出版社，2002。

光绪《青浦县志》，成文出版社，1970。

万历《重修常州府志》，《南京图书馆孤本善本丛刊》第1辑《明代孤本方志专辑》，线装书局，2003。

万历《武进县志》，南京图书馆，1988。（中国国家图书馆缩微S0079）［昭和42年东京东洋文库用美国国会图书馆摄旧北平图书馆藏万历三十三年刊本影照（LCNo. 665）］

康熙《武进县志》，清康熙二十三年刻本。

乾隆《武进县志》，《稀见中国地方志汇刊》12，中国书店，1992；《故宫珍本丛刊》90《江苏府州县志》4，海南出版社，2001。

嘉靖《江阴县志》，《天一阁藏明代方志选刊》13，上海古籍书店，1963。

嘉靖《新修靖江县志》，《稀见中国地方志汇刊》13，中国书店，1992。

光绪《江阴县志》，成文出版社，1983。

万历《重修镇江府志》，万历二十四年刻本。

乾隆《镇江府志》，《中国地方志集成·江苏府县志辑》27，江苏古籍出版社、上海书店、巴蜀书社，1991。

万历《丹徒县志》，《天一阁藏明代方志选刊续编》23，上海书店，1990。

《隆庆〈丹阳县志〉校注》，凤凰出版社，2010。

嘉靖《惟扬志》，《天一阁藏明代方志选刊》12，上海古籍书店，1964。

万历《扬州府志》，《北京图书馆古籍珍本丛刊》25，书目文献出版社，1998。

雍正《扬州府志》，成文出版社，1975。

嘉庆《重修扬州府志》，成文出版社，1974。

嘉靖《宝应县志略》，《天一阁藏明代方志选刊》15，上海古籍书店，1962。

隆庆《宝应县志》，《天一阁藏明代方志选刊续编》9，上海书店，1990。

万历《宝应县志》，《南京图书馆孤本善本丛刊》第1辑《明代孤本方志专辑》，线装书局，2003。

隆庆《仪真县志》，《天一阁藏明代方志选刊》15，上海古籍书店，1963。

万历《江都县志》，《稀见中国地方志汇刊》12，中国书店，1992。

嘉靖《重修如皋县志》，《天一阁藏明代方志选刊续编》10，成文出版社，1983。

嘉庆《如皋县志》，成文出版社，1970。

乾隆《高邮州志》，成文出版社，1970。

嘉靖《通州志》，《天一阁藏明代方志选刊续编》10，上海书店，1990。

万历《通州志》，《天一阁藏明代方志选刊》10，上海古籍书店，1963；《四库全书存目丛书》史部203，齐鲁书社，1996。

崇祯《泰州志》，《四库全书存目丛书》史部210，齐鲁书社，1996。

光绪《泰兴县志》，光绪十二年刻本。

万历《淮安府志》，《天一阁藏明代方志选刊续编》8，成文出版社，1983。

万历《宿迁县志》，《天一阁藏明代方志选刊续编》8，上海书店，1990。

万历《盐城县志》，《北京图书馆古籍珍本丛刊》25，书目文献出版社，1998。

隆庆《海州志》，《天一阁藏明代方志选刊》14，上海古籍书店，1962；张卫淮、汤兆成标点本，北京燕山出版社，1992。

成化《中都志》，《天一阁藏明代方志选刊续编》33～34，成文出版社，1983。

弘治《直隶凤阳府宿州志》，《天一阁藏明代方志选刊续编》35，上海书店，1990。

嘉靖《宿州志》，《天一阁藏明代方志选刊》23，上海古籍书店，1963。

嘉靖《皇明天长县志》，《天一阁藏明代方志选刊》26，上海古籍书店，1962。

嘉靖《定远县志》，《四库全书存目丛书》史部196，齐鲁书社，1997。

嘉靖《寿州志》，《天一阁藏明代方志选刊》25，上海古籍书店，1963。

正德《颍州志》，《天一阁藏明代方志选刊》24，上海古籍书店，1963。

嘉靖《颍州志》，《天一阁藏明代方志选刊续编》35，上海书店，1990。

弘治《徽州府志》，《天一阁藏明代方志选刊》21～22，上海古籍书店，1964；《明代方志选》一、二，《中国史学丛书》14～15，台湾学生书局，1966。

嘉靖《徽州府志》，《北京图书馆古籍珍本丛刊》29，书目文献出版社，1998。

康熙《徽州府志》，清康熙三十八年刻本。

道光《徽州府志》，清道光七年刻本。

嘉靖《宁国府志》，《天一阁藏明代方志选刊》23，上海古籍书店，1962。

嘉靖《宁国县志》，《天一阁藏明代方志选刊续编》36，上海古籍书店，1990。

万历《宁国府志》，《稀见中国地方志汇刊》，中国书店，1992；成文出版社，1985。

嘉靖《高淳县志》，《天一阁藏明代方志选刊》14，上海古籍书店，1963。

康熙《高淳县志》，《稀见中国地方志汇刊》12，中国书店，1992。

民国《高淳县志》，1918年刻本。

万历《重修六安州志》，《稀见中国地方志汇刊》，中国书店，1992。

万历《滁阳志》，《稀见中国地方志汇刊》12，中国书店，1992。

嘉靖《和州志》，《稀见中国地方志汇刊》，中国书店，1992。

嘉靖《重修太平府志》，《稀见中国地方志汇刊》11，中国书店，1992。

嘉靖《建平县志》，《天一阁藏明代方志选刊》26，上海古籍书店，1963。

正德《安庆府志》，《四库全书存目丛书》史部185，齐鲁书社，1997。

万历《望江县志》，《稀见中国地方志汇刊》，中国书店，1992。

嘉靖《泾县志》，《天一阁藏明代方志选刊续编》36，上海古籍书店，1990。

嘉靖《池州府志》，《天一阁藏明代方志选刊》24，上海古籍书店，1962。

嘉靖《铜陵县志》，《天一阁藏明代方志选刊》25，上海古籍书店，1962。

嘉靖《沛县志》，《天一阁藏明代方志选刊续编》9，上海古籍书店，1990。

万历《徐州志》，《天津图书馆藏稀见方志丛刊》，天津古籍出版社，1989。

泰昌《徽州府赋役全书》，《明代史籍汇编》，学生书局，1970。

顺治《江南简明赋役全书》，《北京图书馆古籍珍本丛刊》60，书目文献出版社，1998。

《江南通志》，《景印文渊阁四库全书》507~512，台湾商务印书馆，1986。

《江西通志》，《景印文渊阁四库全书》513~518，台湾商务印书馆，1986。

嘉靖《广平府志》，明嘉靖刻本。

嘉靖《兰阳县志》，《天一阁藏明代方志选刊》52，上海古籍书店，1965。

论著

包遵彭：《中国海军史》，中华丛书编审委员会，1970。

陈博翼：《限隔山海：16~17世纪南海东北隅海陆秩序》，江西高校出版社，2019。

陈懋恒：《明代倭寇考略》，哈佛燕京学社，1939。

戴裔煊：《明代嘉隆间的倭寇海盗与中国的资本主义萌芽》，中国社会科学出版社，1982。

谷光隆：《明代马政的研究》，东洋史研究会，1972。

谷口规矩雄：《明代徭役制度史研究》，同朋舍，1998。

“国立中央图书馆”编《明人传记数据索引》，编者印行，1965。

郭红、靳润成：《中国行政区划通史》明代卷，复旦大学出版社，2007。

何孟兴：《浯屿水寨：一个明代闽海水师重镇的观察》，兰台出版社，2006。

鹤见尚弘：《中国明清社会经济研究》，姜镇庆等译，学苑出版社，1989。

黄仁宇：《十六世纪明代中国之财政与税收》，阿风等译，三联书店，2001。

黄中青：《明代海防的水寨与游兵》，明史研究小组，2001。

解放军驻闽海军军事编纂室编《福建海防史》，厦门大学出版社，1990。

金恩辉主编《中国地方志总目提要》，汉美图书有限公司，1996。

靳润成：《明朝总督巡抚辖区研究》，天津古籍出版社，1996。

军事科学院主编，范中义等著《中国军事通史》第15卷《明代军事史》，军事科学出版社，1998。

黎光明：《嘉靖御倭江浙主客军考》，哈佛燕京学社，1933。

李光壁：《明代御倭战争》，上海人民出版社，1956。

李晋华编《三百年前倭祸考》，国民外交委员会，1933。

李庆新：《明代海外贸易制度》，社会科学文献出版社，2007。

李新峰：《明代卫所政区研究》，北京大学出版社，2016。

李新峰：《明前期军事制度研究》，北京大学出版社，2016。

李约瑟等：《中国科学技术史》第4卷《物理学及相关技术》第2分册《机械工程》、第3分册《土木工程与航海技术》，科学出版社、上海古籍出版社，1999。

李约瑟等：《中国科学技术史》第5卷《化学及相关技术》第6分册《军事技术·抛射武器和攻守城技术》、第7分册《军事技术·火药的史诗》，科学出版社、上海古籍出版社，2002。

梁方仲：《梁方仲读书札记》，《梁方仲文集》（七），中华书局，2009。

梁方仲：《明代赋役制度》，《梁方仲文集》（一），中华书局，2008。

梁方仲：《明代粮长制度》校补本，《梁方仲文集》（四），中华书局，2008。

梁方仲：《中国历代户口、田地、田赋统计》，《梁方仲文集》（五），中华书局，2008。

林仁川：《明末清初私人海上贸易》，华东师范大学出版社，1987。

林为楷：《明代的江防体制》，明史研究小组，2003。

林为楷：《明代的江海联防》，明史研究小组，2006。

刘志伟：《在国家与社会之间：明清广东里甲赋役制度研究》，中山大学出版社，1997；《在国家与社会之间：明清广东地区里甲赋役制度与乡村社会》，中国人民大学出版社，2010。

卢建一：《闽台海防研究》，方志出版社，2003。

罗传栋主编《长江航运史（古代部分）》，人民交通出版社，1991。

吕华清主编《南京港史》，人民交通出版社，1989。

茅伯科主编《上海港史（古、近代部分）》，人民交通出版社，1990。

毛亦可：《清代卫所归并州县研究》，社会科学文献出版社，2018。

彭信威：《中国货币史》，上海人民出版社，1958。

彭勇：《明代班军制度研究——以京操班军为中心》，中央民族大学出版社，2006。

束方昆主编，汪家伦等编写《江苏航运史（古代部分）》，人民交通出版社，1989。

孙金铭编著《中国兵制史》，“国防研究院”，1960。

孙靖国：《舆图指要：中国科学院图书馆藏中国古地图叙录》，中国地图出版社，2012。

"台湾三军大学"编《中国历代战争史》第14册，黎明文化事业股份有限公司，1963；军事译文出版社，1983。

藤家礼之助：《日中交流二千年》，张俊彦、卞立强译，北京大学出版社，1982。

田中健夫：《倭寇——海上历史》，杨翰球译，武汉大学出版社，1987。

王朝彬：《中国海疆炮台图志》，山东画报出版社，2008。

王德毅编《明人别名字号索引》，新文丰出版公司，2000。

王婆楞：《历代征倭文献考》，正中书局，1940。

王日根：《明清海疆政策与中国社会发展》，福建人民出版社，2006。

王仪：《明代平倭史实》，台湾中华书局，1984。

吴大昕：《海商、海盗、倭——明代嘉靖大倭寇的形象》，科学出版社，2020。

吴缉华：《明代海运及运河的研究》，中研院历史语言研究所，1961。

吴家兴主编《扬州古港史》，人民交通出版社，1988。

吴廷燮：《明督抚年表》，中华书局，1982。

吴重翰：《明代倭寇犯华史略》，商务印书馆，1939。

吴宗国主编《中国古代官僚政治制度研究》，北京大学出版社，2004。

肖立军：《明代省镇营兵制与地方秩序》，天津古籍出版社，2010。

谢忠志：《明代兵备道制度——以文驭武的国策与文人知兵的实练》，明史研究小组，2002。

辛元欧：《上海沙船》，上海书店出版社，2004。

杨金森、范中义：《中国海防史》，海洋出版社，2005。

易泽阳：《明朝中期的海防思想研究》，解放军出版社，2008。

张建雄主编《明清海防研究论丛》第1~3辑，广东人民出版社，2007~2009。

张铁牛、高晓星：《中国古代海军史》，解放军出版社，2006。

郑樑生：《明史日本传正补》，文史哲出版社，1985。

郑樑生编校《明代倭寇史料》（一、二），文史哲出版社，1987。

中村新太郎：《日中两千年》，张柏霞译，吉林人民出版社，1980。

周振鹤：《体国经野之道——新角度下的中国行政区划沿革史》，香港中华书局，1990；《体国经野之道：中国行政区划沿革》，上海书店出版社，2009。

陈宝良：《明代的民兵与乡兵》，《中国史研究》1994年第1期。

陈博翼：《军兵分立与监察纠葛：明代南直隶海防的职官组织和运作》，《清华大学学报（哲学社会科学版）》2022年第5期。

陈博翼：《明代南直隶的海防格局和部署》，《学术研究》2018年第4期。

陈博翼：《漳浦迁海考——堡寨所见迁界范围与社会变迁》，《历史人类学学刊》第15卷第2期，2017年。

陈春声：《从"倭乱"到迁海》，朱诚如、王天有主编《明清论丛》第二辑，紫禁城出版社，2001。

陈春声：《明代前期潮州海防及其历史影响》，《中山大学学报（社会科学版）》2007年第2、3期。

陈文石：《明代卫所的军》，《中央研究院历史语言研究所集刊》48本第2分，1977年，收入氏著《明清政治社会史论》，台湾学生书局，1991。

陈文石：《明嘉靖年间浙福沿海寇乱与私贩贸易的关系》，《中央研究院历史语言研究所集刊》36本上册，收入氏著《明清政治社会史论》，台湾学生书局，1991。

范金民：《岩井茂树：〈中国近世财政史的研究〉》，《历史研究》2005 年第 1 期。

顾诚：《明帝国的疆土管理体制》，《历史研究》1989 年第 3 期。

顾诚：《谈明代的卫籍》，《北京师范大学学报》1989 年第 5 期。

顾诚：《卫所制度在清代的变革》，《北京师范大学学报》1988 年第 2 期。

郭红：《明代都司卫所建置研究》，复旦大学博士学位论文，2001。

郭润涛：《明朝“州”的建设与特点》，王天有、徐凯主编《纪念许大龄教授诞辰八十五周年学术论文集》，北京大学出版社，2007。

黄中青：《明代福建海防的水寨与游兵》，汤熙勇主编《中国海洋发展史论文集》第 7 辑，中研院中山人文社会科学研究所（45）。

解毓才：《明代卫所制度兴衰考》，《说文月刊》第 2 卷，1940 年。收入包遵彭编《明史论丛》第 4 册，台湾学生书局，1968。

孔东：《明代卫所制度之研究》，《文史学报》1965 年第 2 期。

赖惠敏：《明代南直隶赋役制度的研究》，台湾大学文学院，1983。

李渡：《明代募兵制简论》，《文史哲》1986 年第 2 期。

李光涛：《记明季兵营之积弊》，《大陆杂志》第 6 卷第 12 期，1953 年。

李光涛：《记明季的乡兵》，《大陆杂志》第 29 卷第 10、11 期，1964 年。

李庆新：《明代海道副使论稿》，《纪念梁方仲教授诞辰 100 周年——中国社会经济史研究国际学术研讨会论文集》，2008。

李新峰：《明初亲军卫变迁与军中派系》，朱诚如、王天有主编《明清论丛》第 10 辑，紫禁城出版社，2010。

李新峰：《明前期兵制研究》，北京大学博士学位论文，1999。

李洵：《公元 16 世纪的中国海盗》，明清史国际学术讨论会秘书处论文组编《明清史国际学术讨论会论文集》，天津人民出版社，1982。

梁方仲：《田赋史上起运存留的划分与道路远近的关系》，《明清赋税与社会经济》，《梁方仲文集》（二），中华书局，2008。

梁方仲：《明代的民兵》，《中国社会经济史集刊》第5卷第2期，1937年。

刘融：《明朝巡抚与巡按辨略》，《广西社会科学》2004年第2期。

刘志伟：《从“纳粮当差”到“完纳钱粮”——明清王朝国家转型之一大关键》，《史学月刊》2014年第7期。

刘志伟：《明代一条鞭法改革前广东地区赋役制度考述》，明清广东省社会经济研究会编《明清广东社会经济研究》，广东人民出版社，1987。

卢建一：《从明清东南海防体系发展看防务重心南移》，《东南学术》2002年第1期。

罗天佑、方骏：《郑若曾的海防思想》，李金强、刘义章、麦劲生合编《近代中国海防——军事与经济》，香港中国近代史学会，1999。

南炳文：《明初军制初探》，《南开史学》1983年第1期。

神田辉夫：《16世纪中期九州丰后和中国东南沿海的交流》，曾丽民译，《海交史研究》1999年第1期。

沈登苗：《明代倭寇研究中文论著题录500种及编著感言》，学术批评网，http：//www. acriticism. com/article. asp？Newsid = 6197（2005/3/22）。

松浦章：《明代朝鲜船漂到中国之事件》，《中国社会经济史研究》2001年第4期。

松浦章：《明代末期的海外贸易》，《求是学刊》2001年第2期。

宋纯路：《明代中后期巡按御史权力的膨胀及其原因》，《牡丹江师范学院学报（哲学社会科学版）》2003年第5期。

宋纯路：《巡按御史权力的变化与明代地方政治》，东北师范大学硕士学位论文，2002。

孙献涛：《明代沿海卫所研究》，北京师范大学硕士学位论文，1997。

谭其骧：《释明代都司卫所制度》，《禹贡》半月刊第3卷第10期，1933年，后收入氏著《长水集》上，人民出版社，1987。

汤开建：《明代潮州海防考述》，李金强、刘义章、麦劲生合编《近代中国海防——军事与经济》，香港中国近代史学会，1999。

王崇武：《明初之用兵与塞堡》，《中央研究院历史语言研究所集刊》8本第3分，1939年。

王崇武：《明代的疆域与明代的国防》，《现代学报》第1卷第2、3期，1947年。

王莉：《明代营兵制初探》，《北京师范大学学报》1991年第2期。

王日根：《明代东南海防中敌我力量对比的变化及其影响》，《中国社会经济史研究》2003年第2期。

吴大昕：《明嘉靖倭寇研究的回顾》，《明代研究通讯》第2期，1999年。

吴晗：《明代的军兵》，《中国社会经济史集刊》第5卷第2期，1937年。

吴玉年：《明代倭寇史籍志目》，《禹贡》半月刊第2卷第4、6期，1934年。

叶宗翰：《明代的造船事业——造船发展背景的历史考察》，中国文化大学硕士学位论文，2002。

尹章义：《汤和与明初东南海防》，吴智和主编《明史研究论丛》第2辑，大立出版社，1985。

于志嘉：《明代江西兵制的演变》，《中央研究院历史语言研究所集刊》66本第4分，1995年。

于志嘉：《明代江西卫所军役的演变》《中央研究院历史语言

研究所集刊》68 本第 1 分，1997 年。

张德信：《嘉靖年间海防重建与倭寇溃败》，中国社会科学院历史研究所明史研究室编《明史研究论丛》第六辑，黄山书社，2004。

张德信：《明代倭寇与海防建设》，朱诚如、王天有主编《明清论丛》第五辑，紫禁城出版社，2005。

张显清：《关于明代倭寇性质问题的思考》，朱诚如、王天有主编《明清论丛》第二辑，紫禁城出版社，2001。

张增信：《倭寇的界说——真倭、假倭与残倭》，《明季东南中国的海上活动》（上），中国学术著作奖助委员会，1988。

章年海：《明代浙江军事布防考》，《浙江师大学报》1996 年第 1 期。

郑樑生：《明代倭寇研究之回顾与前瞻——兼言倭寇史料》，《淡江史学》第 11 期，2000 年，收入氏著《中日关系史研究论集》（十），文史哲出版社，2000。

郑樑生：《中国地方志中的倭寇史料》，徐建新译，《海交史研究》1988 年第 2 期。

钟铁军：《明代浙江海防战区地理研究》，北京大学博士学位论文，2006。

Cartier, Michel. *Une Réforme Locale en Chine au XVIe Siècle: Hai Rui à Chun'an, 1558-1562*. Paris-La Haye: Mouton& Co, E. P. H. E, 1973.

Higgins, Roland L.. *Piracy and Coastal Defense in Ming Period, Governmental Response to Coastal Disturbance, 1523-1549*. Ann Arbor, Mich.: University Microfilms International, 1981.

Ho, Ping-ti. *Studies on the Population of China, 1368-1953*. Cambridge, MA: Harvard University Press, 1959.

Huang, Ray. *Taxation and Governmental Finance in Sixteenth-Century Ming China*. London and New York: Cambridge University

Press, 1974.

So, Kwan-wai. *Japanese Piracy in Ming China during the Sixteenth Century*. East Lansing: Michigan State University, 1975.

Kuhn, Philip A.. *Rebellion and Its Enemies in Late Imperial China: Militarization and Social Structure 1796-1864*. Massachusetts: Harvard University Press, 1970.

Littrup, Leif. *Subbureaucratic Government in China in Ming Times: A Study of Shandong Province in the Sixteenth Century*. Oslo: Universitetsforlaget, 1982.

川胜守:《中国封建国家の支配构造——明清赋役制度史の研究》, 东京大学出版会, 1980。

田中健夫:《中世海外交涉史の研究》, 东京大学出版会, 1959。

小川尚:《明代都察院体制の研究》, 汲古书院, 2004。

陈博翼:《16~17世纪中国东南陆海动乱和贸易所见的“寇”》,《海港都市研究》第4号, 神户大学文学部海港都市研究センター, 2009。

川越泰博:《明代海防体制の形成について》,《大学院研究年报》(中央大学)[创刊号], 1972年。

川越泰博:《明代海防体制の运营构造——创成期を中心に》,《史学杂志》(东京大学)第81卷第6期, 1972年。

川越泰博:《明代南京と倭寇(一)》,《明代史研究会创立三十五年记念论集》, 汲古书院, 2003。

川越泰博:《倭寇及び被虜人と明海防军》,《史林》77卷3号, 1994年。中译文见《倭寇、被虏人与明代的海防军》, 李三谋译,《中国边疆史地研究》1998年第3期。

后　记

这是一部拖延了12年的专著。除了一点点疏懒，一直想进一步推进和完善的美好愿景与实际能力不足的矛盾、个人生活轨迹的变化、研究重心的转移共同造成了这种结果。白驹过隙，修订旧作宛如再作冯妇，斯亦难矣！

作为硕士学位论文，本书也体现了我某一阶段求学和科研的取向和风格。首先要感谢的是我的硕士导师郭润涛教授，是他促成了该题成形，其治学风格和特点也形塑了本书的写法和呈现方式。在继承傅衣凌先生、杨国桢先生社会经济史的研究理路之后，郭老师先后到中国社会科学院和北京大学工作，吸纳了制度史研究的精髓，渐渐发展出非常独特的制度和经济史研究路数，与早年梁方仲先生的治学路径有异曲同工之妙。我尚在中山大学读本科时，即受惠于梁先生以降刘志伟教授等诸位老师的影响，22岁即参与梁先生手稿的整理，不敢说学有所本，至少是对该路数有所体认。选择到北京大学历史学系读研，既是顺承，也是希望加强制度史训练，本书就是这一自我要求的部分答卷。

硕士学位论文的选题“可大可小”。最初我想就着整理梁方仲手稿的余绪，选做一个赋役制度的题目，北直隶、山东等都考虑过。南直隶是赋役研究的核心区，与我较为熟悉的闽粤相当不同，又多少有点“非南非北”，很符合我在华南与华北之外寻找一个实践区域的构想。郭老师从赋役研究的薄弱环节着眼，让我试试“马役”部分，于是我阅读了大量材料，在北大图书馆古籍室里看了一堆“奇奇怪怪”的东西。除了典章和文集，最为依赖的是方志材料。有一回邱仲麟老师来参观，看到我在那里对着方志“死磕”还笑了笑。我基本通读了《天一阁藏明代方志选刊》《天一阁藏明代方志选刊续编》《日本藏中国罕见地方志丛刊》《中国地方志集成》《中国史学丛书》和成文出版社“中国方志丛书”中有关南直隶下辖各府县方志的赋役部分，稍后便草就《明代南直隶养马徭役研究》一文。整个草稿写得乱糟糟，除个人对赋役制度的了解和功力尚不足驾驭马役难题外，原始材料的限制（否则大概前人早已充分处理该议题）、缺少主题相关积淀、解读史料的能力稍欠等都导致了这一“失败”的实践。郭老师这么严苛的人自然很不满意，明确告诉我虽然这篇论文没几个人能真看懂，但很“不幸”他是那几个人之一，文章就是“糊”，很多关键问题没说清楚，还发出了“灵魂之问”：“马役到底是马的役还是人的役?”即是说，我还是没真正把养马徭役展现出来，更多落入了旧时“马政”的窠臼。这点并非所有人都能理解。例如多年后投稿送审的过程中，仍有些专家的核心思想和评述停留在“马政”范畴。当然，郭老师也深知该选题部分受限于材料，另外也指出因为我水平没达到明代士人的高度，故而被牵着走，掉回了“马政”的话语。因此，他建议我将该题“挂起来”，“反正不会白做的”。我觉得也有道理，虽然要另外重做一个题目真的挺“烦”的。其后十余年，我又抽空改了几次这篇不甚成功的文稿，投了几个刊物，李义琼和申斌也给了一些修改意见，最终在遇到不少“庸医”瞎指点和几位水平极高的审稿人指教勘误后被《中国经济史研究》录用。

回到原点，题目还得再找。鉴于我本科时学位论文做过有关倭寇海寇的研究，郭老师说要不来个“攻防转换、甲方乙方”，我觉得有点意思，遂转向研究南直隶海防。时值2010年岁末，一方面要撰写英文博士生研究计划，应对多所美国大学博士申请的截止日期，一方面还要迅速读完一批材料确定题目是否可行、撰写硕士学位论文开题报告，可谓“压力山大”。我已经无法记起12月到1月初那二十天是怎么过的了，总之就是起早贪黑，每天高强度集中精神工作十几个小时，连刷网娱乐的时间都没有了（对现代人而言可谓“惨绝人寰”），最后写完博士生申请材料、完成所有申请，硕士学位论文开题也顺利通过，进入另一个阅读和写作阶段。

基于前期已大致掌握的南直隶的一些材料，大略浏览相关的军事史和海防专书之后，我迅速设定了几十个关键词进行史料检索。除了常用的“中国基本古籍库”和“明实录”“清实录”库，当时“中国方志库”刚刚推出，虽然尚未收录成文出版社和天一阁之外的许多影印系列方志，已然空前强大，大大提高了我的效率。不过，那时整个北京只有清华大学和首都图书馆购买了使用权限，还只能馆内检索。清华虽近，但就算找人借账号，也没特权随意进馆，于是只能去首都图书馆。那一段时间我几乎每天去抄材料，没有地铁直达，出站后还需搭一段公车，或再走十来分钟，完全乘坐公车则更久，从城区西北角跨越到东南角，倒也体验了不少帝都“摊大饼”的特色，丰富了“宅男”平时躲在“飞地”里不接地气的人生见闻。不过，首图的开放时间并不十分友好，我在的阅览室，11：30前就要关门午息，下午3点才开门，5点多关门又会提前10分钟清场。穷学生打不起车，早上8：30离校后（再早就影响工作效率了），转车加步行到馆已10点出头，相当于早上只有一个多小时（稍一耽搁或堵车就剩半个多小时了）、下午只有两个小时工作时间。中午休息时段没地方落脚也很无聊，有时干脆只利用下午的时间查阅复制，然后晚上回宿舍点断整理。从马役到海防，在与首都图书馆“相爱相杀”的时光中获得了丰富的资料，乃实录、典章和文集所未见也，于研究人员而言真是快活。

写作过程很愉快。在内容上，第一章卫所军与其他州县“兵”的职守部分，郭老师延续一贯的“散步聊法”，问了材料所见卫所军的防御法，引导我提出“布防与追防”的差异，聊到兴奋处他在图书馆外蹲在地上比画圈圈，属于比较难得的讨论具体问题而非“训斥”的时光，表明他对这个结论比较满意，尽管开题后还是让我用更稳妥的“追击”代替生造的“追防”概念。第二章“军兵分立”是核心内容，我虽然对各职官做了分论，却对总督这一居于顶层的设置做模糊处理，未界定其到底属于哪个体系。在论文已通过答辩、已打印完5本准备最后提交存档时，郭老师约我在体育场聊天，仍追问到底该如何界定。当最后讨论结果为好像确实更偏向“军”的系统时，我嫌麻烦懒得重新修改打印（内容太靠前，一旦更改，后面的页码都会连带受影响），他又“怒斥”正告不应留这种“知错不改”的问题，“逼”得我又回宿舍将总督的论述段落移置，重新打印了5本论文。这种看似无关紧要的“小事”，却是治学态度的体现，大概是给我上的最后一课吧。第三章相对其他章节稍弱，一方面是没有真正深入南直隶各府县去做调研（赵世瑜老师后来建议我去“下沉”一下，我也没能下这个决心抽空去），纸上谈兵；另一方面是林为楷先生已经做了相当充分的研究，我有点故意“绕着走”，权当是补充，一度还想用GIS做精细分层和可视化，后来力有不逮还是放弃了。第四章涉及大量数字，于一般人而言相当枯燥，很多数据也无法提取到，只能说管窥一豹，不过从府县级数据看出问题和开展工作令人激动，议题尚有一定挖掘的潜力。2019年应倪玉平老师邀请在清华大学的讲座“Land, Finance, and Currency: Empire Functions”（赋役、财政和货币里的帝国）上，我对部分数据和列表做了介绍，2022年第十九届世界经济史大会（WEHC）上在“Army Provisions of Ming China in the Context of Coastal Defense in Southern Directly-Rule Region（1565-1644）”（《南直隶海防中的军需供应》）的报告里，我也跟与会专家进行了讨论。附录可拓展补充之处尚多，尤其是附录表7“历任南京都察院右都御史、副佥都御史（操江）及其著述”为粗粗翻检所得，个人研究重心既已变化，亦无力追索，期待来者进一步研究这些著述，形成和丰富新的议题。

章节安排上，最初的做法是从揭示军兵分立与职官布置开始，继而论述各区各点布防，再分析海上挑战与战力不堪，最后讨论战后调整状况，形成四个核心章节。郭老师建议直接从破防开始，将第三部分调到第一，做法相当大胆，但趣味性和悬疑感都大为提升。最后，全书以探讨海防所涉各方面及其演化的制度史为基底贯穿，每一章又各有路数偏重：第一章偏社会史，却仍锚定兵制的变化；第二章偏制度史，但重在从组织和运作过程看动态的制度；第三章偏历史地理，亦不缺军政格局在各府县和卫营的反映；第四章偏经济史，不过地方（府县）“财政”起运存留或说银数派解未脱离营兵制变化。整体而言，能在一本论文中实践不同取径的研究方法，又能不忘初心贯彻制度史实践的想法，个人当时还是比较满意的。也正因如此，愈发觉得要好好修改投“顶刊”，加以随后8年我转向以英文写作为主，反而蹉跎岁月，错过了发表的最佳时间窗口。除最后一章应万明老师邀约，刊载于2013年中国社会科学院古代史所明史研究室编《明史研究论丛》（明代国家与社会研究专辑）之外，余下章节均压稿多年，至博士学位论文基本完成后，始陆续微调修改投出，部分刊于《清华大学学报》（哲学社会科学版）、《学术研究》。感谢诸位匿名评审专家的指正和仲伟民、郭秀文诸位主编和王正华编辑从审稿到排版刊发的协助，以及阿风、高寿仙、栾成显老师在硕士学位论文外审和答辩中的指教和支持。

“大明清史”教研室的诸位老师一直密切关注我们的学习状态并予以指点。王天有老师在我们刚读研时即邀请一同聚餐并加以勉励，论文答辩也慨允当主席（后因家中兄弟过世无法到场临时改易)，敦厚长者形象深入人心；徐凯老师帮我强化了原先较弱的清代史料基础；张帆老师一直以“老好人”口碑闻名，在他那里我愉快学习了元代白话和硬译公文体、元明法令和军事系统传承的诸多问题；党宝海老师在我为其“中国古代史（下）”课程担任助教期间多有提点，之后邮件往来不时赐教，我们在中外交通史上亦有很多共鸣；李新峰老师兼具明史与历史地理的专长，在卫所、明史史料学和版本学等方面惠我良多，其擅长钻牛角尖、发现和解决问题的水平亦特别令人印象深刻。班主任潘华琼老师作为国内少有的非洲史专家，除了一直关心我们的身心健康，在多次交流中也拓展丰富了我对跨文化交流的认识。良师各有所长，我亦略有所习，日有寸进。燕园的时光转瞬即逝，是“时空伴随者”们互相丰富了生活。室友袁鹏、陈冠华、张寒天南地北“瞎扯”和互相启发；师门陈勇、丹筱彤、郑小悠、毛亦可、张丽琴、阎以任诸位偶尔相与疑义解析；同学吴伟锋、李坤睿、韩基奭、丁浩、何存金、李怡文、冯立冰、张心远、王梦婕、胡珂、杜乐、张宁芳、张曜光、刘乳滨、刘崇锤、罗志、韩飞、栗河冰、冯佳、乌兰、张成晗、刘玉群、邓阳、聂溦萌、于娜、王玥、王倩、高俊杰、李华程、吕超、余奕珠、郑启芬、胡晓丽、胡宁等在食堂、图书馆、蹭课的时光里“量子纠缠”；系友校友王跃樊、于月、陈默、王果、李欣然、梁敏玲、唐星、吉辰、周雯、钟春晖、凌文超、毛海明、文欣、张湛、高昊、费晟、焦姣、韩巍、邱靖嘉、陈侃理、田天、常彧、李鸣飞、华喆、高波、刘江、乔志勇、李芳瑶、古丽巍、陈文龙、周施廷、潘丹、雷博、韩策、乔瑜、崔金柱、周健、周月峰、李文杰、梁心、赵妍杰、曾小顺、包诗卿、曹流、陈晓伟、胡鸿、苗润博、尤陈俊、王涛、马顺平、陈昱良、陈骁、陈肖寒、付马、曲柄睿、赵诺、凌鹏、李文丹、徐力恒、殷晴飞、张一弛、孙正军、方诚峰、杜洪涛、罗玮、田武雄、李雷波、求芝蓉、林立扬、胡光明、谭贺、王冠宇、徐梦、郭瑞雪、马奏旦、沈辛成、董一格、孙闻博、黄圆晴、余思颖、陈曦等在校园内和“校内网”上你来我往；师母张梦娇女士一直是活跃我们聚餐氛围的人，作为“情商、智商双在线”的成功人士，不知缓解了多少剑拔弩张和尴尬的气氛与场景。在紧张的研究生生活中，“最初 500 米”范围内的熟人们支撑起了相当好的环境，无论是学术切磋还是闲谈吐槽均可圈可点，聊可追忆。正是在这种自由的环境中，我完成了多篇课程论文以及最后这本书的初稿。

不得不说，这类制度和经济史的文字过于干涩，难以卒读，投稿和申请课题与资助都无优势，幸蒙社会科学文献出版社历史学分社郑庆寰社长不弃，慨允收入“九色鹿”丛书，又蒙师弟陈肖寒博士尽心编辑校对，学生周衍丞和陈泽楷帮我核对并校正许多材料，厦门大学科研启动经费和双一流经费给予支持，本书得以呈现于读者面前，感谢之余颇有清空一件心事的轻松感。凡事既有开始，就有结束。感谢这么多年来家人的支持与理解，在愈发感受到生命脆弱的今日，自然愈发体会到能专注治学的奢侈。书成，则脱离作者轨道，交由读者评议。

2023 年 2 月

图书在版编目（CIP）数据

防海之道：明代南直隶海防研究 / 陈博翼著. --
北京：社会科学文献出版社，2023.6
（九色鹿）
ISBN 978-7-5228-1621-0

Ⅰ.①防… Ⅱ.①陈… Ⅲ.①海防-军事史-华东地区-明代 Ⅳ.①E294.8

中国国家版本馆 CIP 数据核字（2023）第 053300 号

·九色鹿·
防海之道：明代南直隶海防研究

著　　者 / 陈博翼

出 版 人 / 王利民
责任编辑 / 陈肖寒
责任印制 / 王京美

出　　版 / 社会科学文献出版社·历史学分社（010）59367256
地址：北京市北三环中路甲 29 号院华龙大厦　邮编：100029
网址：www.ssap.com.cn
发　　行 / 社会科学文献出版社（010）59367028
印　　装 / 三河市东方印刷有限公司

规　　格 / 开　本：787mm × 1092mm　1/16
印　张：19　字　数：246 千字
版　　次 / 2023 年 6 月第 1 版　2023 年 6 月第 1 次印刷
书　　号 / ISBN 978-7-5228-1621-0
定　　价 / 89.00 元

读者服务电话：4008918866